성령으로 사는 삶

발행 2017년 1월 20일

지은이 배본철
발행인 윤상문
편집부장 권지현, 김현아
코디네이터 박현수
디자인실장 여수정
디자인 표소영, 박진경
발행처 킹덤북스
등록 제2009-29호(2009년 10월 19일)
주소 경기도 용인시 기흥구 동백동 622-2
문의 전화 031-275-0196 팩스 031-275-0296

ISBN 979-11-5886-083-7 (03230)

Copyright ⓒ 2017 배본철
이 책은 저작권법에 따라 보호받는 저작물이므로 무단전재와 복제를 금지하며,
이 책의 내용의 전부 또는 일부를 이용하려면 반드시 저작권자와 킹덤북스의
서면 동의를 받아야 합니다.

※ 잘못된 책은 구입하신 곳에서 교환하여 드립니다.
※ 책 가격은 표지 뒷면에 있습니다.

킹덤북스 Kingdom Books
킹덤북스(Kingdom Books)는 문서사역을 통해 하나님의 나라를 확장하고, 한국 교회와 세계 교회를 섬기고자 설립된 출판사입니다.

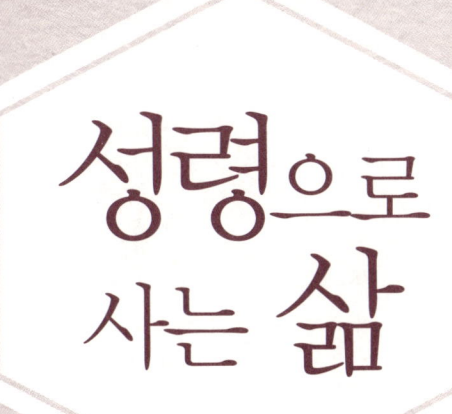

성령으로
사는 삶

Living by Holy Spirit

배본철 지음

킹덤북스
Kingdom Books

저자 서문

21세기는 영성의 시대라는 말을 흔히 듣습니다. 그래서 우리 주위에는 많은 다양한 영성 집회들이 열리고 있고, 교회마다 새로운 영성 프로그램에 비상한 관심을 보이고 있는 듯합니다. 그러나 반면에 복음적인 영성운동의 맥을 잡지 못하고 방황하고 있는 교회가 대단히 많습니다. 위험한 극단적 영성 집단들에 미혹 당하고 있는 목회자와 신자들의 숫자도 심각한 수준입니다. 그런가 하면 신학계에서는 오랜 기간 계속되어온 성령론 논쟁과 이견의 대립으로 인해 바람직한 성령론의 향방을 설정하지 못하고 있는 실정입니다. 이런 심각한 교계의 상황을 맞아 올바른 성령론에 근거한 교육과 훈련의 필요성이 오늘날 매우 절실한 시점에 와 있습니다.

지은이는 역사신학자의 한 사람으로서 오랜 기간 성령운동에 대한 역사적 연구에 몸담아왔습니다. 그래서 그동안『21세기 예수 부흥』(은성출판사, 1998),『성령보고서: 사역, 운동, 상담』(이레서원, 2001),『개신교 성령론의 역사』(성결대학교출판부, 2003),『한국교회와 성령세례』(성결대학교출판부, 2004),『52주 성령학교』(문서선교 성지원, 2005), *Pneumatology in Historical Perspective*(SungKyul Univ. Press, 2007),『교회사 속에서 찾는 성령론 논제』(성결대학교출판부, 2009),『다스리심』(도서출판 영성네트워크, 2009),『성령, 그 위대한 힘』(넥서스 Cross, 2013),『귀신추방(성경적, 역사적, 성령론적 접근)』(킹덤북스, 2014), 그리고『이단을 보는 눈』(도서출판 영성네트워크, 2016) 등의 성령운동 관련 저서들을 출판한 바 있습니다.

저의 지속적인 학문적, 실천적 관심은 '어떻게 하면 일반 신자와 사역자들이 성령의 주권적인 인도하심에 거하는 삶을 살 수 있을까' 또 '어떻게 하면 국내외 교회와 선교 현장에 복음적인 성령의 능력으로 인한 하나님 나라 확장의 풍성한 열매가 넘쳐날 수 있을 것인가' 하는 것이었습니다. 그래서 저는 그동안 신학자로서 성령운동에 대한 논문 발표와 저술 작업은 물론, 교회 안팎에서의 실제적인 성령사역의 교육과 훈련을 펼쳐왔습니다. 이러한 성령사역은 이 과정을 통해 훈련 받은 리더들과 함께 현재 '성령의 삶 코스'(Living by Holy Spirit Course)로 국내외에서 확산되어가고 있습니다.

이번에 출판되는 『성령으로 사는 삶』은 영어 책자로도 출판되는 *Holy Spirit: His Person and Ministry*와 함께 이러한 훈련 사역에 있어서 가장 중요한 교본입니다. 리더들은 이 책을 사용하여 신자들을 성령과 동행하는 크리스천들로 양육할 수 있을 뿐만 아니라, 또한 성령의 삶 코스로 남을 양육할 수 있는 실력을 갖춘 또 다른 리더들을 만들어갈 수 있습니다.

이 교본은 단지 성령론에 관한 지식을 전달하기 위한 책이 아니라, 삶과 사역 속에서 실제적인 열매를 거두기 위해 훈련하는 책입니다. 그러므로 이 교본은 12개월 52주 기간을 가지고 교회와 가정에서 성도들을 양육할 수도 있으며, 또 12주 기간을 잡고 훈련해 갈 수도 있습니다. 이럴 경우는 12단원의 각 내용 속에 있는 4과 또는 5과의 내용을 가지고 한 주 동안 집에서 하루에 한 과씩 자습하고 적용하도록 하여 매 주 모일 때 나누도록 하는 것이 좋습니다. 신학적 지식을 갖춘 목회자나 선교사들을 대상으로 할 경우에는 2박 3일 또는 3박 4일 과정으로 성령의 삶 리더 코스가 진행될 수도 있습니다.

이 책은 성령론을 다루고 있는 다른 책들과는 구별되는 몇 가지 뚜렷한 특징을 지니고 있습니다. 첫째, 까다롭고 복잡한 성령론의 흐름을 일반 신자라도 누구나 쉽게 이해할 수 있도록 정리하였다는 점입니다. 둘째, 성령론을 12개월 52주에 걸쳐 교육할 수 있도록 만들었기 때문에, 성령의 삶 코스뿐 아니라 구역공과용이나 매주 영성훈련용으로도 매우 좋습니다. 셋째, 교회사적으로 다루어 특정 교리에 치우치지 않기 때문에 어느 교단에서도 다 안심하고 사용할 수 있다는 장점이 있습니다. 넷째, 실제로 독자들이 성령의 능력을 경험하여 성령과 동행하는 삶을 누리며 또 능력 있는 사역을 펼칠 수 있도록 안내하였다는 점입니다.

  이 책을 세상에 펴내는 지은이의 진솔한 기도가 있다면, 그것은 이 책을 읽는 이들마다 '그리스도 닮기'를 향해 성숙되어가는 경건의 능력이 넘쳐나게 되기를 바라는 것입니다. 그리고 이 책을 활용하여 성령의 삶 코스의 리더로서 힘 있게 하나님 나라를 확장해 가시는 여러분 모두에게 하나님의 평강이 넘치시기를 기원합니다.

2017년 1월
지은이

차 례

저자 서문   5

제1단원 삼위일체 하나님과 성령
제1과 창조와 성령   15
제2과 삼위 하나님의 관계성   20
제3과 예수 그리스도의 영   26
제4과 성령의 사역   31

제2단원 성령과 거듭남
제1과 인간의 영과 성령   41
제2과 회개케 하시는 사역   47
제3과 성령의 인격적 내주   53
제4과 성령의 인도하심   59

제3단원 성령의 열매
제1과 그리스도와의 연합   69
제2과 성령의 열매와 성화   75
제3과 성령의 인격적 통치   81
제4과 그리스도 닮기   87

제4단원 성령과 성결

제1과 죄와 성결   99
제2과 옛 사람의 죽음   105
제3과 온전한 헌신   111
제4과 생명의 성령의 법   117

제5단원 성령충만

제1과 성령충만의 정의   129
제2과 성령충만의 목적   134
제3과 성령충만의 방법   140
제4과 지속적 성령충만의 길   146

제6단원 성령세례

제1과 성령세례의 정의   157
제2과 개혁과 성령세례 유형   162
제3과 웨슬리안 및 은사주의 성령세례 유형   168
제4과 성령세례의 양 차원   173
제5과 성령세례의 능력   179

차 례

제7단원 성령의 나타남과 능력
제1과 성령의 능력과 복음전파 … 191
제2과 성령의 나타남(Ⅰ) … 196
제3과 성령의 나타남(Ⅱ) … 202
제4과 성령과 방언 … 208

제8단원 성령과 치유
제1과 성령과 전인적 치유 … 219
제2과 내적 치유 … 225
제3과 성령과 꿈 … 231
제4과 육체적 치유 … 237
제5과 성령과 악령 … 243

제9단원 성령론과 극단적 영성운동
제1과 극단적 영성운동의 유형들 … 255
제2과 극단적 혼합주의 영성 … 261
제3과 극단적 갱신주의 영성 … 266
제4과 극단적 분리주의 영성 … 271

제10단원 개신교 성령운동의 흐름

제1과 칼빈의 성령론	283
제2과 청교도 성령론	289
제3과 웨슬리의 성령운동	294
제4과 19세기 미국의 성령운동	299
제5과 현대 은사적 기독교	304

제11단원 성령과 공동체

제1과 중생의 공동체	315
제2과 치유와 회복의 공동체	320
제3과 성령의 인도받는 공동체	325
제4과 온전한 헌신의 공동체	330
제5과 성령의 주되심의 공동체	335

제12단원 성령의 주되심

제1과 성령론의 발전 방향	345
제2과 통전적 성령론	350
제3과 성령의 주되심의 정의	355
제4과 성령의 주되심의 삶	360

제 1 단원
삼위일체 하나님과 성령

◆ 이 단원의 핵심 찾기 ◆

이 단원의 목표는 삼위일체론과 복음적으로 조화를 이룬 성령론을 정립하고자 함에 맞추었습니다. 이 단원을 연구함으로써 독자들은 잘못된 영성운동의 많은 사례들을 분별할 수 있는 지혜를 얻게 될 것이며, 더 나아가서는 복음적 성령운동이 나아가야 할 큰 길을 발견하게 될 것입니다.

창조와 성령

🔸 **성 경 말 씀** 🔸

"태초에 하나님이 천지를 창조하시니라 그 땅이 혼돈하고 공허하며 흑암이 깊음 위에 있고 하나님의 영은 수면 위에 운행하시니라"(창 1:1-2).

1. 성령께서는 우주만물의 창조 때부터 일해 오셨습니다.

하나님께서 온 우주와 만물을 창조하실 때, 삼위 하나님의 사역은 그때에도 함께 하셨습니다. 그러나 어떤 이들은 말하기를, 성부 하나님은 창조 때에만, 성자 예수님은 구속사역을 이루실 때에만, 그리고 성령 하나님은 사도행전 2장의 오순절 성령강림 이후에만 각각 역사하신다고 하고 있는데, 이것은 큰 오해입니다.

이 같은 해석은 삼위 하나님이 각각 특정한 시대에만 역사하신다고 하는 각시대주의(各時代主義)의 주장으로, 결국에는 하나님이 셋이라는 삼신론(三神論)의 위험에 빠지게 됩니다. 우리는 이 같은 위험성을 경계해야 합니다.

하나님은 온 우주를 창조하셨을 뿐만 아니라, 지금도 세계의 역사를 섭리하고 계시는 분입니다. 그러나 17세기 유럽의 이신론자(理神論者)들의 경우, 그들은 하나님께서 온 우주와 만물을 창조하고 그 법칙을 마련하시고는 이제 세계의 역사 배후로 물러나 계신다고 말했습니다. 그러나 이러한 생각은 결국 인간과 세계의 역사의 진행자로서의 하나님의 주권을 인정치 않게 되는 불신앙을 초래하게 됩니다.

이와 같이 올바른 삼위일체 하나님에 대한 이해를 갖지 못하게 되면, 결국 복음적인 신앙에 큰 손상을 입게 되고 맙니다. 성경 본문 중에 "하나님의 신은 수면에 운행하시니라"는 말씀은 바로 성령 하나님께서 성부 하나님의 창조 사역에도 함께 하셨다는 것을 말해주고 있습니다. 그러므로 성령 하나님은 창조 때에도, 예수님의 대속사역 때에도, 성령강림 이후의 교회시대에도 삼위 하나님으로서 함께 사역하고 계신다는 점은 기독교 삼위일체론에 있어서 매우 중요한 핵심입니다.

2. 성령께서는 지금도 새 창조의 일을 하십니다.

성령 하나님께서는 온 우주의 창조에 관여하셨을 뿐만 아니라, 지금까지도 여전히 세계와 인간의 영혼 속에서 새 창조의 일을 하십니다. 세계 속에서 일어나는 창조적 가치를 지닌 역사적 사건이나 진리에 속하는 과학적 발견 등은 성령 하나님의 개입으로 인한 새 창조의 사역과 관계가 있다고 볼 수 있습니다.

특히 성령께서는 인간 영혼의 변화에 집중적으로 사역하고 계십니다. 죄인에게 죄를 깨닫게 하시는 분도 성령이시고, 죄인을 변화시켜 거듭나게 하시는 분도 성령이시며, 거듭난 영혼을 성화시켜 장성한 신앙에 이르게 하시는 분도 성령이십니다. 물론 이 말은 영혼에 관계된 사역이 성령 하나님만의 독자적인 일이라는 의미는 아닙니다.

중세교회 초기의 대신학자였던 어거스틴(Augustine)은 성령 하나님은 성화시키는 주(Sanctifier)로서 그 사역의 중심을 이루지만, 그럼에도 불구하고 삼위의 하나님은 언제나 함께 일하신다고 하였습니다. 그러므로 우리는 우리의 영혼 속에 성령께서 시작하신 새 창조의 일이 더욱 풍성하게 열매 맺히도록 우리는 성령 하나님께 자신을 비우며 기도해야 할 줄로 압니다.

3. 성령께서는 잃어버린 낙원을 회복해 가십니다.

아담과 하와의 범죄로 인해온 인류는 하나님께서 주신 낙원의 영광을 잃어버렸습니다. 그러나 사랑의 하나님께서는 범죄한 죄인들을 내버려 두지 않으시고, 독생자 예수 그리스도의 희생을 통하여 인류의 구원을 위한 모든 은혜를 준비하셨습니다.

"그가 찔림은 우리의 허물 때문이요 그가 상함은 우리의 죄악 때문이라 그가 징계를 받으므로 우리는 평화를 누리고 그가 채찍에 맞으므로 우리는 나음을 받았도다 우리는 다 양 같아서 그릇 행하여 각기 제 길로 갔거늘 여호와께서는 우리 모두의 죄악을 그에게 담당시키셨도다"(사 53:5-6).

그러므로 누구든지 예수 그리스도의 대속의 공로를 인정하고 예수 그리스도의 영을 영혼 속에 영접하는 자마다 아담의 범죄로 인한 죄와 사망의 법으로부터 구원을 받게 하셨습니다. 누구든지 예수 그리스도를 영접하는 자의 영혼 속에는 성령이 거하십니다. 거듭난 영혼 속에서 성령이 하시는 사역은 깨어졌던 심령의 낙원을 회복케 하시는 일입니다.

"하나님의 나라는 먹는 것과 마시는 것이 아니요 오직 성령 안에서 의와 평강과 희락이라"(롬 14:17).

성령께서는 우리들 각자의 심령 속에 하나님의 나라를 이루어주심으로써 진정한 낙원을 회복케 해주십니다. 그런가 하면 잃어버린 낙원은 우리의 가정과 직장과 학교와 사회 속에도 있습니다. 하나님께서는 거듭나서 심령의 천국을 경험하며 살아가는 이들을 통하여 그들이 몸담고 있는 사회를 낙원으로 변화시키기를 원하십니다.

그러나 단지 살기 좋고 안락한 사회를 만들어 가는 일이 낙원을 회복하는 일은 아닙니다. 그보다는 예수-생명으로 충만한 사회를 만드는 일, 그것이 우리의 사회를 낙원으로 변화시키는 일의 핵심입니다. 그러므로 심령의 낙원을 회복하는 일이 먼저이고, 그 다음에 우리가 사는 이 땅에 하나님의 나라의 완성을 이루는 일이 그 나타나는 열매인 것입니다.

▶ 어려운 용어 풀이: 이신론자

이신론(Deism)은 자연신론이라고도 부르는데, 이신론은 매우 합리적으로 호소하였기 때문에 교양인들이 받아들이게 되기 쉬운 철학이었습니다. 이신론자들의 신(神) 개념은 이성 있는 사람이라면 누구라도 발견할 수 있는 보편적인 도덕률의 개재(介在)를 시사하고 있습니다. 그들은 이구동성으로 예의, 관용, 정직, 공정 등을 외치곤 했는데, 이 모든 것은 인간이 일생을 살아가는 길의 도표로서 필요한 것들이라고 했습니다. 그들은 오로지 이성만이 종교적인 진리를 가르쳐 준다고 보았습니다.

이신론자들이 생각하는 하나님은 위대한 수학가 정도에 지나지 않습니다. 즉, 하나님은 세계를 창조하고 또 그것을 움직이는 법칙을 부여하고는 물러가 버렸다는 것이고, 그 이후의 세계는 하나님의 불변의 법칙에 따라 스스로 움직이고 있다는 것입니다. 이 같은 이신론자들의 신 관념은 후에 자유주의 신학의 잘못된 이성

중심의 신학적 흐름을 만들게 했습니다.

▶ 성령사역을 위한 질문

1. 삼위 하나님이 각각 특정한 시대에만 역사하신다고 하는 각 시대주의의 위험성은 어떤 점이 있습니까?

   _____

2. 성령께서 인간 영혼의 변화에 집중적으로 하시는 사역은 어떤 것들이 있습니까?

   _____

3. 성령께서는 잃어버린 낙원의 회복을 우리들 심령과 삶 속에서 어떻게 이루어 가십니까?

   _____

▶ 삶의 적용을 위한 기도

1. 우리의 과거와 현재, 그리고 미래를 주관하시며 인도하시는 하나님께 감사의 기도를 드립시다.
2. 성령께서 우리의 영혼을 변화시켜 성화시키시도록, 우리의 전 존재를 성령께 의탁하기 위해 기도합시다.

제 2 과

삼위 하나님의 관계성

🍂 성경 말씀 🍂

"내가 아버지께 구하겠으니 그가 또 다른 보혜사를 너희에게 주사 영원토록 너희와 함께 있게 하리니 그는 진리의 영이라 세상은 능히 그를 받지 못하나니 이는 그를 보지도 못하고 알지도 못함이라 그러나 너희는 그를 아나니 그는 너희와 함께 거하심이요 또 너희 속에 계시겠음이라"(요 14:16-17).

성경은 분명히 삼위를 지니신 한 분 하나님을 말씀하고 있습니다. 성경 본문에 보면 삼위 하나님의 결속된 관계가 잘 드러나 있습니다. "내가 아버지께 구하겠으니 그가 또 다른 보혜사를 너희에게 주사"라는 성구에서 '내가'란 성자 예수님을, '아버지'란 성부 하나님을, '또 다른 보혜사'란 성령 하나님을 지칭하는 것임을 알 수 있습니다. 그런데 삼위 하나님의 존재를 부인하는 다음과 같은 잘못된 가르침들이 교회 내에 있었습니다.

1. 역동적 단일신론의 위험에 빠진 성령론을 경계해야 합니다.

그 중에서도 단일신론(單一神論: Monarchianism)이란 하나님이 한 분이라는 것은 강조하지만 하나님의 삼위일체성은 부인하는 잘못된 이론이나 가르침을 말합니다. 단일신론에는 두 가지 유형이 있습니다. 그 하나는 역동적 단일신론(Dynamistic Monarchianism)인데, 이것은 예수가 완전한 인성(人性)에서 출발하여 마침내 신격화(神格化)에 이르렀다는 설입니다. 이러한 가르침은 주로 유대인 그리스도인들 사이에서 퍼졌습니다.

그들은 진정한 하나님은 오직 영원하신 하나님이고, 예수님에게는 요단강에서 세례 요한에게 세례 받을 때 이 하나님의 신성이 임했다고 보았습니다. 그러나 이러한 가르침은 예수님이 처음부터 하나님이셨다고 하는 성경의 내용과는 대치되는 잘못된 것입니다.

이러한 잘못된 이론에 빠진 영성운동들이 우리 주위에 많이 있습니다. 어떤 이는 말하기를 '하나님은 성령이다'라고 전제하면서, 구약의 성령을 유대인들은 여호와라고 불렀으며, 이 성령이 예수님 속에 들어왔을 때 예수님은 이 성령을 아버지라고 불렀으며, 오순절 성령강림 이후 신자들 속에 이 성령이 들어올 때 신자들은 이를 성령이라고 부르는 것이라고 하였습니다. 이 같은 이론은 완전히 역동적 단일신론의 오류에 빠진 것으로서, 진정한 삼위일체론과는 거리가 먼 것입니다.

2. 양태론적 단일신론의 위험에 빠진 성령론을 경계해야 합니다.

또 하나의 단일신론의 위험은 양태론적 단일신론(Modalistic Monarchianism)입니다. 이는 반대로 예수의 신성(神性)에서부터 시작합니다. 그리스-로마적 배경을 가진 이방인 그리스도인들 가운데는 예수님의 인성(人性)이나 인간적 배경에 대해서는 별로 관심이 없는 이들이 많았습니다. 왜냐하면 그들에게 중요한 것은 오직 하나님의 신성이었기 때문입니다.

게다가 그들은 예수님은 결코 인성을 입지 않았다고 보았습니다. 왜냐하면 그들은 인간성 자체를 죄악된 것으로 보았기 때문에, 예수님이 인간의 죄를 사하시려면 필경 죄성이 없어야 하는데, 죄성이 없으려면 인간적인 육체성 자체도 없어야 한다고 생각했기 때문입니다.

"사랑하는 자들아 영을 다 믿지 말고 오직 영들이 하나님께 속하였나 분별하라 많은 거짓 선지자가 세상에 나왔음이라 이로써 너희가 하나님의 영을 알지니 곧 예수 그리스도께서 육체로 오신 것을 시인하는 영마다 하나님께 속한 것이요 예수를 시인하지 아니하는 영마다 하나님께 속한 것이 아니니 이것이 곧 적그리스도의 영이니라 오리라 한 말을 너희가 들었거니와 지금 벌써 세상에 있느니라"(요일 4:1-3).

이 같은 발상은 영지주의자들(Gnostics) 가운데 더욱 심했습니다. 영지주의자들은 빛과 어두움, 영과 육의 대립, 선과 악의 대립 등 모든 세계와 인간 질서를 이원론적으로 보았습니다. 그들은 육체성이나 물질성에는 선(善)이 있을 수 없다고 보았습니다. 그들은 결국 예수님이 육체가 없다고 보았으며, 성경에 나타난 예수님의 육체에 대한 근거 구절들은 하나의 환상에 불과하다고 보는 오류에 빠졌습니다.

우리 주위에도 지나친 금욕주의로 인해 자신의 영혼과 육체와 생활을 해치는 비정상적인 영성생활을 하는 이들이 있습니다. 그러나 그들은 진정한 복음적 영성생활이 금욕주의와는 크게 차이가 있다는 점을 깨달아야만 할 것입니다.

3. 종속적 삼위일체론의 위험에 빠진 성령론을 경계해야 합니다.

고대 기독교는 지중해를 사이에 놓고 동방교회와 서방교회의 전통을 각자 만들어가고 있었습니다. 동방교회는 삼위일체 하나님에 대한 인식을 종속적으로 이해하였습니다. 다시 말해서, 성부 하나님이 가장 높고, 그 다음이 성자, 그리고 마지막으로 가장 열등한 분은 성령 하나님이라고 보는 관념입니다. 이에 따라 '성령 하나님이 어떻게 발현되는가?'라는 질문에 대해서 성부 하나님으로부터(from) 나와서 성자 하나님을 통해(through) 성령 하나님이 나온다고 설명했습니다.

이 같은 종속적 삼위일체론에 맞서 서방교회 쪽에서는 '아니다, 성령 하나님은 성부 하나님으로부터도 나오지만 또한 성자 하나님으로부터도 나오신다'고 함으로써, 성부와 성자의 관계가 평등한 것으로 설명하였습니다. 현재 개신교에서 따르고 있는 것은 서방교회 쪽의 삼위일체 하나님 관념으로서, 성부 성자 성령 하나님은 서로가 평등하며 상호협력의 관계 속에 있음을 믿는 복음적인 삼위일체론입니다.

만일 우리가 비록 삼위일체론을 부인하는 것은 아니라 할지라도, 위에서 말한 종속적 삼위일체론을 받아들이게 된다면, 우리의 신앙에는 큰 위험이 따르게 됩니다. 그렇게 되면 결과적으로 우리에게는 성령을 성부나 성자보다 열등한 신으로 간주하게 되거나, 아니면 성령을 하나님으로부터 나오는 어떤 힘이나 영향력 정도로만 생각하게 되는 경향성이 생기게 됩니다.

이러한 잘못된 신념에는 성령을 인격적인 통치자로서의 하나님으로 알고 교제하며 순종하는 복음적 영성의 핵심이 결여되기 마련입니다. 우리는 이러한 종속적 삼위일체론의 위험을 극복하고 복음적 삼위일체론에 근거한 성령론을 확실히 깨달아야 할 것입니다.

▶ 어려운 용어 풀이: 동방교회와 서방교회

동방교회와 서방교회는 같은 기독교 신앙 안에서도 각각 교회가 자란 토양이 달랐습니다. 동방교회는 헬라 문화권에 의지해 사변적이고 따라서 교리 논쟁이 많았으나, 서방교회는 라틴 문화권으로서 실제적이었고 동방교회에 비해 교리 논쟁이 적었습니다. 사상적으로 볼 때 동방은 교리 중심이요 학문적이면서도 형이상학적인 면이 강한데 비해, 서방은 제도 중심이요 법률과 정치적 신학을 강조하여 전개하였습니다.

인종적인 면에서 볼 때도 동방은 슬라브인, 서방 아시아인의 특성을 지녔기 때문에 동양적이며 내세적인 신앙이 강했습니다. 그러나 서방은 고트 족, 게르만 족으로 구성되어 있었으며 현세적 신앙이 강했습니다. 언어적인 면에서 볼 때도, 동방교회는 헬라어를 썼으며, 서방교회는 라틴어를 주로 사용하였습니다. 그리고 동방교회에서는 일반 성직자들은 결혼할 수 있고 고위 성직자만 결혼을 금했는데, 서방교회에서는 모든 성직자에게 결혼을 금했습니다.

395년 데오도시우스(Theodosius) 황제가 죽자 로마제국이 동서로 양분되었고, 그러자 동로마제국의 보호를 받는 동방교회는 자연히 서방교회와 분리 의식을 느끼게 되었습니다. 그 후 동방교회와 서방교회가 분리된 직접적인 정치적 원인은 11세기에 로마 교황과 콘스탄티노플 대주교와의 교권 싸움에서 야기되었습니다. 이 싸움의 결과 1054년 7월 16일 서방교회의 교황과 동방교회의 대주교는 서로에게 파문장을 보냈고, 마침내 동-서 교회는 영원히 분리되었습니다.

▶ 성령사역을 위한 질문

1. 역동적 단일신론이란 어떤 의미입니까?

_____

2. 양태론적 단일신론의 위험성은 무엇입니까?

_____

3. 우리가 종속적 삼위일체론을 따른다면 어떤 잘못된 믿음을 갖게 됩니까?

_____

▶ 삶의 적용을 위한 기도

1. 우리의 영혼 속에 복음적 영성이 아닌 금욕주의적 동기가 지배하고 있는 영역이 없는지 성령께서 조명해 주시기를 기도합시다.
2. 성령 하나님을 인격적인 통치자로 인정하며 생활하고 있는지 자신을 돌아보면서, 혹 성령과 협조하지 못한 부분이 생각나면 자백하십시오.

제 3 과

예수 그리스도의 영

성경 말씀

"내가 아직 너희와 함께 있어서 이 말을 너희에게 하였거니와 보혜사 곧 아버지께서 내 이름으로 보내실 성령 그가 너희에게 모든 것을 가르치고 내가 너희에게 말한 모든 것을 생각나게 하리라"(요 14:25-26).

1. 성령은 하나님의 영이시며 또한 예수 그리스도의 영이십니다.

성경 본문은 예수님께서 제자들에게 하신 말씀입니다. 보혜사(保惠師)란 파라클레토스(παράκλητος), 즉 '옆에 계시면서 변호해 주시는 분'이라는 의미를 지니고 있습니다. NIV 영어성경에는 '상담자'(Counselor)라고 번역되어 있기도 합니다.

그리고 우리 말 성경에 나타나는 이 말의 한문 뜻은 '지켜주시고 은혜를 주시는 선생'이라는 의미입니다. 이 모든 성경에서 일치되는 것은 성령은 곧 인격적으로 우리와 교제하기를 원하시는 분이라는 점입니다.

예수님께서 육체를 입고 이 땅에 계실 때, 그분은 제자들의 인격적 보혜사의 역할을 하셨습니다. 그런데 예수님께서 제자들에게 말씀하시기를, "내가 떠나가는 것이 너희에게 유익이라"(요 16:7)고 하셨습니다. 그 이유는 예수님이 떠나가시고 "또 다른 보혜사"(요 14:16)로서 성령이 오시게 되기 때문이었습니다.

여기서 '또 다른'이라는 용어는 질이 전혀 변하지 않은 다른 것을 의미한다고 합니다. 이제까지 보혜사의 역할을 하셨던 예수께서 승천하시고 또 다른 보혜사로서의 성령이 오시겠다는 의미였습니다. 그렇다면 예수님이 보혜사로서 제자들에게 하시던 일이나 성령께서 보혜사로서 믿는 우리들에게 하시는 일이나 다를 바 없다는 말씀이기도 합니다.

사실상 그리스도가 우리 안에 오시고 또 우리 안에 동거하실 수 있는 것은 그분의 육체로가 아니라 오직 영으로서만 가능합니다. 이천 년 전 예수 그리스도께서 육신으로 계실 때 그분은 시간과 공간의 제약을 받으실 수밖에 없었습니다. 그러나 이제 성령의 위격(位格)을 통하여 오신 부활하신 예수 그리스도는 더 이상 시간과 공간의 제약을 받지 않고 그분이 원하시는 때에 원하시는 곳에서 사역을 하게 됩니다. 그 예수께서 성령을 통해 우리 안에 오셨습니다.

그러므로 우리는 성령 하나님과의 교제를 마치 살아계신 예수님을 대하듯이 해야 합니다. 우리의 보혜사이신 성령 하나님의 주된 사역은 우리와 인격적으로 교제하기를 원하시는 분이라는 점을 잊지 말아야 하기 때문입니다.

2. 예수님을 영접하는 일과 성령을 받는 일은 동일한 체험입니다.

예수님을 영접하는 것과 성령을 받는 것은 서로 다르다고 믿고 가르치는 분들이 있습니다. 그들이 믿는 바에 의하면, 거듭남은 죄를 회개하고 예수님을 영접함을 통해서 오지만 그 이후의 성령세례의 체험 때에 비로소 성령을 받게 된다는 것입니다.

이들은 성령 받는다는 말을 성령세례의 체험과 동일시하는 것임에 틀림없습니다. 그러나 만일 성령 받는 것과 예수 그리스도의 영을 받는 것이 다르다면, 우리의 신앙은 여러 영들을 믿는 다신론(多神論)과 다를 바 없게 될 것입니다. 그렇다면 그것은 이미 기독교의 기본 진리로부터는 멀어진 잘못된 것입니다.

"명절 끝날 곧 큰 날에 예수께서 서서 외쳐 이르시되 누구든지 목마르거든 내게로 와서 마시라 나를 믿는 자는 성경에 이름과 같이 그 배에서 생수의 강이 흘러나오리라 하시니 이는 그를 믿는 자들이 받을 성령을 가리켜 말씀하신 것이라 예수께서 아직 영광을 받지 않으셨으므로 성령이 아직 그들에게 계시지 아니하시더라"(요 7:37-39).

그러므로 성령 받는 것은 예수 그리스도를 영접하여 영혼에 성령을 모셔 들이는 것이요, 성령세례란 이미 영혼에 거하고 계시는 그 성령에 의해 충만히 세례 되어지는 것을 의미한다고 보는 것이 나은 표현일 것입니다. 사실 '세례'라는 말 속에는 '흠뻑 적신다' 또는 '완전히 뒤덮힌다'는 의미가 있습니다.

그러므로 거듭날 때 성령이 영혼 속에 임하게 된다고 전제하고, 그 성령에 의해 충만히 지배되어질 때 성령세례 또는 성령충만을 받았다고 표현하는 것이 적절합니다. 그리스도를 믿음으로 영접한 사람은 곧 성령을 받은 사람이며, 또 성령을 받았다는 것은 내 삶의 주인 되신 그리스도의 영과의 연합의 삶, 즉 성령과의 친밀한 교제와 또 그분께 대한 순종의 삶을 가장 중요한 목적으로 하는 것입니다.

3. 성령 체험이 깊어질수록 예수님을 더 잘 알아갈 수 있어야 합니다.

우리가 영적으로 성숙해 가는 일은 삼위 하나님의 동반된 사역으로 인해 열매 맺게 되는 것입니다. 결코 성령 하나님만의 독단적인 사역이 아닙니다. 성부 하나님께서 우리의 성결을 계획하셨고, 성자 예수 그리스도께서 이를 준비하셨으며, 그리고 성령 하나님이 이를 우리에게 적용시키시는 것입니다. 그러므로 성령 안에서 우리의 체험이 깊어지면 질수록 우리는 삼위 하나님에 대한 지식이 깊어져갑니다.

특히 우리 주위에는 성령 체험에 대한 강조는 많이 하면서도, 그 내용을 살펴보면 예수 그리스도에 대한 사랑이나 지식과는 전혀 거리가 먼 가르침을 전파하는 곳들이 있습니다. 성령의 은사나 초자연적인 능력에 대한 강조를 통해 순진한 성도들을 현혹하지만, 복음적인 기독론에 대한 언급이 거의 없는 이러한 집회는 마치 열매 없이 잎만 무성한 나무와도 같습니다.

그러므로 성도들은 분별력을 민감히 하여 헛된 동기와 욕심의 포로가 되기 일쑤인 이런 무익한 집회의 출입을 자제해야 할 것입니다. 반드시 명심해야 할 것은 성령론을 이해하고 연구하면 할수록 기독론에 대한 이해가 밝아져야만 한다는 점입니다.

▶ 어려운 용어 풀이: 기독론

초대교회 교인 중에는 직접 예수를 보았다든지, 또는 예수가 자라온 상황을 잘 알고 있던 자들이 많았습니다. 즉, 그들은 순수한 '인간으로서의 예수'를 잘 알고 있었던 것입니다. 그런가 하면 한편, 그들은 부활하신 예수를 자신의 구주로 믿었으며, 또 예수께 기도하였습니다. 그러자 이들은 신인 양성(神人 兩性)으로서의 예수 그리스도를 믿게 되었던 것입니다.

그러나 '예수는 인간인가, 아니면 하나님인가', 그리고 '예수 한 사람 속에 신성과 인성이 어떤 식으로 존재하는가?' 등의 기독론의 논제들이 발생하게 되었습니다. 이 같은 논제는 역사상 니케아(325), 콘스탄티노플(381), 에베소(431), 칼케돈(451) 회의에 걸친 세계 4차 공의회로 특징 지워졌습니다.

현대에도 소위 역사적 예수(Historical Jesus)와 같은 예수의 인성 중심의 신학

사조와 보수적 기독론 노선 사이의 대립이 있습니다. 그러나 우리가 변함없이 염두에 두어야 할 사실은 복음적인 기독론의 핵심이 '예수님은 온전한 신성과 인성을 지니신 분'이라는 점에 있다는 것입니다.

▶ 성령사역을 위한 질문

1. '보혜사'라고 하는 성령의 명칭은 어떤 의미를 갖고 있습니까?

2. 성령 받는 것이 예수 그리스도를 영혼에 영접하는 일과 같은 의미라는 이유는 무엇 때문입니까?

3. 성도가 영적으로 성숙해 가는 일을 위해 삼위 하나님께서는 동반된 사역을 어떻게 이루고 계십니까?

▶ 삶의 적용을 위한 기도

1. 예수 그리스도를 내 눈앞에 대하는 듯한 자세로 성령 하나님을 모시고 살아가는지 자문해 보고, 좀 더 깊이 있는 성령과의 교제의 삶을 위해 기도합시다.
2. 우리들 주변에 잘못된 영성운동, 즉 복음적 기독론과는 상관없는 영성운동을 전개하는 잘못된 은사집단들이 올바른 영성으로 돌아설 수 있도록 간구합시다.

성령의 사역

❧ 성 경 말 씀 ❧

"그러하나 내가 너희에게 실상을 말하노니 내가 떠나가는 것이 너희에게 유익이라 내가 떠나가지 아니하면 보혜사가 너희에게로 오시지 아니할 것이요 가면 내가 그를 너희에게로 보내리니 그가 와서 죄에 대하여, 의에 대하여, 심판에 대하여 세상을 책망하시리라"(요 16:7-8).

1. 죄를 깨닫게 하는 사역을 하십니다.

성경 본문에서 "죄에 대하여, 의에 대하여, 심판에 대하여 세상을 책망하시리라"고 하신 말씀의 의미는 다음과 같습니다: 예수 그리스도를 믿지 않는 것이 곧 죄요, 하나님 앞에 인정될 수 있는 참된 의는 오직 예수 그리스도의 공로를 믿는 믿음을 통해서만 얻어진다는 것이요, 그리고 심판의 날에 하나님 앞에서 담대할 수 있는 오직 한 길은 예수 그리스도를 대언자(代言者)로서 모시는 일이라는 점을 성령께서 거듭나지 못한 영혼들을 향하여 깨우치신다는 의미입니다. 그러므로 죄인들이 회개하여 예수님을 믿게 되는 것은 성령의 깨닫게 하시는 사역을 통해서 이루어집니다.

뿐만 아니라 거듭난 신자들에게도 역시 죄를 깨닫게 하시는 사역을 계속 하십니다. 한 번 예수님을 믿어 거듭났다고 해도, 신자의 영혼 속에는 죄를 짓게 만드는 죄성과 과거에 받았던 영혼의 상처들이 여전히 존재하고 있습니다. 이러한 쓴 뿌리들이 존재하는 한 신자의 영혼은 하나님만을 전적으로 의지하고 사랑함에 있어서 종종 실패를 하게 됩니다. 마치 죽은 자가 살아났으나 여전히 질병 가운데 있는 상태와 같습니다.

성령께서는 우리의 영혼 속에 잠재되어있는 죄의 뿌리와 과거로부터의 깊은 상처들을 제거하기를 원하십니다. 그러므로 성도들은 이러한 영혼의 짐들을 성령께서 치유해주시도록 마땅히 간구해야 할 줄로 압니다.

2. 그리스도와의 연합의 경험으로 이끄십니다.

성령께서는 하나님과 인간 사이의 매개(媒介)의 역할을 하십니다. 특히 성령께서는 예수 그리스도께서 우리를 위해 이루신 대속 사역의 공로를 우리에게 적용시키시는 분입니다. 예수님께서 이천 년 전에 대속 사역을 이루실 때 성령께서는 그곳에 함께 하셨으며, 그 성령께서는 역시 시간과 공간을 초월하여 이천 년 교회사 속의 수많은 그리스도인들에게 그리스도와의 연합(union with Christ)의 진리를 적용시키고 계십니다.

성령은 영이시기 때문에 시간과 공간을 초월하여 예수 그리스도의 죽으심과 부활의 사건 안에서 신자들이 같은 경험을 누릴 수 있도록 이를 적용시키십니다. 이것이 바로 그리스도와의 연합의 진리입니다.

"너희는 내가 일러준 말로 이미 깨끗하여졌으니 내 안에 거하라 나도 너희 안에 거하리라 가지가 포도나무에 붙어 있지 아니하면 스스로 열매를 맺을 수 없음 같이 너희도 내 안에 있지 아니하면 그러하리라 나는 포도나무요 너희는 가지라 그가 내 안에, 내가 그 안에 거하면 사람이 열매를 많이 맺나니 나를 떠나서는 너희가 아무 것도 할 수 없음이라"(요 15:3-5).

그리스도와의 연합은 신자가 영적인 생활로 나아가기 위한 필연적 조건입니다. 그리스도와의 연합을 통하여 우리는 주님의 생명에의 참여자가 될 수 있으며, 이러한 연합 자체는 오직 믿음에 의해서만 얻을 수 있습니다. 우리는 그리스도와 함께 십자가에 죽었음을 고백할 수 있으며, 또한 그리스도와 함께 부활의 능력으로 다시 살고 있음을 날마다 고백할 수 있는 것입니다.

그리스도인들에게 거룩함의 능력이 있다면 그것은 그리스도와 함께 연합된 십자가의 승리를 고백함에 있는 것이고, 그리스도인들에게 새 창조의 능력이 있다면 그것은 그리스도와 함께 연합된 부활의 승리를 고백함에 있는 것입니다. 그리고 무엇보다도 우리 그리스도인들은 성령의 연합시키는 능력으로 인해 예수 그리스도와 늘 동행할 수 있는 영광을 얻게 된 것입니다.

3. 신자를 성화시키는 사역을 하십니다.

성령께서는 거듭난 신자들을 성화(聖化)시키는 사역을 하십니다. 이 성화는 신자의 그리스도와의 연합을 통해서 주어지는데, 성령께서는 신자들로 하여금 성화의 길을 추구해 갈 수 있도록 힘을 주십니다.

성령을 받았다고 하는 것은 인격적 주님이신 성령과의 교제와 또 그분께 대한 순종의 삶을 목표로 합니다. 그러므로 순간마다 성령과 인격적으로 교제하고 성령의 인도하심을 따르는 삶이 곧 예수 믿는 삶의 실체가 되는 것입니다.

그리고 이러한 경건의 삶은 곧 '그리스도 닮기'(Christlikeness)를 향해 성숙되어가는 과정이 됩니다. 이 성화의 완성은 예수 그리스도의 장성한 분량이 충만한 데까지 이르는 일입니다.

"우리가 다 하나님의 아들을 믿는 것과 아는 일에 하나가 되어 온전한 사람을 이루어 그리스도의 장성한 분량이 충만한 데까지 이르리니"(엡 4:13).

이렇게 하여 그리스도와의 연합으로부터 직접 시작하여 거듭남의 최후 목적인 그리스도를 온전히 닮아가는 일을 향해 성숙되어가는 것입니다. 이렇게 볼 때 신자 안에서 시작되는 '그리스도와의 연합'의 일은 명백하게 하나님 형상의 구현으로서의 '그리스도 닮기'를 목표로 하고 있다는 점을 우리는 잊지 말아야 합니다.

교회는 복음적 성령운동의 핵심이 바로 그리스도와 인격적으로 하나 되는 삶을 구현해 나가는 일이어야 한다는 사실을 명심해야 할 것입니다. 그러므로 이제 한국교회 성령운동은 신자의 성화된 삶과 그리스도의 몸 된 교회의 능력을 위해 '그리스도와의 연합' 모티브의 가르침과 그 구체적인 적용에 더욱 매진해 나가야 할 것입니다.

▶ 어려운 용어 풀이: 그리스도와의 연합

'그리스도와의 연합'의 교리는 이천 년 교회사 전체에 흐르는 기독교 영성의 핵심입니다. 초대교회는 물론 중세교회의 많은 신학자와 수도사들도 이 교리를 영성운동의 시작과 목표에 두었습니다. 16세기의 종교개혁자 존 칼빈(John Calvin)도 역시 그리스도와의 연합의 교리를 그의 성령론의 중심에 두었습니다. 칼빈의 성령론에 나타난 '그리스도와의 연합' 모티브는 곧바로 17세기 청교도들에게 직결되었습니다.

청교도 사상에 있어서의 성령론은 전적으로 칼빈주의적 기반을 지니고 있습니다. 즉, 성화는 신자와 그리스도와의 연합을 통해서 주어지는데, 성령께서는 신자들로 하여금 성화의 길을 추구해 갈 수 있도록 힘을 주신다고 보았습니다.

뿐만 아니라 칼빈의 '그리스도와의 연합' 모티브는 현재까지의 모든 복음적인 성령운동에 있어서 가장 중요하게 강조되어온 내용입니다. 이는 우리 신앙의 근본이 그리스도에게서 말미암으며 또한 우리 신앙의 목표가 그리스도와 하나 되는 일이기에 더욱 그러합니다.

▶ 성령사역을 위한 질문

1. 성령께서 죄에 대하여, 의에 대하여, 심판에 대하여 세상을 책망하신다는 의미는 무엇입니까?

___

2. 성령께서는 어떻게 '그리스도와의 연합'의 진리를 성도들에게 적용시키고 있습니까?

___

3. 성령께서 성도 안에서 행하시는 거듭남의 은혜가 지닌 최종적 목적은 무엇입니까?

___

▶ 삶의 적용을 위한 기도

1. 비록 거듭난 자임에도 불구하고, 우리의 영혼 속에 하나님을 근심시켜 드리는

죄의 뿌리가 있는지를 성령께서 조명해 주시도록 간구합시다.
2. 예수님을 믿는 삶이란 곧 그리스도와의 연합의 사실에 충실하게 고백하면서 살아가는 삶일 것입니다. 이러한 삶을 살기 위해 기도합시다.

NOTE

NOTE

제 2 단원
성령과 거듭남

◆ 이 단원의 핵심 찾기 ◆

이 단원의 목표는 회개와 거듭남에 있어서 성령의 역할이 무엇인지를 살피는 것입니다. 이 연구를 통해서 독자들은 성령의 인도하심에 대한 여러 가지 오해를 바로 잡게 될 것이며, 성령 안의 삶에 있어서 무엇보다도 중요한 일은 성령과의 인격적인 교제에 힘쓰는 일이라는 점을 확인하게 될 것입니다.

제 1 과

인간의 영과 성령

🍃 성경 말씀 🍃

"하나님이 이르시되 우리의 형상을 따라 우리의 모양대로 우리가 사람을 만들고 그들로 바다의 물고기와 하늘의 새와 가축과 온 땅과 땅에 기는 모든 것을 다스리게 하자 하시고 하나님이 자기 형상 곧 하나님의 형상대로 사람을 창조하시되 남자와 여자를 창조하시고"(창 1:26-27).

1. 하나님께서는 인간의 영을 창조하셨습니다.

본문의 말씀과 같이 하나님께서는 하나님 자신의 형상을 따라 인간을 지으셨습니다. 그런데 하나님 자신의 형상이란 무엇일까요? 그것은 하나님을 닮은 모습으로 인간을 지으셨다는 의미입니다.

"하나님은 영이시니 예배하는 자가 영과 진리로 예배할지니라"(요 4:24).

하나님은 영이십니다. 그리고 인간은 하나님의 영에 의해 지음 받은 영적 존재입니다. 하나님께서는 인간 속에 하나님을 닮은 영(靈: spirit)을 두셨습니다.

그러면 영이란 무엇일까요? 성경에서 우리는 영혼이라는 표현과 영, 그리고 혼으로 구분하는 표현을 모두 보게 됩니다. 그래서 신학에서는 인간을 영혼과 육체로 나누는 이론을 이분설, 그리고 영, 혼, 육으로 나누는 이론을 삼분설이라고 합니다.

영혼으로 부를 때는 영과 혼이 그 안에 속하는 것이고, 영과 혼으로 나눌 때는, 영은 특히 하나님을 지각하는 기능을, 혼은 오감(五感)과 지·정·의(知情意) 그리고 세계와 접촉하는 기능을 표현하는 것입니다. 인간은 누구나 영이 있기 때문에, 영을 통해 하나님의 존재를 인식하게 됩니다.

"이는 하나님을 알 만한 것이 그들 속에 보임이라 하나님께서 이를 그들에게 보이셨느니라 창세로부터 그의 보이지 아니하는 것들 곧 그의 영원하신 능력과 신성이 그가 만드신 만물에 분명히 보여 알려졌나니 그러므로 그들이 핑계하지 못할지니라"(롬 1:19-20).

이처럼 하나님을 알 수 있는 생래적(生來的)인 지각이 인간에게는 내재(內在)되어 있는 것입니다. 이러한 지각이 있음에도 불구하고 하나님이 없다고 말하는 것은 그들의 교만과 죄악 또는 무신론 등으로 인해 혼이 혼미해진 까닭에 영의 지각을 인식하지 못하기 때문입니다. 그렇다고 해서 그들이 심판 날에 하나님을 몰랐다고 핑계하지는 못할 것입니다.

2. 인간 영의 본래 기능은 하나님을 찾는 일입니다.

이처럼 인간의 영은 원래 하나님을 닮고 하나님을 찾기 위해 힘쓰며 또 하나님과의 교제를 즐길 수 있도록 지음 받았습니다. 그런데 죄로 말미암아 타락한 인간의 영은 하나님과 교제하는 본래의 기능을 잃어버리고 말았습니다.

"우리가 세상의 영을 받지 아니하고 오직 하나님으로부터 온 영을 받았으니 이는 우리로 하여금 하나님께서 우리에게 은혜로 주신 것들을 알게 하려 하심이라 우리가 이것을 말하거니와 사람의 지혜가 가르친 말로 아니하고 오직 성령께서 가르치신 것으로 하니 영적인 일은 영적인 것으로 분별하느니라 육에 속한 사람은 하나님의 성령의 일들을 받지 아니하나니 이는 그것들이 그에게는 어리석게 보임이요, 또 그는 그것들을 알 수도 없나니 그러한 일은 영적으로 분별되기 때문이라"(고전 2:12-14).

성경에서 인간의 영과 양심은 거의 동일시하여 표현될 때가 있습니다. 양심은 원래 하나님의 인도하심을 분별하기 위한 기능이었으나, 타락 이후 이 기능이 마비되어 마침내 양심은 선악간의 분별을 하는 정도로만 유지되고 있는 것입니다. 그러나 예수 그리스도의 은혜로 거듭남을 통해 인간의 양심은 다시 본래의 기능을 회복하게 되는 것입니다.

"바울이 공회를 주목하여 이르되 여러분 형제들아 오늘까지 나는 범사에 양심을 따라 하나님을 섬겼노라 하거늘"(행 23:1).

17세기의 청교도들은 실제로 양심에 대하여 매우 깊은 관심을 가졌는데, 이는 양심이란 곧 하나님께서 인간에게 자신의 말씀을 전하시는 지적(知的) 기관이라고 그들이 생각했기 때문입니다. 그러므로 그들의 가치 평가에 있어서, 양심의 조명과 교훈과 정화를 받아 영혼을 깨끗하게 유지하는 것보다 인간에게 있어 더 중요한 것은 없다고 보았습니다.

3. 성령께서는 인간 영의 본래 기능을 회복케 하십니다.

성령께서는 우리의 영과 함께 연합하여 우리가 마땅히 행해야 하는 길로 우리를 이끕니다. 성령께서 증거 하신다는 것은 무엇을 의미하는 것일까요?

"성령이 친히 우리의 영과 더불어 우리가 하나님의 자녀인 것을 증언하시나니"(롬 8:16).

여기서 말하는 성령의 증거란 우리 안에서 성령께서 즉각적이고도 직관적으로 그리스도인에게 하나님의 영원하신 사랑과 하나님의 자녀 됨에 대해서 증거 하신다는 것입니다. 청교도들은 인간이 구원에 대해서 확신하게 되는 것은 두 가지 단계를 거친다고 보았습니다.

첫 번째 단계는 논리적인 확신입니다. 즉, 성경 말씀이나 설교 또는 전도를 통해 예수님의 대속사역에 대한 가르침을 통해 이해되어지는 것으로 주어지는 확신입니다. 두 번째 단계는 이 확신 이후에 이루어지는 것으로 성령께서 주시는 초자연적인 확신입니다. 이러한 확신을 갖게 될 때에는 구원의 사실이 단지 머리로만 이해되고 인정되는 정도에서 그치는 것이 아니라, 전인적으로 그 사실이 확신되고, 따라서 그 하나님의 사랑 앞에 구체적으로 응답하는 삶을 살게 되는 것입니다.

성령께서는 인간의 영과 더불어 하나님에 관한 인식을 분명하게 우리에게 확증하시는 것입니다. 이처럼 성령의 역사로 말미암아 인간의 영 또는 양심은 본래의 기능, 즉 하나님의 인도하심을 분별하는 기능이 되살아나게 됩니다.

"그러나 진리의 성령이 오시면 그가 너희를 모든 진리 가운데로 인도하시리니 그가 스스로 말하지 않고 오직 들은 것을 말하며 장래 일을 너희에게 알리시리라"(요 16:13).

우리의 영혼과 삶을 참된 진리 가운데로 인도하시는 일은 오직 성령의 인도를 통해서만 가능한 것입니다.

▶ 어려운 용어 풀이: 청교도

청교도(淸敎徒; Puritans)란 이름의 기원은 1559년부터 시작되어 1567년까지 계속된 예복논쟁(禮服論爭) 기간 중에 영국국교회 내의 예배의식에서 가톨릭적인 요소를 제거하려던 개혁자들을 비방하는 주교들의 문서에서 찾아볼 수 있습니다. 당시 대감독 파커(Parker)의 문헌들 속에는 까다로운 사람, 청교도 등의 별명으로 개혁 집단을 경멸하고 조롱하기 위해 사용한 기록을 볼 수 있었습니다.

실제적 개혁운동은 청교도주의의 시조로 불리는 존 후퍼(John Hooper)에 의해 일어났는데, 그는 헨리 8세 때 대륙으로 건너가 개혁사상을 배워 확실한 개혁주의적 신학체계를 갖게 되었습니다. 그는 귀국하여 교회에 재판권을 두는 일, 불경(不敬)한 미사, 성직자의 독신생활, 성자(聖者)에 대한 기도, 비밀고해(秘密告懺), 금욕주의, 연옥(煉獄) 사상 등에 반대했고, 예복 입는 것 역시 거절했습니다. 또 세례에서의 십자가 사용이나 결혼식에서의 반지의 사용 같은 관습도 폐지하도록 요구했습니다.

이처럼 청교도 운동(Puritanism)은 영국국교회의 모든 비성서적인 신앙과 생활을 정화시키려는 목적에서 일어난 개혁운동입니다. 그러나 원래 그들이 교회를 분리시키려는 동기를 가지고 시작한 것은 아니었습니다. 그들에게 있어서 유일한 기준은 하나님의 말씀인 성경에 대한 복종이었습니다. 이 같은 그들의 정신을 기준으로 해서 볼 때, 엘리자베스 여왕의 절충적 교리 형성, 즉 가톨릭적이면서도 개신교적인 혼합은 절대 묵인할 수 없는 것이었습니다.

▶ 성령사역을 위한 질문

1. 인간 영혼을 구분하는 '삼분설'이란 무슨 뜻입니까?

___

2. 인간의 영이 지닌 본래의 기능은 무엇입니까?

___

3. 청교도들은 인간이 구원에 대해서 확신하게 되는 것이 두 단계를 거친다고 했는데, 그 두 단계란 어떤 것입니까?

___

▶ 삶의 적용을 위한 기도

1. 하나님과 동행하기 위하여 늘 우리의 양심이 청결해야 할 것을 위해 기도합시다.

2. 진리에 속한 삶 가운데로 인도하시는 보혜사 성령께 늘 순복하며 살기를 기도합시다.

회개케 하시는 사역

🌿 성경 말씀 🌿

"여호와의 손이 짧아 구원하지 못하심도 아니요 귀가 둔하여 듣지 못하심도 아니라 오직 너희 죄악이 너희와 너희 하나님 사이를 갈라 놓았고 너희 죄가 그 얼굴을 가리어서 너희에게서 듣지 않으시게 함이니라 이는 너희 손이 피에, 너희 손가락이 죄악에 더러웠으며 너희 입술은 거짓을 말하며 너희 혀는 악독을 냄이라"(사 59:1-3).

1. 성령께서는 예수님을 믿지 않는 죄를 회개케 하십니다.

성령께서 인간에게 하시는 중요한 일 중에는 회개케 하시는 사역이 있습니다. 사람들은 죄라고 하면 보통 윤리적이거나 도덕적인 죄를 생각합니다. 그러나 하나님께서 심각하게 보시는 것은 그런 차원보다는 예수님께 대한 근본적인 태도의 변화를 죄인들에게서 보기 원하십니다. 왜냐하면 하나님께서 가장 심각하게 다루시는 죄악은 예수님을 구주와 주님으로 영접하지 않는 죄이기 때문입니다.

"죄에 대하여라 함은 그들이 나를 믿지 아니함이요"(요 16:9).

예수님을 믿지 않는 분들이 정말 하나님의 존재를 인식하지 못하는 것은 아닙니다.

"하나님을 알되 하나님으로 영화롭게도 아니하며 감사하지도 아니하고 오히려 그 생각이 허망하여지며 미련한 마음이 어두워졌나니"(롬 1:21).

그들은 자기 교만과 무지 때문에 하나님을 하나님으로 섬기지 못하고 있을 뿐입니다. 진정한 회개란 어그러진 길을 가던 사람이 돌이켜서 바른 길을 행하는 것을 말합니다. 즉, 예수님 없이 자기중심적이고 죄악 된 인생을 살던 사람이 돌이켜서 예수님을 믿는 삶으로 변화되는 것을 말합니다.

"그가 와서 죄에 대하여, 의에 대하여, 심판에 대하여 세상을 책망하시리라"(요 16:8).

이 말씀에서, 세상이란 거듭나지 못한 인간의 영혼을 가리키기도 합니다. 그리고 성령께서 세상을 책망하신다는 것은 성령께서 거듭나지 못한 인간의 영혼에게 역사하여 그들이 깨닫고 회개케 하신다는 의미입니다. 이 구절을 통해서 볼 때, 성령께서 인간을 회개시키는 길은 크게 다음 세 가지 방법을 사용하십니다.
- 성령께서는 자기중심적이고 정욕적인 삶을 살아왔던 죄에 대하여 깨닫게 하심으로서 회개케 하십니다.
- 성령께서는 오직 의로움은 예수님께만 있다고 하는 진정한 의에 대하여 깨닫게 하심으로서 회개케 하십니다.
- 성령께서는 죽음 이후에 반드시 있게 될 심판의 두려움을 깨닫게 하심으로서 회개케 하십니다.

2. 성령께서는 우리가 범하는 여러 가지 죄악을 회개케 하십니다.

거듭난 신자들이라 할지라도 우리는 실제의 삶 속에서 여러 가지 죄를 범하게 될 수 있습니다. 성경에서 말하는 죄란 윤리적, 도덕적 차원 이상의 의미를 지니고 있는데, 곧 하나님의 뜻을 거스르는 것이 죄입니다. 사실 거듭난 자는 하나님의 뜻을 따라 살고자 하는 동기를 갖게 됩니다.

"하나님께로부터 난 자마다 죄를 짓지 아니하나니 이는 하나님의 씨가 그의 속에 거함이요 저도 범죄하지 못하는 것은 하나님께로부터 났음이라"(요일 3:9).

그러나 영혼 속에 아직도 죄 된 본성이 거하고 있기 때문에, 바로 여기에서 중생한 자에게는 영혼 속에 하나님의 뜻을 따르고자 하는 동기와 죄악된 본성 사이에서 싸움이 시작되는 것입니다. 비록 예수님을 자신의 구주로 믿고 또 하나님의 사랑 가운데서 구원의 확신을 지니고 살아간다 하더라도, 특정한 죄의 유혹에 계속 자신을 굴복하여 범죄하게 되는 생활이 청산되지 않는 한, 우리의 양심은 하나님 앞에서 부끄러움을 가질 수밖에 없습니다.

그러므로 거듭난 그리스도인들은 하나님을 온전히 기쁘시게 하기 위해, 자신의 영적 능력이 좀 더 강건한 데까지 나아가서 충분히 죄악을 이겨내는, 죄와는 상관없는 삶에 이르게 되기를 간절히 소원하게 됩니다.

3. 성령께서는 하나님께 온전히 헌신하도록 회개케 하십니다.

거듭난 신자의 영혼 속에는 죄를 짓게끔 하는 내적 동기, 즉 죄의 유혹을 수용하기 원하는 죄의 뿌리가 잠재하고 있습니다. 이것은 원죄(Original Sin), 즉 죄의 뿌리에 속하는 것인데, 이는 아담의 범죄로부터 전 인류가 생래적으로 이어받은 성품입니다.

"믿음을 따라 하지 아니하는 것은 다 죄니라"(롬 14:23b).

즉 원죄란 하나님을 의지하지 않고 자력(自力)에 의해서 살고자 하는 의지요 동기인 것입니다. 그러므로 이러한 종류의 교만은 자연인 속에 내재하고 있을 뿐 아니라, 거듭난 자들 속에도 있어서 종종 하나님을 향해 고개를 쳐들게 되고, 또 자기중심적인 사고와 행위를 통해서 결국 죄의 열매를 거두게 만듭니다.

18세기 영국의 부흥가인 존 웨슬리(John Wesley)는 자유의지를 사용하여 범죄하는 고범죄(willful sin)에 대해 말하면서, 신자는 이러한 죄로부터 현세에서 완전히 해방될 수 있는 것으로 가르쳤습니다. 그리고 이 같은 성결한 삶을 살기 위해서는 반드시 우리의 삶 전체가 주님의 것이 되어야만 한다고 했습니다.

"모든 이론을 파하며 하나님 아는 것을 대적하여 높아진 것을 다 파하고 모든 생각을 사로잡아 그리스도에게 복종케 하니"(고후 10:5).

우리는 양심을 통하여 주어지는 성령의 인도하심을 민감히 따르기 위해, 그리고 지성과 감정과 의지를 통해 하나님의 뜻이 날마다 우리를 통해 나타날 수 있도록, 순간마다 주님의 발 앞에 엎디어 있는 영혼의 상태가 되게 하여야 합니다. 이 영광스러운 성결의 순간을 체험하기 위해서는 물론 알려진 모든 죄를 자백해야만 할 것이요, 또한 자신을 온전히 주님께 헌신해서 성령의 인도하심대로 자신을 복종시키는 삶을 매일 매순간 살아갈 것을 주님 앞에서 단호히 결단해야만 할 것입니다.

▶ 어려운 용어 풀이: 존 웨슬리

존 웨슬리(John Wesley, 1703-1790)는 영국의 가난한 목사인 사무엘 웨슬리(Samuel Wesley)의 열다섯 번째 아들로 태어났습니다. 성서에 기초하여 엄격하게 자녀를 양육한 어머니 수잔나의 영향으로, 웨슬리는 유년시절부터 규칙적이고 경건한 생활을 하였습니다.

1720년 옥스포드의 한 대학에 입학한 그는 공부하면서 좀 더 철저히 경건생활을 했습니다. 1725년 그가 성직 안수(聖職 按手)를 받고 그 학교의 특별연구원으로 있을 때, 동생 찰스 웨슬리(Charles Wesley)와 친구들과 함께 신성클럽(Holy Club)을 조직하고 이를 지도하였습니다.

1735년부터 1738년까지 기간의 대부분을 그는 북미주(北美州)의 선교사로 활동하였습니다. 그러나 선교 활동은 자신의 인간적인 열심만 가지고 일하였던 까닭에 결국 실패로 끝나고 말았습니다. 영적인 고민과 좌절에 빠져 있던 웨슬리는 1738년 5월 24일 올더스게이트의 집회에서 성결의 체험을 함으로써 그의 인생은 완전히 바뀌게 되었습니다.

그 후 그는 전 세계를 자신의 교구(教區)로 알고 복음을 전파했습니다. 그의 설교를 듣는 영국 사람들은 회개하며 신앙의 부흥과 양심의 재생을 맛보게 되었습니다. 그는 신생(新生)과 그리스도인의 완전(Christian Perfection)을 말했습니다.

웨슬리는 또한 부패한 사회 속에서 고통당하는 가난한 자들에 대해서도 커다란 관심을 갖고 다양한 사회사업을 통해서 그들을 구제하는 데 힘썼습니다. 이러한 웨슬리의 영향력은 오늘날 전 세계적으로 감리교뿐 아니라, 웨슬리안 성결운동을 따르는 많은 교단들 속에서 크게 나타나고 있습니다.

➤ 성령사역을 위한 질문

1. 성령께서 인간을 회개시키는 세 가지 길은 어떤 방법들이 있습니까?

_____

2. 성경에서 말하는 죄란 윤리적, 도덕적 차원 이상의 의미를 지니고 있는데, 그것은 무엇입니까?

_____

3. 인간 영혼 속의 '원죄'란 무엇을 가리키는 것입니까?

_____

➤ 삶의 적용을 위한 기도

1. 일상 속에서는 잊고 지내던 우리의 영혼 속의 은밀한 죄악과 허물을 성령께서 생각나게 해주시도록 기도합시다.
2. 그리스도께 온전히 헌신된 삶을 살도록 촉구하시는 성령의 음성에 귀 기울여 봅시다. 우리의 삶과 영혼 속에 성령께 협조하지 못하고 있는 부분이 있는지 밝혀주시기를 성령께 간구합시다.

제 3 과

성령의 인격적 내주

◈ 성 경 말 씀 ◈

"볼찌어다 내가 문 밖에 서서 두드리노니 누구든지 내 음성을 듣고 문을 열면 내가 그에게로 들어가 그로 더불어 먹고 그는 나로 더불어 먹으리라"(계 3:20).

1. 성령의 거듭나게 하시는 사역이 있습니다.

거듭남(born again)이란 문자 그대로 다시 태어나는 것을 말합니다. 전에는 자기중심적으로 죄악 가운데 살아왔을지라도, 이제는 예수 그리스도의 십자가의 구원의 은혜를 믿게 될 때에 영혼이 거듭나게 되는 것입니다. 거듭난 신자에게는 성령께서 거하고 계십니다.

"저는 너희와 함께 거하심이요 또 너희 속에 계시겠음이라"(요 14:17b).

성령께서는 우리와 함께 거하실 뿐 아니라 우리의 영혼 속에 거주하시는 것입니다. 그리고 거듭난 신자는 성령을 통하여 예수 그리스도와 연합되어 있습니다.

예수 그리스도께서 죄에 대하여 죽으실 때 신자의 옛 사람도 함께 죽었습니다. 예수 그리스도께서 하나님을 향하여 부활하실 때 신자의 새 사람도 함께 부활하였습니다.

"그런즉 누구든지 그리스도 안에 있으면 새로운 피조물이라 이전 것은 지나갔으니 보라 새 것이 되었도다"(고후 5:17).

옛 사람이란 예수님을 모르던 당시의 삶의 스타일을 말합니다. 새 사람이란 거듭난 이후 하나님의 말씀과 성령의 감동을 따라 살아가는 새로운 삶의 스타일을 말합니다. 그리스도인은 성령 안에서 옛 사람은 죽고 새 사람으로 사는 것입니다. 이런 의미에서 그리스도인은 전적으로 새로워진 존재입니다.

2. 성령께서는 거듭난 자에게 인격적으로 내주하기를 원하십니다.

성령 하나님은 인격적인 분이십니다. 본문 말씀을 통해서, 성령이 우리에게 인격적으로 내주하시며 우리와 교제하기를 원하시는 분이라는 것을 알려주고 있습니다. 인격적이라는 의미는 예수께서 이 땅에 육체를 입고 계셨을 때 제자들이 그를 인격적으로 섬겼듯이, 오늘날 성령을 섬기는 삶도 역시 그와 같이 인격적으로 교제하며 섬겨야 한다는 것입니다. 성령께서는 지성과 감성과 의지를 지닌 분으로서, 우리의 영혼과 지정의의 기능을 통해 교제하기를 원하십니다.

"하나님의 성령을 근심하게 하지 말라 그 안에서 너희가 구원의 날까지 인치심을 받았느니라"(엡 4:30).

하나님의 영으로 거듭난 그리스도인을 향한 주님의 가장 큰 소원이 있다면, 그것은 성령의 은사와 능력 그리고 성령의 열매보다도 더욱 거듭난 그리스도인이 성령과의 인격적인 교제와 복종에 힘쓰기를 원하시는 것입니다.

"에녹이 하나님과 동행하더니 하나님이 그를 데려 가시므로 세상에 있지 아니하였더라"(창 5:24).

"오직 너희 하나님 여호와를 친근히 하기를 오늘날까지 행한 것 같이 하라"(수 23:8).

우리는 성령과의 친교를 통해 하나님과 동행하는 삶을 이룰 수 있습니다. 그러므로 순간마다 지성과 감성과 의지 등, 영혼의 모든 기능을 통해 성령과 인격적으로 교제하고 또 매사에 성령의 인도하심을 따르기를 힘씁시다.

3. 성령께서 인격적으로 내주하시는 목표는 우리의 성화를 온전히 이루기 위해서입니다.

하나님의 아들 그리스도를 믿는 일과 아는 일을 통해 우리는 점차 그리스도의 모습을 닮아가게 되는데, 주님을 더욱 깊이 믿고 알게끔 하는 일은 성령과의 인격적인 교제를 통해서 구체화됩니다.

"우리가 다 하나님의 아들을 믿는 것과 아는 일에 하나가 되어 온전한 사람을 이루어 그리스도의 장성한 분량이 충만한 데까지 이르리니"(엡 4:13).

성령과 교제를 친근히 하면 할수록 우리는 성령을 통해 그리스도와 하나 되어 가는 인식을 갖게 됩니다.

"그날에는 내가 아버지 안에, 너희가 내 안에, 내가 너희 안에 있는 것을 너희가 알리라"(요 14:20).

이 말씀의 의미는 범신론적인 신비주의에서 말하는 합일(合一) 사상이 아니라, 그리스도의 뜻 안에서 온전히 우리의 인격이 통치되는 것을 의미하는 것입니다. 이처럼 신자가 거듭난 이후에는 그리스도의 형상을 닮는 과정으로 들어가며 새 창조와 새로운 교제 속에서 하나님의 영광을 나누게 됨을 바라게 되는 것이 정상적인 신앙 성장의 과정입니다. 신자는 단지 죄를 용서받았을 뿐만 아니라 또한 실제적으로 의로워지도록 변화되어갑니다.

"나의 자녀들아 너희 속에 그리스도의 형상이 이루기까지 다시 너희를 위하여 해산하는 수고를 하노니"(갈 4:19).

즉, 그리스도의 형상이 우리 안에서 이루어지는 것입니다. 사도 바울은 그리스도인들의 영혼 속에 그리스도의 형상이 이루어지기까지 양육하는 수고를 아끼지 않았습니다. 그리스도 닮기를 목표로 하여 신자들을 양육하는 것, 이는 현대 교회 내에 절실히 필요한 교회의 사명입니다.

▶ 어려운 용어 풀이: 그리스도 닮기

복음적 성령운동의 가장 중요한 핵심은 그리스도와의 연합(Union with Christ)의 관점입니다. 이는 신학적으로 매우 중요하며 또한 교회사적으로도 가장 영속적인 복음적 성령운동의 모티브입니다.

'그리스도와의 연합' 모티브는 명백하게 하나님 형상의 구현으로서의 그리스도 닮기(Christlikeness)를 목표하고 있다는 점도 역시 주목할 점입니다. 기독교 영성의 핵심은 신자들의 경건한 성품을 개발하는 것이 아니라, 신자와 그리스도 사이에서 이루어지는 인격적 교제를 개발하여 그리스도의 형상에 일치하게 하는 것이기 때문입니다.

▶ 성령사역을 위한 질문

1. '옛 사람'이란 무엇이며 또 '새 사람'이란 무엇입니까?

   _____

2. 성도들이 성령과 인격적으로 교제해야 한다는 의미는 무엇입니까?

   _____

3. 성령께서 성도들의 영혼 속에 인격적으로 내주하시는 최종적인 목표는 무엇입니까?

   _____

▶ 삶의 적용을 위한 기도

1. 오늘도 우리 안에 거하시는 성령 하나님과 인격적으로 교제하며 살았는지를 자문하면서, 더욱 친밀한 성령과의 교제를 생활화할 수 있도록 다짐하며 기도합

시다.
2. '그리스도 닮기'를 이루어가기 원하시는 성령 하나님의 소원에 맞추어, 우리의 언행심사 모든 면에 있어서 그리스도 닮기를 소원하며 기도합시다.

성령의 인도하심

🕊 성 경 말 씀 🕊

"여호와께서 세 번째 사무엘을 부르시는지라 그가 일어나서 엘리에게로 가서 가로되 당신이 나를 부르셨기로 내가 여기 있나이다 엘리가 여호와께서 이 아이를 부르신 줄을 깨닫고 이에 사무엘에게 이르되 가서 누웠다가 그가 너를 부르시거든 네가 말하기를 여호와여 말씀하옵소서 주의 종이 듣겠나이다 하라 이에 사무엘이 가서 자기 처소에 누우니라"(삼상 3:8-9).

1. 성령의 인도하심에 대한 여러 가지 오해가 있습니다.

어떤 열광적인 신앙태도를 지닌 그리스도인들 중에 '성령의 음성(音聲)을 듣는다'는 표현을 많이 사용하는 것을 보게 됩니다. 그러나 이 '성령의 음성을 듣는다'는 말은 많은 오해를 불러일으키는 말인데, 이러한 오해의 주된 요인은 '음성을 듣는다'는 의인적(擬人的)인 묘사로 성령의 인도하심을 표현한 때문입니다. 그러나 성령의 음성을 듣는다는 것이 마치 어떤 사람이 나의 귀에 대고 말하듯이 그런 육성(肉聲)을 듣는 것을 의미한다고 믿는다면, 이 같은 신념은 우리를 아주 위험한 신앙생활에 빠지게 할 수 있습니다.

성령의 내적인 인도하심은, 성령을 모신 나에게, 특히 진리의 길을 가르치시기 위한 것이라는 점도 잊지 말아야 합니다.

"내가 아직 너희와 함께 있어서 이 말을 너희에게 하였거니와 보혜사 곧 아버지께서 내 이름으로 보내실 성령 그가 너희에게 모든 것을 가르치시고 내가 너희에게 말한 모든 것을 생각나게 하시리라"(요 14:25-26).

"그러하나 진리의 성령이 오시면 그가 너희를 모든 진리 가운데로 인도하시리니 그가 자의로 말하지 않고 오직 듣는 것을 말하시며 장래 일을 너희에게 알리시리라'(요 16:13).

그러므로 성령의 인도라고 하는 것을 마치 점쟁이가 족집게처럼 무엇을 알아 맞히고 앞날을 점치는 것 같이 생각하는 것은 커다란 오해입니다.

그런가 하면 자신에게 나타나는 주관적인 신비체험에 너무 의존하여, 고대 교회의 몬타누스주의처럼, 어떤 내적 메시지나 충동을 무조건 하나님이 주신 계시라고 오해하는 경우가 대단히 많습니다. 물론 우리 안에 거하시는 성령께서 우리에게 개인적인 인도하심과 가르치심을 주시는 것은 사실입니다.

그러나 이러한 내적 현상을 '계시'라고 표현해서는 안 됩니다. 계시란 하나님의 전 인류의 구원과 창조의 질서에 대한 초시대적이면서도 객관적인 진리를 나타낼 때 사용하는 말로서, 이런 의미에서 볼 때 진정한 계시는 기록되어진 하나님의 말씀인 성경에 나타나 있는 것입니다.

2. 성령의 인도하심이란 무엇일까요?

그리스도인이 성령의 인도하심을 따라 살아야 한다는 말보다 더 당연한 말은 없을 것입니다. 그런데 문제는 과연 성령의 인도를 따라 산다는 것이 구체적으로 어떠한 삶을 의미하느냐 하는 것입니다. 주님께서는 하나님의 자녀들을 인도하시기 위해 여러 가지 수단과 방법을 다 사용하실 수 있지만, 결국 이러한 인도하심을 우리가 깨닫게 될 때에야 비로소 우리는 그 인도하심에 즐겨 순종할 수 있게 되는 것입니다.

성령께서는 나의 환경을 통해서나, 어떤 섭리적인 사건을 통해서나, 우연한 어떤 사람과의 대화를 통해서나, 성경 말씀을 읽는 중에, 아니면 설교 말씀을 듣는 중에, 열심히 일하고 있는 중에, 심지어는 휴식이나 잠자는 중에도 이 같은 인도하심을 끊임없이 주십니다. 그런데 이때 내 마음속에서 주님의 특별한 뜻이 깨달아질 경우, 이를 가리켜 우리가 성령의 음성을 들었다고 표현하게 되는 것입니다.

그러므로 많은 오해를 불러일으켜 온 이 '성령의 음성을 듣는다'는 표현 대신, '성령의 인도하심을 따른다'는 표현을 사용한다면 아무런 오해도 생기지 않을 것입니다.

3. 어떻게 하면 성령의 인도하심을 받으며 살 수 있을까요?

성령의 인도하심은 어떤 특별하고도 예외적이고 비정상적인 그런 방법을 통해서 주어지는 것이 아니라, 바로 아주 자연스럽게 우리 영혼의 자연스러운 기능의 활용을 통해서 나타나는 것입니다. 그것은 별다른 신기한 체험을 통해서가 아니라 바로 우리의 생래적인 생각과 감정과 의지의 기능을 통해서 나타나는 것입니다. 이런 의미에서 볼 때, 주님께 붙들려 살아가고 있는 이들의 생각과 감정과 의지는 곧 성령의 뜻과 인도하심이 나타나는 통로입니다.

어떤 내적 충동을 성령의 인도하심이라고 확신하기 위해서는 적어도 다음과 같은 분별하는 과정을 반드시 거쳐야 합니다:

• 그것은 성경의 전체적인 정신에 비추어 보아서 합치되어야 합니다. 왜냐하면 성경의 진정한 저자는 성령이시기 때문에, 같은 성령께서 서로 다른 뜻으로 나

타내신다면 이는 하나님의 불변성의 원칙에 어긋나는 그릇된 일이 될 것입니다.

• 그것은 양심적이어야 합니다. 다시 말해서 성령의 인도하심은 언제나 우리의 깊은 양심을 통하여 깨달아지기 때문에, 그릇된 혹은 불순한 내용의 메시지는 성령께 속한 것이라고 할 수 없습니다. 그리스도인이 언제나 양심을 청결히 지켜야 하는 이유는 바로 이 양심의 거울을 통하여 성령의 인도하심을 받을 수 있기 때문입니다.

▶ 어려운 용어 풀이: 몬타누스주의

몬타누스주의(Montanism)는 교회 내부에서 일어난, 교회의 세속화와 영적 침체에 대한 반동으로서 일어났습니다. 몬타누스(Montanus)는 주후 156년경에 요한복음 14장에 약속된 보혜사 성령이 자기에게 임하였다고 주장하였는데, 그의 추종자인 막시밀라(Maximilla)와 프리스길라(Priscilla) 두 여선지자는 그들의 남편을 떠나 몬타누스를 추종하였습니다. 그녀들은 특별한 형식의 예언과 계시가 그들에게 임한다고 주장하였습니다.

몬타누스주의의 교리적 특징을 들면 다음과 같습니다: 그들은 성령의 강림을 강하게 주장하였으며, 신자들에게는 새 예언이 주어진다고 주장했습니다. 또한 그들은 단식(斷食)을 즐겨 하였으며, 육식(肉食)을 폐지하고, 임박한 종말과 성결한 생활을 위하여 독신생활을 하는 등 금욕주의를 그들의 신앙생활 속에서 엄격히 실천하였습니다. 또한 그들은 성결한 자들만으로 교회를 구성하고자 했습니다. 뿐만 아니라 그들은 예수의 재림이 급박하였다고 전파하였으며, 극단적인 시한부(時限附) 종말론으로 발전해 나갔습니다.

몬타누스주의 운동이 급속히 퍼져 마침내 소아시아의 감독들이 그 세력에 위협을 느끼게 되었습니다. 그래서 160년 이후로 교회는 수차례의 회의를 열어 몬타누스주의를 비난하고, 마침내 200년에는 이단(異端)으로 정죄하였습니다.

고대 교회에 나타난 몬타누스주의를 통하여 우리는 교회가 경직화될 때마다 언제나 제2의 몬타누스주의가 생겨날 소지가 얼마든지 있다는 점을 역사의 교훈으로 깨닫게 됩니다. 교회사의 흐름 속에서 우리는 이러한 형태의 분파들을 얼마든지 발견할 수 있게 되는데, 특히 현대 기독교계 내에서도 이 같은 성격의 집단을 보게 될 때 이를 일컬어서 신몬타누스주의(Neo-Montanism)라고 부를 수 있습니다.

▶ 성령사역을 위한 질문

1. '성령의 음성을 듣는다'는 말이 오해되기 쉬운 이유는 무엇 때문입니까?

2. 성령께서는 성도들에게 어떤 일상적인 일들을 통해 끊임없는 인도하심을 주십니까?

3. 어떤 내적 충동을 성령의 인도하심이라고 확신하기 위해서 반드시 거쳐야 할 두 가지 분별 과정은 무엇입니까?

▶ 삶의 적용을 위한 기도

1. 성령의 인도하심을 지속적으로 민감하게 인식하며 살아갈 수 있도록 기도합시다.
2. 우리의 생활 속에서 성령의 인도하심을 인식하며 따라가기에 늘 실패하며 둔감한 영역이 있습니까? 그 영역에 성령의 주권을 인정할 수 있도록 기도합시다.

NOTE

 NOTE

NOTE

제 3 단원

성령의 열매

◆ 이 단원의 핵심 찾기 ◆

이 단원의 목표는 복음적 성령운동의 핵심이 '그리스도와의 연합'의 진리에서부터 출발하며 또 그 변함없는 목표는 '그리스도 닮기'를 향하는 것이라는 점을 강조하는 것입니다. 여러분은 이 연구를 통해 지나친 육감주의적 체험이나 이기주의적인 동기를 지닌 신앙관이나 영성운동이 얼마나 복음의 정신에서 그릇된 것인가를 깨닫게 될 것이며, 아울러 우리 주위에 잘못된 신앙관을 가진 사람들을 바른 길로 돌이키게 할 수 있는 지혜를 얻게 될 것입니다.

제 1 과

그리스도와의 연합

🌿 성경 말씀 🌿

"나는 포도나무요 너희는 가지니 저가 내 안에, 내가 저 안에 있으면 이 사람은 과실을 많이 맺나니 나를 떠나서는 너희가 아무 것도 할 수 없음이라 사람이 내 안에 거하지 아니하면 가지처럼 밖에 버리워 말라지나니 사람들이 이것을 모아다가 불에 던져 사르느니라 너희가 내 안에 거하고 내 말이 너희 안에 거하면 무엇이든지 원하는 대로 구하라 그리하면 이루리라"(요 15:5-7).

1. 예수님을 믿는 삶이란 곧 그리스도와 연합된 삶입니다.

여러분은 예수님을 사랑하십니까? 예수님께서 우리에게 하신 일을 참으로 믿게 될 때 우리의 가슴속에서는 주님께 대한 사랑이 솟구쳐 흐르게 됩니다. 그러므로 그리스도인이란 이 하나님을 향한 사랑에 감동되어 살고 또 일하는 사람이라고 할 수 있습니다.

사랑의 특성은 사랑하는 이와 함께 하는 것입니다. 예수님께서 우리를 먼저 사랑하셔서 우리의 삶 속에 그분은 거룩한 영으로 찾아오셨습니다. 그리고 그분은 우리와 생명을 함께 나누기를 원하십니다.

우리도 또한 예수님을 사랑합니다. 그러므로 우리도 그분과 생명을 함께 나누기 원하게 됩니다. 사랑 때문에 그리스도인은 그리스도와 함께 죽고 함께 사는 관계에 들어가게 됩니다.

하나님께서는 우리를 향하신 사랑 때문에 성령 안에서 우리가 그리스도와 연합하도록 크신 대속의 은혜를 이루셨습니다. 그리스도인의 승리는 우리의 힘과 지혜에 있는 것이 아니고, 이 그리스도와의 연합(Union with Christ)의 영적 사실을 바라보고 즐거워하며, 그리고 이 믿음에 대한 고백을 통해 승리하는 삶을 얻게 되는 것입니다.

2. '그리스도와의 연합'을 믿는 일은 그리스도인의 능력 있는 삶의 비결입니다.

그리스도와의 연합의 진리를 믿는다는 것은 도대체 무슨 뜻일까요? 그것은 그리스도의 죽으심과 부활하심에 내가 함께 참여했다고 하는 영적 사실을 믿는 것입니다. 이러한 연합을 실제적으로 가능케 해주신 분은 성령 하나님이십니다.

우리가 예수님을 영접하는 순간 성령께서는 예수님과 우리를 신비적으로 연합시키신 것입니다. 그래서 예수님의 죽으심의 능력과 연합되고 또 그분의 부활의 능력에도 역시 연합케 하여 다 이루신 공로를 통한 능력을 우리도 경험케 하시는 것입니다.

거룩한 삶의 비결은 나의 옛 사람과 함께 십자가에 못 박히신 예수 그리스도의 죽으심의 능력을 고백함에서 비롯됩니다. 그런가 하면 우리의 능력 있는 삶의 비결은 나의 새 사람과 함께 부활하신 그리스도의 새 창조의 능력을 고백함에서 솟구칩니다. 우리를 사랑하셔서 우리와 연합하신 그리스도께서는 우리와 끊임없는 교제를 원하십니다.

"내가 그리스도와 함께 십자가에 못 박혔나니 그런즉 이제는 내가 사는 것이 아니요 오직 내 안에 그리스도께서 사시는 것이라 이제 내가 육체 가운데 사는 것은 나를 사랑하사 나를 위하여 자기 자신을 버리신 하나님의 아들을 믿는 믿음 안에서 사는 것이라"(갈 2:20).

우리가 지속적으로 성령의 인도를 받으며 교제하면서 그분의 뜻 앞에 복종하는 삶을 살아갈 때, 이러한 삶은 그리스도의 능력으로 순간마다 살아가는 가슴 벅찬 기쁨과 비할 데 없는 만족의 삶입니다. 그러한 삶 속에는 그리스도의 성품을 충분히 구현해내는 풍성한 성령의 열매와 그리고 땅끝까지 권세 있게 복음을 전하기 위한 초자연적인 성령의 은사와 능력이 뒤따르게 됩니다.

3. '그리스도와의 연합'의 가르침은 가장 중요한 복음적 성령운동의 핵심입니다.

오늘날 많은 종류의 영성운동들과 기도모임들이 우리 주위에 있습니다. 그런데 어떤 집회들은 매우 이상스럽고 성경적이지 못한 모습을 보이기도 합니다. 그러나 이러한 상황 속에서 올바른 영성운동을 분별하기란 그리 쉬운 일이 아닙니다. 그러나 여러분께서 올바른 영성운동을 분별하기 위해서는 반드시 기억해야 할 점이 있습니다. 그것은 올바른 복음적 영성운동은 언제나 '그리스도와의 연합'의 가르침에 초점을 맞춘다는 사실입니다.

"무릇 그리스도 예수와 합하여 세례를 받은 우리는 그의 죽으심과 합하여 세례를 받은 줄을 알지 못하느뇨 그러므로 우리가 그의 죽으심과 합하여 세례를 받음으로 그와 함께 장사되었나니 이는 아버지의 영광으로 말미암아 그리스도를 죽은 자 가운데서 살리심과 같이 우리로 또한 새 생명 가운데서 행하게 하려 함이니라 만일 우리가 그의 죽으심을 본받아 연합한 자가 되었으면 또한 그의 부활을 본받아 연합한 자가 되리라"(롬 6:3-5).

예를 들어, 18세기 영국에서 일어난 존 웨슬리의 부흥운동도 역시 그리스도와의 연합을 통해 주어지는 중생과 그리스도인의 완전(Christian Perfection)의 경험에 기반을 둔 것이었습니다. 그런가 하면 미국의 조나단 에드워즈(Jonathan Edwards), 그리고 찰스 피니(Charles Finney)의 부흥운동 역시 그리스도와의 연합의 진리가 우리를 성화의 길로 인도한다는 점을 강조하였습니다.

더 나아가 '그리스도와의 연합'의 교리는 19세기 남북전쟁 이후에 영국과 미국을 중심으로 일어난 성령운동, 20세기 초의 오순절운동, 20세기 중반의 은사갱신운동, 그리고 현대의 웨슬리안 성결운동과 제3의 물결(the Third Wave)을 잇는 복음적 성령운동의 힘 있는 연결고리인 것입니다.

그러므로 우리들은 분별력을 날카롭게 하여 우리를 현혹시켜 시험에 빠지게 하는 잘못된 영성운동들을 물리쳐야 할 것입니다. 그리고 경건의 능력의 진정한 출발이 성령과의 인격적 교제의 삶의 근거인 '그리스도와의 연합'에 있다는 점을 명심하여, 우리의 모든 모임에서 이 진리가 더욱 풍성히 열매 맺도록 기도해야 할 것입니다.

▶ 어려운 용어 풀이: 그리스도인의 완전

존 웨슬리는 신자가 경험하는 구원의 과정을 두 단계로 구분하였습니다. 첫째는 회심 또는 중생이고, 둘째는 그리스도인의 완전 또는 성결입니다. 첫째 체험에서 신자는 자신의 자범죄를 사함 받는데, 그러나 아담의 타락 이후에 유전된 죄성은 남아있다고 보았습니다. 그런데 이 죄성의 문제는 제 이차적 축복인 그리스도인의 완전의 은혜에 의해 해결된다고 보았습니다.

그러나 웨슬리는 '죄 없는 완전'(sinless perfection)을 가르치지는 않았습니다. 그는 그리스도인의 완전이 무지, 과오, 결점, 그리고 유혹받을 가능성 등에서의 완전을 말하는 것은 아니라고 하였습니다.

그러므로 그가 가르친 완전의 교리는 차라리 동기와 욕망에 있어서의 완전이라 할 수 있습니다. 죄 없는 완전은 오직 죽음 이후에만 찾아올 수 있는데, 성화된 영혼은 끊임없는 자기 성찰, 경건훈련, 그리고 세속적 욕망의 기피 등을 통해 지속적으로 죄로부터 승리하는 삶을 살 수 있다고 본 것입니다.

▶ 성령사역을 위한 질문

1. 성도들이 예수 그리스도를 사랑하게 될 때 그들은 주님과 어떤 관계에 들어가기를 원하게 되나요?

2. 거룩한 삶을 살아가기 위해서는 어떤 진리에 대한 고백이 필요할까요?

3. 올바른 복음적 영성운동을 분별하기 위해 반드시 기억해야 할 중요한 초점은 무엇입니까?

▶ 삶의 적용을 위한 기도

1. 언제나 어디서나 '그리스도와의 연합'의 영적 사실을 인식하며 살아갈 수 있도록 기도합시다.
2. 예수 그리스도와 함께 죽고 함께 부활한 능력이 우리의 고백을 통하여 삶 속에서 힘 있게 드러날 수 있도록 기도합시다.

성령의 열매와 성화

🍃 성경 말씀 🍃

"내가 이르노니 너희는 성령을 좇아 행하라 그리하면 육체의 욕심을 이루지 아니하리라 육체의 소욕은 성령을 거스리고 성령의 소욕은 육체를 거스리나니 이 둘이 서로 대적함으로 너희의 원하는 것을 하지 못하게 하려 함이니라 너희가 만일 성령의 인도하시는 바가 되면 율법 아래 있지 아니하리라"(갈 5:16-18).

1. 그리스도인은 육체의 욕심을 따라 살아가면 안 됩니다.

본문에서 우리가 성령으로 지속적으로 걸어가면(페리파테이테; περιπατειτε) 육체의 욕망을 이루지 않는다는 말씀을 보게 됩니다(16절). 우리에게는 육체의 욕구와 성령의 욕구가 함께 있습니다. 그런데 육체는 성령을 대항하여 욕구하고 있고, 성령은 또한 육체를 대항하여 욕구하고 있습니다(17절).

아무리 거룩함의 완전을 이룬 자라 할지라도 경험상 육체의 욕심이 완전히 사라져서 다시는 고개를 들지 못하는 그런 단계는 결코 없습니다. 그러므로 이 양면성을 인정해야 합니다. 원칙적으로 우리는 죄에 대하여 살던 옛 사람이 죽었습니다. 그리고 경험적으로는 성령의 인도하심에 순복할 때 우리는 이 성결의 능력을 경험하게 됩니다.

'십자가에서 옛 사람을 죽였다'(롬 6:6; 갈 5:24)는 표현은 성결의 능력에 대한 현주소를 정확히 기술한 것이지만, 경험적으로는 우리의 자유의지가 지속적으로 성령의 인도하심을 따르지 못할 때가 많으므로, 이럴 때는 '죄를 죽이신' 성령의 능력이 우리 영혼 속에서 구현되지 못하는 것입니다. 그러나 우리가 전적으로 성령의 인도하심만을 따르기 위해서 우리의 의지를 지속적으로 드린다면, 죄와 육체의 소욕 그리고 율법의 요구는 우리 안에서 죽은 것과도 같습니다.

2. 성령의 인도하심 속에서 성령의 열매를 맺는 삶을 살아야 합니다.

우리가 성령의 인도하심을 따르는 삶을 살아가면 우리의 영혼과 인격 속에 성령의 '열매'(카르포스; καρπὸς)라는 단수형의 단어가 나타나게 됩니다. 성령의 열매는 한 성령 안에서 자라나는 것으로서, 이는 그리스도의 영이 지니신 품성 그 자체입니다. 그러기에 열매들이라는 복수 표현을 할 필요가 없습니다(갈 5:22-23).

마찬가지로 우리가 성령의 인도하심을 잘 따르면서 살아갈 때, 여기에 성령의 열매가 제각기 다르게 나오지 않습니다. 그리고 어떤 열매는 나오는데 또 어떤 열매는 전혀 보이지 않는다든가 하는 일이 없습니다. 한 성령을 품고 살아갈 때, 우리의 인품 속에는 자연히 성령의 품성인 이런 특성들이 모두 나타나게 됩니다. 단, 그 사람의 환경과 상황에 따라 어떤 열매가 특히 두드러지게 자라나게 될 수 있습니다.

"그리스도 예수의 사람들은 육체와 함께 그 정과 욕심을 십자가에 못박았느니라"(갈 5:24).

성경에서 '십자가에 못 박는다'라는 표현이 등장할 때 대부분은 수동태 형태로 표현되어 있습니다. 그러나 이 말씀에서는 적극적인 능동태로 표현되어 있습니다(에스타우로산; εσταυρωσαν). 그렇다면 적극적인 능동태의 형태의 표현이 우리 성경을 읽는 독자에게 말하고자 하는 바는 무엇일까요? 그것은 우리 옛 사람이 예수와 함께 십자가에 못 박혔다는 사실을 수동적으로 받아들인 것을 우리가 적극적으로 고백하고 활용해야 할 것을 단호하게 지시하고 있는 것입니다. 누구든지 육체의 일을 행할 수도, 성령의 열매를 택할 수도 있습니다. 문제는 신자 자신의 결단인데, 이 말씀은 유혹 앞에서도 흔들리지 않는 신자의 믿음의 고백을 촉구하고 있는 것입니다.

3. 성령의 열매 맺는 삶을 통해 예수 그리스도를 인격적으로 점점 닮아가게 됩니다.

갈라디아서 5장에서 제시하는 성령과 동행하는 삶에 대한 여러 번의 교훈에서 다음과 같은 공통적인 성격을 찾아볼 수 있습니다: 성령을 좇아 행하라(walk, 16절), 성령의 인도하시는 바가 되면(be led, 18절), 성령으로 살면(live, 25절), 성령으로 행할찌니(walk by rule, 25절) 등에 나타나는 '행하다'(페리파테이테; περιπατειτε), '인도 받다'(아게스테; αγεσθε), '살다'(조멘; ζῶμεν), '행하다'(스토이코멘; στοιχῶμεν), 이 네 동사는 모두 현재형으로 표현되어 있습니다.

이는 성령으로 살아간다는 것이 어떤 단회적인 체험이나 기도의 몰입 체험 또는 일정기간 동안 세상과 격리된 수도생활 등으로 인해서 지속될 수는 없다는 것을 보여주는 것이며, 그 대신 성령의 인도하심을 따라 살아가는 삶이란 순간마다 지속되어져야 할 일상 속에서의 경건이라는 점을 여실히 보여주고 있는 것입니다.

"그러므로 우리가 낙심하지 아니하노니 우리의 겉사람은 후패하나 우리의 속은 날로 새롭도다"(고후 4:16).

어떤 도덕적이거나 윤리적인 규범과 실천 그리고 계율에 의해 자신을 복종시키며 살아가는 삶은 어디까지나 자기 자신(ego)으로 부풀어 있는 삶을 살뿐입니다. 성령의 주되심(Lordship of Holy Spirit)에 순복하는 삶을 살아갈 때, 그리스도인의 아름다운 품성이 나타나는 것은 염려할 필요가 전혀 없습니다. 이 모든 열매는 다 주님의 품성이기 때문에, 단지 그분의 인도하심에 따라 살아갈 때 그분은 자신의 품성을 우리 인격 속에 열매 맺게 하십니다.

▶ 어려운 용어 풀이: 옛 사람의 죽음

'옛 사람'이란 신자 안에 내재하는 죄악된 본성 또는 죄악으로의 경향성을 상징하는 말입니다. '옛 사람의 죽음'을 통해 거룩함에 이르게 된다는 것은 성경에 나타난 분명한 교훈입니다. 그런데 역사적으로 이에 대한 해석은 웨슬리안파와 개혁파 사이에서 크게 대치되어 왔습니다. 웨슬리안파에서는 성경대로 옛 사람의 즉각적인 처리가 가능하다고 보는 입장이고, 개혁파 쪽에서는 옛 사람이 실제적으로 죽어 죄성이 더 이상 발동하지 않는 단계는 있을 수 없다는 것이었습니다.

그러나 웨슬리안 성결운동과 개혁파의 케직(Keswick) 계통은 조화점을 찾을 수 있습니다. 웨슬리안 성결운동의 '죄성제거설'(Eradication)은 영적 사실의 차원을 강조하는 성결론입니다. 왜냐하면 성결의 근원은 성경에서 말하는 '그리스도와 함께 죄에 대하여 죽었다'고 하는 영적 사실에 대한 믿음을 강조하기 때문입니다. 이 점을 강조할 때 당연히 '죄성제거설'이 나올 수밖에 없는 것입니다.

한편 케직의 노선은 경험의 차원을 강조하는 성결론입니다. 이 노선은 구체적인 경험을 통해 어떻게 죄의 유혹을 이겨나가는가에 대한 경험의 차원을 강조한 것입니다. 다시 말해서 '죄가 죽었다'고 외치더라도 죄의 유혹을 받지 않는 사람은 없는 바와 같이, 죄의 유혹은 경험의 차원입니다.

그렇다면 '이미 죽었으니까'의 영적 사실의 차원을 적용하여 경험적으로 죄의 유혹에서 승리하는 차원의 삶을 사는 것이 바로 이 두 노선상의 조화점인 것입니다. 그러므로 영적 사실과 경험의 차원은, 결코 상호 논쟁의 대상이 아니라, 성결론의 충족한 이해를 위해 함께 길을 가야 할 대상인 것입니다.

▶ 성령사역을 위한 질문

1. 거룩함의 완전을 이루기 위해 우리가 인정해야 할 '죄의 죽음'에 대한 양면성이란 무엇을 말하는 것입니까?

   _____

2. 성령의 '열매'라는 단어가 단수형으로 나타나는 중요한 이유는 무엇입니까?

   _____

3. 갈라디아서 5장에서 제시하는 성령과 동행하는 삶에 대한 여러 번의 교훈의 공통적인 특징은 무엇입니까?

   _____

▶ 삶의 적용을 위한 기도

1. 날마다의 삶 속에서 죄악의 유혹에 넘어지지 말고 성령의 인도하심을 따를 수

있도록 기도합시다.
2. 성령의 열매 맺는 삶 속에서 날마다 예수 그리스도를 더욱 닮아갈 수 있도록 기도합시다.

제 3 과

성령의 인격적 통치

◈ 성경 말씀 ◈

"항상 기뻐하라 쉬지 말고 기도하라 범사에 감사하라 이는 그리스도 예수 안에서 너희를 향하신 하나님의 뜻이니라"(살전 5:16-18).

1. 우리가 지속적으로 성령충만한 삶을 살 수 있는 비결은 무엇일까요?

여러분 가운데 '어쩌면 저 분은 저렇게 멋지게 예수님을 믿을까? 그런데 나는 왜 이렇게 체험도 없고 무기력할까?' 하고 불평해 보신 분도 있을 것입니다. 왜 그럴까요? 하나님께서 어떤 분만 선별하여 편애하시기 때문일까요? 아니면 내게 사함 받지 못한 죄가 남아있다거나 혹은 기도와 봉사가 모자라서일까요?

아닙니다. 우리는 그리스도인의 삶 속에서 근본적인 진리를 잊지 말아야 합니다. 그것은 우리가 너무나 많은 말씀을 듣고 또 보고 있지만, 너무도 적은 말씀을 실천에 옮긴다는 데 있습니다. 하나님께서는 말씀을 듣고 잊어버리는 자에게가 아니라, 말씀을 행하는 자에게 축복하신다는 진리를 우리는 깨달아야 합니다.

이 본문은 우리에게 너무나 잘 알려진 말씀이지만, 안타깝게도 이 세 구절 말씀을 실천하는 일이 성령충만한 삶의 비결에 직결된다고 하는 진리를 깨닫고 계신 분은 많지 않습니다. 그런데도 이 말씀들은 인간의 힘과 지혜로는 도저히 실천하기 어렵다는 데 그 핵심이 있습니다.

가끔 기뻐하는 생활은 자연스럽습니다. 그러나 주님은 항상 기뻐하라고 말씀하십니다. 자주 기도하는 일은 이해가 됩니다. 그러나 주님은 쉬지 말고 기도하라고 하십니다. 감사할 만한 일이 있으면 감사합니다. 그러나 주님은 무슨 일에든지 감사하라고 말씀하십니다.

분명히 범상치 않은 명령의 말씀입니다. 우리의 힘과 생각과 의지로는 이 말씀들을 이루기 불가능합니다. 그러나 이 말씀들은 분명 하나님께서 우리에게 행하라고 명령하신 것이고, 그러나 인간의 지혜와 힘으로서는 불가능하니, 결국은 성령의 통치를 받아 하나님의 지혜와 능력으로 살라는 교훈인 것입니다.

2. 성령께서 우리를 인격적으로 통치하실 때 나타나는 확실한 증거는 무엇일까요?

성령께서 우리를 인격적으로 충만히 통치하실 때는 분명한 증거가 우리 영혼 속에 나타납니다. 그 증거는 바로 우리의 감성과 지성과 의지에 나타나는데, 이 세 구절의 말씀이 바로 그 뚜렷한 증거를 표시해 주고 있습니다.

"항상 기뻐하라"(16절)는 말씀은 특히 우리의 감성에 나타나는 성령충만의 특징을 보여주고 있습니다. 우리의 감정은 늘 변하기 쉽습니다. 그러나 우리 마음 깊은 곳에 끊임없는 기쁨을 소유할 수 있는 비밀이 있는데, 그것은 크신 하나님을 순간마다 바라보며 살아가는 일입니다. 이렇게 될 때 우리의 감성은 늘 기쁨의 상태를 유지하게 됩니다. 그러므로 이 말씀은 '항상 주님을 기뻐하라'(rejoice always in the Lord)는 뜻으로 그 의미를 해석할 수 있습니다.

"쉬지 말고 기도하라"(17절)는 말씀은 우리의 지성에 나타나는 성령충만의 특징을 보여주고 있습니다. 기도란 하나님과의 대화라는 말이 있듯이, 쉬지 않고 하는 기도에는 때와 장소의 구별이 없습니다.

"모든 이론을 파하며 하나님 아는 것을 대적하여 높아진 것을 다 파하고 모든 생각을 사로잡아 그리스도에게 복종케 하니"(고후 10:5).

이 말씀과 같이, 쉬지 않는 기도란 언제나 우리의 생각을 주님과 나누는 것입니다. 그러므로 이 구절은 '쉬지 말고 주님께 기도하라'(pray without ceasing *with the Lord*)는 의미를 지니고 있습니다.

또한 "범사에 감사하라"(18절)는 말씀은 우리의 의지에 나타나는 성령충만의 특징을 반영하고 있습니다. 우리가 불안하고 어두운 환경을 바라보고 있는 한 이 말씀은 내 삶 속에 이루어지지 않습니다. 그러므로 범사에 감사하라는 말씀은 내가 무슨 일을 당해도 세상과 환경을 바라보지 않고 주님만 바라보며 살겠다고 하는 의지적 결단의 표현입니다.

모든 환경이 주님께서 내게 허락하신 환경이라고 인정할 때에는 범사에 감사가 나올 줄로 믿습니다. 그러므로 이 말씀은 '범사에 주님께 감사하라'(give thanks in all circumstances *to the Lord*)는 뜻으로 그 진정한 의미를 해석할 수 있습니다.

3. 구체적으로 성령께 인격적으로 통치 받는 삶을 살려면 어떤 준비가 필요할까요?

내가 과연 성령충만한가를 확인할 수 있는 가장 확실한 방법은 주님으로 인한 기쁨과 기도와 감사가 내게 있는지를 살펴보는 일입니다. 즉, 내가 지금 주님으로 인해 기뻐하고, 주님께 기도하고 있으며, 또한 주님 안에서 주어지는 환경에 감사하고 있는가를 인식하는 일입니다. 이것이 바로 성령께서 나의 영혼을 다스리고 계시다는 가장 확실한 증거임을 잊지 마십시오.

그러므로 성령께 충만히 통치되기 위해 스스로 이같이 질문하십시오. 나는 온전히 주님의 것이 되었는가? 나의 삶은 온전히 주님께서 원하시는 대로 살고자 하는 열망이 있는가? 그리고 이렇게 결단하십시오. 나의 감성은 주님만을 항상 기뻐하겠노라고. 나의 지성은 주님께 쉬지 않고 기도하겠노라고. 나의 의지는 무슨 일을 만나든 환경이나 사람을 바라보며 두려워하는 것이 아니라 오히려 주님의 손길을 바라보며 감사드리겠노라고.

"하나님을 가까이하라 그리하면 너희를 가까이하시리라 죄인들아 손을 깨끗이 하라 두 마음을 품은 자들아 마음을 성결케 하라"(약 4:8).

그와 더불어 성령의 능력 가운데서 이러한 경건의 훈련을 지속해 나아가십시오. 그러면 그리스도 예수를 닮아가는 성화의 삶으로 나아가게 됩니다. 그리고 언제나 능력 있게 성령께 이끌려 복음을 전하고 하나님의 나라를 권세 있게 확장해 나가는 증인의 삶을 강하게 살아가게 될 것입니다.

⇉ 어려운 용어 풀이: 성령의 통치

성령의 전인적 통치에 대해서는 특히 19세기 미국의 개혁파 성령운동을 이끈 지도자들 가운데서 강조되었습니다. 보드맨(William E. Boardman)은 그리스도께 대한 온전한 헌신을 하고 난 후 신자는 '그리스도께서 거하신다는 의식적인 증거'(a conscious witness of Christ's indwelling)를 얻게 된다고 강조했는데, 이를 그는 두 번째 회심으로서의 '성령세례'라고 불렀습니다. 또 고든(Adoniram J.

Gordon)은 성령의 가장 중요한 사역이 신자들을 그리스도와 연합케 하고, 또 그들에게 그리스도와 연합된 유익을 깨닫도록 하는 일이라고 보았습니다.

이 외에도 마이어(Frederick B. Meyer), 머레이(Andrew Murray)와 같은 케직 운동의 지도자들 역시 '그리스도의 전인적 통치로서의 성령세례'를 강조하였습니다. C&MA의 창시자인 심프슨(Albert B. Simpson)도 역시 이 점을 크게 강조하였습니다. 그리스도께서 신자 안에 이루어주시는 성결은 성령세례를 통해 그리스도께서 신자 안에 오시는 체험이며, 성결의 체험을 통해 신자는 그리스도와 연합함으로 그리스도인의 생활에 능력과 승리가 주어진다고 그는 말했습니다.

▶ 성령사역을 위한 질문

1. 데살로니가전서 5장 16-18절의 말씀을 온전히 실천하기는 우리의 힘과 생각과 의지만으로는 불가능합니다. 그러면 어떻게 해야 이 명령의 말씀들을 행할 수 있습니까?

   _____

2. 성령께서 우리를 인격적으로 충만히 통치하실 때 우리 영혼 속에 나타나는 분명한 증거들은 어떤 것들입니까?

   _____

3. 우리가 현재 성령충만한 상태에 있는지, 아닌지를 확인할 수 있는 가장 확실한 방법은 무엇입니까?

   _____

▶ 삶의 적용을 위한 기도

1. 우리의 감성과 지성과 의지가 늘 성령의 인격적인 통치 아래 있도록 기도합시다.
2. 항상 기뻐하고, 쉬지 말고 기도하며, 범사에 감사하라는 주님의 말씀 앞에서 어린아이처럼 순수하게 복종할 수 있는 우리가 되도록 기도합시다.

제 4 과

그리스도 닮기

🙢 성경 말씀 🙠

"갈릴리 해변으로 지나가시다가 시몬과 그 형제 안드레가 바다에 그물 던지는 것을 보시니 저희는 어부라 예수께서 가라사대 나를 따라 오너라 내가 너희로 사람을 낚는 어부가 되게 하리라 하시니 곧 그물을 버려두고 좇으니라"(막 1:16-18).

1. 예수님을 믿는다는 것은 성령의 인도하심을 따라 살아가는 삶이라는 것을 아십니까?

20세기 독일의 유명한 신학자 본훼퍼(Dietrich Bonhoeffer)는 예수 그리스도의 은혜를 값싼 은혜와 값진 은혜로 구분하였습니다. 값싼 은혜는 교회의 치명적인 적으로서, 아무데서나 마구 남용되기 쉬운 은혜이며, 회개가 없는 용서의 설교요, 교회의 교육이 없는 세례요, 참회가 없는 성찬식이요, 개인적인 고백이 없는 사죄와 같은 것입니다. 그래서 값싼 은혜는 그리스도께로 가는 길을 열어주는 것이 아니라 오히려 그 문을 닫아버리는 것입니다.

그러나 값진 은혜는 마치 밭에 숨겨진 보물과도 같은 것으로서, 그것은 제자로의 부르심의 음성을 듣고 따라나서는 신앙을 말합니다. 예수께서는 마태를 부르셨을 때 그는 곧 일어나 예수님을 좇았습니다.

"예수께서 거기서 떠나 지나가시다가 마태라 하는 사람이 세관에 앉은 것을 보시고 이르시되 나를 좇으라 하시니 일어나 좇으니라"(마 9:9).

예수께서 어부 시몬과 그의 형제 안드레를 부르셨을 때 그들은 곧 그물을 버려두고 예수님을 좇았습니다. 진정으로 값진 은혜는 예수 그리스도를 따르는 행위로부터 주어지는 것이기에 더욱 고귀한 것입니다.

"갈릴리 해변으로 지나가시다가 시몬과 그 형제 안드레가 바다에 그물 던지는 것을 보시니 저희는 어부라 예수께서 가라사대 나를 따라 오너라 내가 너희로 사람을 낚는 어부가 되게 하리라 하시니 곧 그물을 버려두고 좇으니라"(막 1:16-18).

예수 그리스도께서는 성령의 사역을 통하여 우리 안에 거하십니다. 예수님을 영혼 속에 영접한 이들은 성령의 인도하심을 따라 살아가는 것을 통해 예수님의 뒤를 따를 수 있습니다.

"무릇 하나님의 영으로 인도함을 받는 그들은 곧 하나님의 아들이라"(롬 8:14).

우리는 성령의 인도하심을 따라 그리스도께 순종하는 삶을 통해 값진 은혜의 삶을 살게 되는 것입니다.

2. 성령의 인도하심을 따라 살아가려면 우리에게 어떠한 자세가 필요할까요?

우리가 성령 안에서 '나를 따르라'고 하시는 예수 그리스도의 음성을 듣기 원한다면, 우리는 말씀을 가까이 하며 성령의 인도하심을 따라 순종해야 합니다. 부르심을 따르는 가장 근본적인 단계는 세상적인 존재로서의 자신을 하나님 앞에서 전부 포기하는 것입니다.

"무릇 내게 오는 자가 자기 부모와 처자와 형제와 자매와 및 자기 목숨까지 미워하지 아니하면 능히 나의 제자가 되지 못하고 누구든지 자기 십자가를 지고 나를 좇지 않는 자도 능히 나의 제자가 되지 못하리라"(눅 14:26-27).

제자의 마음은 세상이나 정욕을 향해서가 아니라, 언제나 그리스도께만 고정되어 있어야 합니다. 예수님께 대한 충성으로 우리의 목숨까지도 버릴 자세로 십자가를 지고 간다면, 우리는 그리스도와의 십자가의 죽음뿐 아니라, 부활의 영광 또한 얻게 될 것입니다.

"이에 예수께서 제자들에게 이르시되 아무든지 나를 따라오려거든 자기를 부인하고 자기 십자가를 지고 나를 좇을 것이니라 누구든지 제 목숨을 구원코자 하면 잃을 것이요 누구든지 나를 위하여 제 목숨을 잃으면 찾으리라"(마 16:24-25).

그러므로 그리스도인이 고난 받도록 부르심을 받는 것은 전혀 놀라운 일이 아니라, 오히려 그것은 기쁨이며 은혜의 증거입니다. 십자가를 두려워하지 않는 자만이 성령 안에서 부활의 능력을 만끽하며 살 수 있는 것입니다.

3. 성령의 인도하심을 따라 살아가는 이에게 어떠한 삶의 능력이 나타날까요?

예수 그리스도께서 우리 영혼에 거하신다고 할 때 그것이 의미하는 것은 무엇입니까? 세상에서의 예수님의 삶이 끝나지 않은 이유는, 그분은 그를 따르는 자들의 삶 속에서 계속 살아가시기 때문입니다. 제자 된 우리들의 목표는 그리스도와 같이 되는 것으로서, 우리 안에서의 성령의 사역은 그리스도께서 우리 안에서 당신의 형상을 완성시키실 때까지 결코 끝나지 않을 것입니다.

그러므로 우리가 성령께 순복하는 삶을 살아갈 때, 그리스도인의 아름다운 품성이 나타나는 것은 염려할 필요가 전혀 없습니다. 이 모든 성령의 열매(갈 5:22)는 다 주님의 품성이기 때문에, 우리가 단지 그분의 인도하심에 따라 살아갈 때 그분은 당신의 품성을 우리 인격 속에 열매 맺게 하십니다.

"오직 사랑 안에서 참된 것을 하여 범사에 그에게까지 자랄찌라 그는 머리니 곧 그리스도라"(엡 4:15).

성도는 그리스도를 닮기 위해 사는 자들입니다. 우리의 전 존재를 주님 앞에 복종시키고 순간마다 성령의 인도하심을 따라 주님과 동행할 때, 주님의 품성은 우리의 삶의 순간마다 '그리스도의 향기'가 되어 나타날 것입니다. 그리고 그리스도와 연합된 삶 속에서 마침내 신자로 하여금 "그리스도의 장성한 분량이 충만한 데까지"(엡 4:13) 이르게 하시는, 성화의 궁극적 목표로서의 '그리스도 닮기'(Christlikeness)를 우리의 삶 속에 이루어 가십니다.

▶▶▶ 어려운 용어 풀이: 본훼퍼

디트리히 본훼퍼(Ditrich Bonhoeffer, 1906-1945)는 독일이 제2차 세계대전에서 패전하기 직전 나치의 손에 의해 처형당한 독일의 기독교 지도자이자 신학자입니다. 베를린대학교의 유망한 신학교수 의장으로서보다는 나치 정권에 반대하는 외로운 핑켄발데 공동체의 지도자이길 더 기뻐했던 그는 마침내, 나치에 의해 체포되어 1944년 10월부터 여러 지역의 집단수용소를 전전하다가 1945년 4월 9일 아침에 교수형을 당하였습니다.

그가 교수형을 당한 3주 후 히틀러는 자살하였고, 결국 1945년 5월 8일 독일은 패전하였습니다. 그가 남긴 『제자도의 대가』(Cost of Discipleship), 『공동의 삶』(Life Together), 『윤리』(Ethics), 그리고 『옥중서신과 논문들』(Letters and Papers from Prison) 등의 저서들은 지금까지 전 세계에서 애독되고 있습니다.

▶ 성령사역을 위한 질문

1. '값싼 은혜'와 '값진 은혜'는 서로 어떻게 비교될 수 있습니까?

2. 우리가 성령 안에서 '나를 따르라'고 하시는 예수 그리스도의 음성을 듣기 원한다면 어떤 삶을 살아야 합니까?

3. 우리의 삶의 순간마다 주님의 품성으로서의 '그리스도의 향기'가 나타나려면 어떤 삶의 태도가 필요합니까?

▶ 삶의 적용을 위한 기도

1. 우리가 혹 값싼 은혜의 삶을 살아 주님을 근심시킨 일이 있다면 주님께 회개의 기도를 드립시다.
2. 값진 은혜의 삶을 위해 기꺼이 그리스도의 제자로서의 길을 갈 수 있도록 헌신하며 기도합시다.

 NOTE

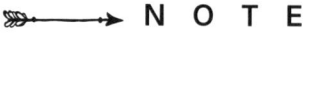 NOTE

 **NOTE**

NOTE

제 4 단원

성령과 성결

◆ 이 단원의 핵심 찾기 ◆

이 단원의 목표는 거듭난 그리스도인들이 죄악의 유혹으로부터 늘 승리하는 삶을 살 수 있도록 도와주는 데 있습니다. 이를 위해 먼저 죄와 성결과의 관계를 규명합니다. 그리고 그리스도와 함께 십자가에서 죽은 옛 사람에 대한 설명을 통해 죄로부터 늘 승리하는 삶의 근거를 알아봅니다. 그리고 끝으로는 온전한 헌신을 거쳐 생명의 성령의 법을 따라 살아가는 삶이야말로 성결한 삶의 궁극적인 실체임을 강조합니다.

죄와 성결

☙ 성경 말씀 ☙

"술 취하지 말라 이는 방탕한 것이니 오직 성령의 충만을 받으라 시와 찬미와 신령한 노래들로 서로 화답하며 너희의 마음으로 주께 노래하며 찬송하며 범사에 우리 주 예수 그리스도의 이름으로 항상 아버지 하나님께 감사하며 그리스도를 경외함으로 피차 복종하라"(엡 5:18-21).

1. 성령충만 즉, 성결의 은혜는 죄성으로부터의 승리를 통해 이루어집니다.

"하나님의 뜻은 이것이니 너희의 거룩함이라"(살전 4:3)고 하신 말씀은 우리 속에 하나님의 뜻을 거스리는 죄성(罪性)에 대해 승리를 할 수 있을 때 이루어질 수 있습니다. 이것이 바로 성결 즉, 성령충만의 상태입니다.

"술 취하지 말라 이는 방탕한 것이니 오직 성령의 충만을 받으라"(엡 5:18).

이 말씀에서, '받으라'는 표현은 '채워져라', '통제되어져라'는 수동태의 명령형 동사입니다. 그러므로 성령의 능력에 의해서 채워지는 삶, 성령의 주권에 의해서 통제되는 삶이 곧 성령충만한 삶입니다. 이런 삶을 살아갈 때 우리는 죄성으로부터의 지속적인 승리를 경험하게 됩니다.

고린도전서 12장에 나오는 아홉 가지 성령의 나타남은 성령충만한 자에게서 나타나는 외적인 사역의 열매입니다. 그리고 갈라디아서 5장에 나타나는 아홉 가지 성령의 열매는 성령충만한 자 속에서 나타나는 내적인 품성의 열매입니다. 이것들은 다 같이 성령충만한 자에게서 나타날 수 있는 외적 그리고 내적인 열매요, 진정한 성령충만의 실체는 '그리스도의 왕되심'(Kingship of Christ) 그 자체입니다.

성령충만이란 곧 그리스도의 영이 나의 영혼과 삶을 구체적으로 주관하고 인도하시는 삶을 말합니다. 그러므로 성령으로 충만케 되기 위해서는 필연적으로 주님께로 향한 마음의 비움과 내어드림이 전제되지 않으면 안 됩니다.

2. 성령충만을 위해서는 우리의 자유의지가 주님께 복종되어야 합니다.

그러나 많은 이들의 경험이 우리에게 알려주는 바는, 이 같은 분명한 성령충만의 길이 있음에도 불구하고, 자아를 의지하는 삶이 성령의 충만함을 경험한 후에도 얼마든지 계속되어질 수 있으며 또 실제로 그렇다는 실례들입니다. 바로 이 점 때문에 그리스도인은 일평생 깨어 근신(謹身)해야 할 필요를 절실히 요구받게 되는 것입니다.

그렇다면 왜 하나님께서는 이같이 불완전한 영적 삶, 즉 우리로 하여금 잠시도 깨어 있지 않으면 안 되는 그런 삶을 마련하신 것일까요? 이를 이해하기 위해서는 먼저 우리는 에덴동산의 아담과 하와를 생각해 볼 필요가 있습니다. 그들은 하나님께서 아름답게 창조하여 아무런 부족함이 없는 존재들이었습니다. 그럼에도 불구하고 그들은 타락하여 에덴동산에서 쫓겨나는 신세가 되었습니다.

"이같이 하나님이 그 사람을 쫓아내시고 에덴동산 동편에 그룹들과 두루 도는 화염검을 두어 생명나무의 길을 지키게 하시니라"(창 3:24).

그들은 하나님께서 그들을 사랑하여 그들에게 부여하신 자유의지(自由意志)를 그릇되게 사용한 것입니다. 우리들도 아담의 상태와 크게 다를 바 없습니다. 하나님께서 인간에게 자유의지를 주셨다는 것은 참다운 사랑의 관계를 인간과 당신 사이에 맺기 위해서였습니다. 하나님은 오직 하나님을 사랑하여 하나님과의 영적 교제 즐기기를 사모하며, 마치 목마른 사슴이 시냇물을 찾듯이 그렇게 하나님의 얼굴을 구하는 자들에게 영원한 생명의 나라를 유업으로 주기를 원하시는 것입니다.

그러므로 하나님을 사랑하는 자는 그의 계명을 지킬 것이요, 또한 그들은 그리스도의 다 이루어 놓으신 구속의 은혜 가운데 살기를 즐거워해야 할 것입니다.

3. 주님의 다 이루신 승리를 즐거워함으로써 죄의 유혹을 물리칠 수 있습니다.

그러면 참된 해방의 길은 어디에 있을까요? 죄로부터의 참된 해방은 죄성 자체로부터의 해방이 이루어질 때에만 가능합니다. 그렇다면 어떻게 해야 죄를 만들어 내는 나의 죄성으로부터 자유로워질 수 있단 말입니까? 여러분, 기뻐하십시오! 바로 이를 이루기 위해서 예수께서는 십자가의 죽음을 예비하셨기 때문입니다.

"우리가 알거니와 우리 옛 사람이 예수와 함께 십자가에 못 박힌 것은 죄의 몸이 멸하여 다시는 우리가 죄에게 종노릇하지 아니하려 함이니"(롬 6:6).

예수께서 십자가에 못 박히실 때 또한 자기와 성령으로 연합(聯合)된 모든 그리스도인들의 죄성을 함께 십자가에 못 박아 버리신 것입니다. 그러나 이 사실이 어떻게 내 속에서 구체화될 수 있단 말입니까?

그 길은 다음과 같습니다. 즉, 죄의 근원은 하나님으로부터 독립하려는 마음의 동기에서 비롯됩니다(창 3:1-6). 이것은 곧 영적 교만인데, 이 교만으로부터 온갖 종류의 죄악이 열매 맺게 되는 것입니다. 그러나 만일 이러한 영적 교만이 내 속에서 사라진다면, 다시 말해서 내가 순간마다 나 자신을 의지하지 않고 내 속의 주님만을 의지하며 살아간다면, 도대체 내 속에서 하나님의 뜻을 역행하는 어떤 죄악을 볼 수 있단 말입니까? 나의 의지와 뜻은 오직 주님의 인도하심 안에 거하기만을 즐거워하고, 또 실제로 이 같은 주님과 동행하는 삶을 살아가고 있는 나에게 도대체 무슨 죄악을 발견할 수 있단 말입니까?

이렇게 될 때 단지 나에게 남아있는 것이란 인간의 연약함과 무지와 실수로 인한 허물만이 존재하고 있는 것이며, 이러한 허물은 나의 고의적(故意的)인 범죄와는 전혀 관계없는 것입니다. 하나님께서 이러한 허물을 우리에게 책하시거나 벌하시는 것이 결코 아닙니다. 이러한 허물은 연약한 장막인 나의 육체를 벗고 천국에 갈 때에야 비로소 벗게 되는 지극히 인간적인 연약성인 것입니다.

종종 거룩한 영적 생활을 방해하는 죄악과 정욕된 생각이나 감정이 마음속에 자리 잡으려 할 때, 헌신된 그리스도인은 즉시 주님을 바라보게 됩니다. 그리고 그리스도와 함께 나의 옛 사람을 십자가에 못 박아 온전히 죄를 멸하신 하나님의 능력을 찬양하게 됩니다. 이때 그의 영혼은 갑자기 죄의 유혹으로부터 맑아져서 주님의 인도하심을 제대로 응시할 수 있게 됩니다. 그리고 주님의 승리 때문에 그가 즐거워하고 있는 동안, 죄의 유혹과 그릇된 정욕은 완전히 사라지게 되는 것입니다.

▶ 어려운 용어 풀이 : 죄와 허물

죄론(罪論)에 있어서 근본적인 개념의 차이가 칼빈과 웨슬리사이에 존재합니다. 칼빈에게는 의지적이든 무의식적이든 간에 모든 범죄가 다 하나님 앞에서 죄였습니다. 그러나 웨슬리는 죄를 고범죄(willful sin)와 허물(error)로 구분하여, 고범죄는 현세에서 성령의 능력에 의해 완전히 제거될 수 있는 것으로 가르쳤고, 허물은 인간의 육체와 연약성이 존재하는 한 이 세상에서 계속되는 것으로 보았습니다. 또한 성화(聖化)에 대해서도 칼빈은 그 과정을 점진적으로 설명하였으나, 웨슬리는 중생 이후 순간적 체험의 단계를 구분하였습니다.

따라서 칼빈의 구원론이 직렬 배치된 성격을 지닌다면, 웨슬리에게서는 병렬 배치된 이분법이 구원론에 나타난다고 할 수 있을 것입니다. 이렇게 볼 때 칼빈의 구원론이 하나님의 주권적 시각에서 본 것이라면, 웨슬리의 구원론은 인간의 자유의지의 차원에 초점에 맞추어서 조명한 것으로 이해할 수 있습니다.

▶ 성령사역을 위한 질문

1. 갈라디아서 5장과 고린도전서 12장에서는 성령의 열매와 나타남에 대해 각각 어떻게 소개되고 있습니까?

_____

2. 하나님께서 인간에게 자유의지를 주신 궁극적인 목적은 무엇입니까?

_____

3. 인간의 연약함과 무지와 실수로 인한 허물은 고의적(故意的)인 범죄와 어떤 점이 가장 많이 다릅니까?

_____

▶ 삶의 적용을 위한 기도

1. 우리의 자유의지가 항상 성령의 인도하심에 복종할 수 있도록 기도합시다.
2. 예수 그리스도께서 이루신 십자가의 공로를 적용하여 죄의 유혹으로부터 늘 벗어날 수 있도록 기도합시다.

제 2 과

옛 사람의 죽음

ᘀ 성경 말씀 ᘁ

"그러므로 너희는 죄로 너희 죽을 몸에 왕노릇하지 못하게 하여 몸의 사욕을 순종치 말고 또한 너희 지체를 불의의 병기로 죄에게 드리지 말고 오직 너희 자신을 죽은 자 가운데서 다시 산 자 같이 하나님께 드리며 너희 지체를 의의 병기로 하나님께 드리라 죄가 너희를 주관치 못하리니 이는 너희가 법 아래 있지 아니하고 은혜 아래 있음이니라"(롬 6:12-14).

1. 우리의 옛 사람이 그리스도 예수와 합하여 죽은 사실을 알아야 합니다.

우리는 로마서 6장을 통해, 주님 앞에서 죄인이 의롭다함 받는다는 것이 단순한 법적 개념만이 아니라 생명의 연합 관계 속에서 이루어진 것임을 알게 됩니다. 즉, 예수 그리스도께서 십자가에서 우리의 죄의 문제를 해결하셨다는 사실, 그리고 우리가 예수 그리스도의 십자가 죽음에 함께 연합되었다는 사실을 알게 됩니다. 뿐만 아니라 예수께서 우리의 구원을 위해서 부활하셨다는 것은 우리가 그분의 부활 사건과 연합되었다는 사실을 말해 줍니다.

어떻게 이런 일이 가능할까요? 그것은 오직 성령의 매개(媒介)를 통해 가능합니다. 성령께서는 시간과 공간을 초월하여 믿는 우리들과 예수 그리스도의 경험이 연합되어지도록 역사하십니다. 본문에 나타나는 '세례'라는 말은 물세례를 말함이 아니요 성령 안에서 예수 그리스도의 경험과 우리가 하나로 세례 되어지는 일을 말합니다.

"우리가 유대인이나 헬라인이나 종이나 자유자나 다 한 성령으로 세례를 받아 한 몸이 되었고 또 다 한 성령을 마시게 하셨느니라"(고전 12:13).

그러므로 예수 그리스도의 십자가의 능력은 성령의 매개를 통해 우리에게 성결의 능력으로 경험됩니다. 그리고 예수 그리스도의 부활의 능력은 성령의 매개를 통해 우리에게 부활의 능력으로 경험됩니다.

그리스도인이 성령의 능력을 통하여 주님과의 생명력 있는 관계 속에 들어가 있지 못할 때는 언제나 또 다른 율법주의와 외식(外飾)이 그 자리를 차지합니다. 경건의 능력은 없고 경건의 모양만 남습니다. 그러므로 중요한 것은 주님을 알되 생명의 관계로서 아는 일입니다. 이것이 변화된 삶의 비결입니다.

로마서 6장 3절에서 "알지 못하느뇨"라는 표현의 질문은 예수 그리스도와 신자와의 연합의 관계를 알지 못하느냐는 질문입니다. 그 복음의 진리는 곧 예수 믿는 자는 성령으로 예수 그리스도와 연합되어 있다는 사실이며, 그 연합은 그리스도의 죽으심과(3절) 장사와(4절) 부활하심(5절)과의 연합이라는 점입니다.

2. 죄의 몸이 멸해진 사실을 믿고 고백할 때 죄악의 유혹으로부터 승리할 수 있습니다.

예수 그리스도와 우리와의 연합 사건을 믿고 고백할 때 우리는 죄악의 유혹을 이기는 성결한 삶을 살아갈 수 있습니다. 로마서 6장을 살펴봅시다.
- 예수께서 십자가에 못 박히신 것처럼 우리도 마찬가지로 못 박혔습니다(6절).

• 예수께서 죄에서 벗어나 의롭다함을 받으신 것처럼 우리도 마찬가지로 의롭다함을 받았습니다(7절).

• 우리는 예수님과 함께 죽었으니 또한 그와 함께 삽니다(8절).

• 사망이 다시 그를 주장하지 못하는 것처럼 우리에게도 역시 주장치 못합니다(9절).

• 그분이 죄에 대하여 단번에 죽으시고 하나님께 대하여 살아가신 것처럼 우리도 마찬가지로 하나님을 대하여 살아갑니다(10절).

우리가 그리스도와 함께 죄에 대하여 죽은 사실에 대해 6절을 통하여 좀 더 자세히 설명 드리겠습니다.

"우리가 알거니와 우리 옛 사람이 예수와 함께 십자가에 못 박힌 것은 죄의 몸이 멸하여 다시는 우리가 죄에게 종노릇하지 아니하려 함이니"(롬 6:6).

이 구절에서 예수와 함께 죽은 것은 나의 자아(自我)가 아니라, 나의 옛 사람이 죽었다는 것입니다. 나의 옛 사람이 죽고 이젠 새 사람으로 산다는 것입니다. 그리고 '멸한다'는 말은 쓸모없게 된다는 뜻입니다. 왜냐하면 다시는 우리 몸이 죄에 의해 종노릇하지 않을 목적 때문입니다.

'예수와 함께 십자가에 못 박힌 것'이라는 말씀 부분에서, 원어성경에는 '예수와 함께'라는 어구가 명시되어 있지는 않고, 다만 '누군가와 함께 못 박혔다'고 말하고 있습니다. 마찬가지로 영어성경(NIV)에도 '그와 함께'(with him)라고 표기되어 있습니다.

그렇다면 나의 옛 사람과 함께 십자가에 못 박힌 자가 과연 누구일까요? 우리말 성경에는 '예수와 함께'라고 번역이 첨가되어 있는데, 이는 오직 예수 그리스도만이 나의 옛 사람과 연합하여 십자가에서의 죽음을 겪으셨다는 점을 강조한 것입니다.

11절에서 나타나는 '여길찌어다'라는 말씀은 예수님과 함께한 옛 사람의 죽음과 부활의 능력을 그렇게 그대로 믿고 살아가라는 의미입니다. 이 '여기라'라는 말씀은 추측하라 또는 상상하라는 뜻이 아니고, 마치 돈을 세듯이 정확하게 계산하라는 뜻입니다. 그리고 이 동사는 명령형입니다.

그러므로 다만 그렇다고 이해하거나 느끼는 것에서 끝나서는 안 되고, 이 영적 사실을 확실히 믿고 고백하고 또 이러한 믿음을 행동에 옮겨야 한다는 것입니다. 그런가 하면 이 동사는 현재형으로서, 이 진리는 우리의 삶 속에서 지속적으로 적용하며 살아가야 한다는 점을 말해주고 있습니다.

3. 우리의 몸을 오직 하나님께 드려진 의의 병기로서 살아갈 때 죄악을 이길 수 있습니다.

로마서 6장 12절부터 나오는 중요한 단어들 중에 종종 구별되기 힘든 단어인 '자신', '죄', 그리고 '몸(지체)'의 연관성에 대해 설명하고자 합니다. '자신'은 진정한 나, 즉 자아를 말합니다. '죄'는 역시 내 안에서 활동하지만 '자신'은 아닙니다. 죄는 원래 나 자신이 아니지만, 내가 너무나 죄와 친숙해져 있기에 마치 죄가 나 자신인 줄로 착각하며 살아가는 것입니다.

'몸'은 원래 그 자체가 선하거나 악하거나 한 것이 아닌 중립입니다. 그러므로 자신이 죄에 매이게 되면 몸은 죄악의 통로가 되고 마는 것이지만, 반대로 자신이 하나님께 붙잡히면 몸은 선한 도구가 되는 것은 당연합니다.

그러므로 그리스도인은 나의 몸이 나의 것이 아니라, 오직 하나님께 드려진 의의 병기임을 고백해야 합니다. 이제는 아담의 세력 안에서 사는 것이 아니라, 그리스도 안에서 사는 것임을 고백하며 그렇게 몸을 사용하며 살아야 합니다.

"또한 너희 지체를 불의의 병기로 죄에 드리지 말고 오직 너희 자신을 죽은 자 가운데서 다시 산 자 같이 하나님께 드리며 너희 지체를 의의 병기로 하나님께 드리라"(롬 6:13).

이 말씀에서 '드리라'는 동사의 의미는 다음과 같습니다: 너희 몸을 죄에게 계속적으로 드리지 말고(파리스타네테; παριστανετε, 현재 명령형) 하나님께 단번에 드리라(파라스테사테; παραστησατε, 부정과거 명령형). 그러므로 우리의 온전한 헌신을 하나님께 드려 우리의 몸이 하나님의 의로운 병기로서 사용되도록 합시다.

⏩ 어려운 용어 풀이: 십자가의 이중 역사

십자가의 역사에는 두 가지 차원이 있습니다. 그 하나는 십자가 보혈의 역사입니다. 이는 우리의 범하는 모든 죄로부터 우리를 깨끗하게 하시는 역사입니다(요일 1:7,9). 보혈의 씻김의 대상이 되는 것은 우리의 지나간 죄와 모든 알려진 죄뿐만 아니라, 우리의 모든 실수와 무지로 인한 허물도 포함이 됩니다.

이 보혈의 능력은 항상 있어서, 우리가 그리스도 안에 있는 모든 순간마다 적용을 받게 되는 것입니다. 이 능력을 의지함으로 말미암아 우리들 그리스도인들은 영원토록 주님의 정결케 하신 공로로 말미암아 깨끗함을 고백하게 되고, 따라서 이 능력 안에 있는 동안 우리는 거룩하신 하나님 앞에 담대히 나아갈 수 있게 됩니다.

또 한 가지 차원의 깊은 십자가의 역사가 있습니다. 그것은 '우리의 옛 사람이 그리스도와 함께 십자가에서 죽었다'(롬 6장)고 하는 정결의 능력입니다. 누구든지 그리스도 안에 있기만 하면 그 사람은 그리스도께서 이미 이루신 능력의 적용을 성령의 능력을 통해서 받을 수 있습니다. 만일 우리가 나의 죄된 몸이 그리스도 안에서 이미 죽었다고 하는 사실, 그리고 나는 그분과 이미 부활의 능력 안에서 새로운 피조물이라고 하는 사실을 고백하기만 한다면, 주님의 정결케 하시는 능력은 우리의 영혼 속에서 즉시 효력을 발휘하게 되는 것입니다.

▶ 성령사역을 위한 질문

1. 그리스도인이 예수 그리스도의 십자가 죽음에 함께 연합되었다는 사실을 어떻게 알게 됩니까?

___

2. 나의 옛 사람과 함께 십자가에 못 박힌 자는 누구입니까?

___

3. 로마서 6장 12-14절에 나오는 '죄', '자신', 그리고 '몸'의 서로 다른 의미를 구분해보십시오.

___

▶ 삶의 적용을 위한 기도

1. '나의 옛 사람의 죽음'을 늘 영적 사실로 인정하며 고백할 수 있도록 기도합시다.
2. 나의 자신과 몸을 언제나 하나님이 기뻐하시는 의의 병기로 드리도록 다짐하며 기도합시다.

온전한 헌신

> 🍃 **성경 말씀** 🍃
>
> "그러므로 형제들아 내가 하나님의 모든 자비하심으로 너희를 권하노니 너희 몸을 하나님이 기뻐하시는 거룩한 산 제사로 드리라 이는 너희의 드릴 영적 예배니라 너희는 이 세대를 본받지 말고 오직 마음을 새롭게 함으로 변화를 받아 하나님의 선하시고 기뻐하시고 온전하신 뜻이 무엇인지 분별하도록 하라"(롬 12:1-2).

1. 온전한 헌신은 몸을 하나님께 산 제사로 드리는 것입니다.

그리스도를 믿기 전에 우리의 몸은 죄악의 도구였으나, 이제는 하나님을 위한 몸이 된 것입니다. 그리스도인의 몸은 하나님의 성전이자(고전 6:19-20), 하나님의 영이 거하시는 곳입니다(롬 8:9). 예수께서 자기 자신을 하나님의 뜻을 위해 드리셨듯이, 우리도 우리의 몸을 의의 병기로 드려 하나님의 사역을 감당해야 합니다(롬 6:13). 이처럼 우리의 몸으로 그리스도를 영화롭게 하는 것은 우리의 특권이기도 합니다(빌 1:20-21).

구약의 제사는 죽은 제사였습니다. 그러나 신약의 제사는 우리의 몸으로 산 제사를 드리는 것입니다.

"그러므로 형제들아 내가 하나님의 모든 자비하심으로 너희를 권하노니 너희 몸을 하나님이 기뻐하시는 거룩한 산 제사로 드리라 이는 너희의 드릴 영적 예배니라"(롬 12:1).

여기서 '드리라'(파라스테사이; παραστησαι; present, 부정과거 능동태 부정사)는 말씀은 단번에 완전히 드리라는 표현입니다. 즉, 그리스도인이 그리스도께 자신의 몸을 드리되 점진적으로 드릴 것이 아니라, 은혜를 깨닫자마자 단번에 전격적으로 드리라는 것입니다.

성도는 그리스도 안에서 새롭게 태어난 피조물이므로 새로운 삶의 원리로 살아야 합니다. 새로운 삶은 자신의 삶에 대한 기본적인 인식의 변화에서 출발하는데, 무엇보다 중요한 것은 삶 자체에 대한 올바른 인식입니다. 여기서 우리가 중요하게 생각해야 할 것은 승리하는 그리스도인의 삶의 출발점은 바로 예배에서 시작된다는 점입니다. 이러한 깨달음 속에서 성실히 드리는 예배가 영적 예배입니다.

여기서 영적(로기켄; λογικην; intelligent, reasonable) 예배란 '이치에 맞는 예배'를 의미합니다. 하나님이 받으실 만한 이치에 맞는 예배란 자신의 몸을 산 제사로 드리는 예배입니다. 그러므로 온전한 헌신은 우선 자신의 몸을 드리는 이치에 맞는 예배로부터 시작된다는 점을 잊지 말아야 할 것입니다.

2. 온전한 헌신은 마음의 지정의가 성령의 능력으로 다스림 받는 것입니다.

"마음을 새롭게 함으로 변화를 받아"(2절), 온전히 헌신된 삶을 살기 위해서는 반드시 우리의 삶 전체가 주님의 것이 되어야만 합니다. 우리의 양심을 통하여 주어지는 성령의 인도하심을 민감히 따르기 위해, 그리고 우리의 감성과 지성과 의지를 통해 하나님의 뜻이 날마다 우리를 통해 나타날 수 있도록, 순간마다 "모든 생각을 사로잡아 그리스도께 복종케"(고후 10:5) 하여 주님의 발 앞에 엎디어 있는 영혼의 상태가 되게 해야 합니다.

그러므로 우리의 영혼이 먼저 순수하게 주님께 헌신되어져 성령께 붙잡힌바 되어야만, 우리는 마음의 지·정·의(知情意)를 통해서 성령의 인도하심을 바로 분별해 낼 수가 있는 것입니다. 이러한 경건의 단계에 이르기 위해 "항상 기뻐하라 쉬지 말고 기도하라 범사에 감사하라"(엡 5:16-18)는 말씀의 실천은 직접적으로 우리의 감성과 지성과 의지를 훈련시켜 줍니다.

이런 성숙한 이들에게 있어서 성령과 동행하는 삶은 하나의 자연스러운 삶의 스타일로 변화되어지게 되는 것이요, 이러한 사람들은 실제로 그들의 지정의를 통해 성령의 정확한 뜻과 인도하심을 잘 분별하여 따를 수 있게 되는 것입니다. 이러한 삶이 하나님이 기뻐하시는 온전히 헌신된 그리스도인의 삶입니다.

3. 온전한 헌신은 범사에 하나님의 뜻을 분별하며 사는 것입니다.

온전히 헌신되어 마음이 새롭게 변화된 영혼의 특징은 매사에 하나님의 뜻을 분별하는 삶을 살아간다는 것입니다. 거듭난 그리스도인의 새로운 삶의 방식은 언제나 하나님의 뜻을 따라 살아가는 것입니다. 이러한 삶을 위해서는 하나님의 뜻을 분별하는 것이 필수적인데, 이러한 분별의 지혜는 거듭난 그리스도인에게 주시는 성령의 은혜입니다.

이런 분별력을 얻으며 살아가기 위해서는 먼저 갖추어야 할 우리 영혼의 조건이 있습니다. 첫째로 마음의 정결이 이루어져야만 됩니다. 세속적 동기와 인간적 욕망에 가득 차 있는 그리스도인은 매사에 하나님의 뜻을 제대로 분별하며 살지를 못합니다. 그 까닭은 세속적이며 인간적인 동기와 욕구들로 인해 우리의 마음이 성령의 인도하심을 제대로 분별하지 못하게 되기 때문입니다. 둘째로는 세상에 대한 태도와 내면세계의 태도를 바르게 가지는 것이 필요합니다.

"너희는 이 세대를 본받지 말고 오직 마음을 새롭게 함으로 변화를 받아 하나님의 선하시고 기뻐하시고 온전하신 뜻이 무엇인지 분별하도록 하라"(롬 12:2).

이 본문 말씀에 따르면, 세상에 대한 태도로는 세대의 악한 풍조를 따르지 않는 것이요, 내면적 태도는 새로운 마음으로 늘 하나님의 선하시고 기뻐하시는 일을 추구해야 하는 것입니다. 즉, 그리스도인은 세상과 환경을 따라 살지 않고 내면의 하나님의 말씀과 성령의 인도를 따라 살아가는 이들입니다. 이렇게 살아갈 때 그들은 하나님의 뜻을 분별하는 성화되는 삶의 특징을 지니게 됩니다.

⇒ 어려운 용어 풀이: 온전한 헌신

남북전쟁 전, 특히 1840년경에 이르러서는 완전주의(perfectionism)가 미국의 사회적, 지성적, 그리고 종교적 삶에 있어서 가장 중심 되는 주제가 되어갔습니다. 그래서 당시 오벌린 완전주의(Oberlin Perfectionism)와 팔머(Phoebe Palmer)의 웨슬리안 완전주의(Wesleyan Perfectionism)는 거룩한 삶에 있어서 그리스도께서 어떻게 수단(means)을 준비하시는가에 중점을 두었습니다. 그리고 인간에게는 그 주어진 수단을 잘 활용해야 할 의무가 주어진다고 보았습니다.

팔머는 초대교회 성도들이 체험했던 황홀경과 완전의 경험을 단순히 '제단 위에 모든 것을'(all on the altar) 내려놓음을 통해 얻을 수 있다고 하면서, 이것이 곧 순간적으로 성화되는 '더 쉬운 길'(the shorter way)이라고 했습니다. 이들의 가르침은 1839년에 『그리스도인의 완전에 대한 안내』(The Guide to Christian Perfection)라는 간행물로 소개되었고, 나중에 이 제목은 『성결에의 안내』(The Guide to Holiness)라고 바뀌었습니다.

그러자 전통적으로 웨슬리가 말하던 것과는 구별되는 세 가지의 근본적인 변화점들이 웨슬리안 성결운동에 나타나기 시작했습니다. 첫째, 성결에 있어서 철저한 주의(注意)에 대한 웨슬리의 초점이 성결한 삶의 능력에 대한 강조점으로 바뀌었습니다. 둘째, 더욱 분명한 변화점은 명확한 경험으로서의 헌신(consecration)의 행위를 강조하기 시작했다는 사실입니다. 그러자 순간적 성결에 대한 강조가 지속적 성결의 교훈을 압도하게 되었습니다. 셋째, 성결의 은혜를 받았다고 고백하는 일이 성결 집회에 있어서의 새로운 전통으로 만들어지게 되었습니다. 즉, 웨슬리가 변화시키는 성령의 증거에 초점을 맞추었다면, 팔머는 성결의 은총을 믿음으로 고백하는 인간적 차원에 더 강조점을 둔 것입니다.

⟿ 성령사역을 위한 질문

1. 하나님이 기뻐하시는 '영적인 예배'란 어떤 예배입니까?

2. 우리의 감성과 지성과 의지가 성령의 인도하심을 잘 따를 수 있도록 훈련하는 데 있어서 매우 유용한 성구는 무엇입니까?

3. 매사에 하나님의 뜻을 잘 분별하고 살아가기 위해서 갖추어야 할 우리 영혼의 두 가지 조건은 무엇입니까?

▶ 삶의 적용을 위한 기도

1. 나 자신이 주님께 온전히 헌신했는지를 살펴보고, 나의 삶 가운데 주님께 내어 드리지 못한 부분이 생각난다면 이를 회개하며 기도합시다.
2. 나의 지성과 감성과 의지가 늘 성령의 능력에 의해 통치될 수 있도록 기도합시다.

생명의 성령의 법

🍃 성경 말씀 🍃

"그러므로 이제 그리스도 예수 안에 있는 자에게는 결코 정죄함이 없나니 이는 그리스도 예수 안에 있는 생명의 성령의 법이 죄와 사망의 법에서 너를 해방하였음이라 율법이 육신으로 말미암아 연약하여 할 수 없는 그것을 하나님은 하시나니 곧 죄를 인하여 자기 아들을 죄 있는 육신의 모양으로 보내어 육신에 죄를 정하사 육신을 좇지 않고 그 영을 좇아 행하는 우리에게 율법의 요구를 이루어지게 하려 하심이니라"(롬 8:1-4).

1. 그리스도 안에 있는 자는 곧 성령을 따라 행하는 자입니다.

본문 1절의 '그리스도 예수 안에 있는 자'라는 어구에 대해 다른 어떤 원어 사본에는 "그리스도 예수 안에 있는 자, 즉 육신을 따르지 않고 영을 따라 행하고 있는 자"라고 기록하며 1절의 어구에 더해 부가적인 설명이 있는 것을 볼 수 있습니다. 성령을 따라 행하고 있는 자는 결코 정죄 받을 일이 없다는 점을 강조한 것입니다. 여기서 표현된 '정죄'란 미래 심판 날의 정죄를 말하는 것이 아니라, 현재 받게 되는 것을 이르는 것입니다. 그러므로 이것은 양심을 통해 나타나는 하나님의 현재적 정죄를 말하는 것입니다.

이처럼 '그리스도 안'(in Christ)에 있다고 하는 것은 성령을 따라 행하는 삶, 즉 주님과 동행하는 삶을 말합니다. 그러면 이들이 왜 정죄되지 않을까요? 그것은 이렇게 행하고 있는 자는 죄와 사망의 법인 율법과 육신의 멍에로부터 벗어나 생명의 성령의 법을 섬기며 살고 있는 자유로운 영혼이기 때문입니다(2절).

하나님이 원하시는 바는 율법의 요구를 이루는 삶입니다. 그러나 육신의 힘으로는 이를 이룰 수 없기 때문에, 그리스도께서는 육신을 의지하는 삶을 끝장내셨습니다. 그래서 우리로 하여금 육신을 따르지 않고 영을 따라 행함으로 율법의 요구를 이루는 하나님이 기뻐하시는 삶의 수준을 얻게 하셨습니다(3-4절). 그러므로 진정한 그리스도인의 삶의 방식은 성령의 인도하심을 따라 행하는 길입니다.

2. 육신을 좇는 자와 성령께서 거하는 자는 분명히 구별됩니다.

육신을 좇는 자는 로마서 8장 5절부터 8절까지에서 어떻게 설명되는지 살펴봅시다.

- 육신을 좇는 자는 언제나 육신의 일을 생각합니다(5절). 그리고 하나님 중심이 아니라 자기중심으로 모든 일을 생각합니다. 성령의 일을 분별하지도 못하고, 생활 속에서 성령의 인도하심을 받으며 살아간다는 것이 무엇인지 알지도 못합니다.
- 이러한 육신의 생각은 영적인 사망의 상태입니다(6절).
- 육체적으로는 살아 있을지라도 영적으로는 하나님을 향해 죽어 있습니다. 뿐만 아니라 육신의 생각은 하나님과 원수가 됩니다(7절).
- 하나님을 좋으신 하나님으로 느끼지 못하고 두려운 하나님에 대한 의식이 강합니다. 육신의 생각에 머물고 있는 자들은 하나님의 법에 굴복치 않고 또 그렇게 할 수도 없습니다(7절).
- 육신에 있는 자들은 하나님을 기쁘시게 할 수 없습니다(8절).

그러면 성령께서 거하시는 자는 어떻게 구별될까요?

"만일 너희 속에 하나님의 영이 거하시면 너희가 육신에 있지 아니하고 영에 있나니 누구든지 그리스도의 영이 없으면 그리스도의 사람이 아니라"(롬 8:9).

여기서 하나님의 영, 그리스도의 영, 예수를 죽은 자 가운데서 살리신 이의 영은 모두 다 성령을 지칭하는 것입니다. 거듭난 자는 영혼 속에 하나님의 영, 즉 그리스도의 영을 모시고 살아가는 자들입니다. 이런 자들은 이미 육신을 좇는 삶에서는 벗어난 이들입니다.

그러므로 이제는 그리스도를 인격적으로 교제하며 섬기는 삶을 충실히 살아가게 되는 것입니다. 육신의 욕망과 생각과는 이젠 관계가 없습니다. 오직 그리스도만을 바라보며 살아가는 이 새로운 삶의 방식은 거듭난 그리스도인에게는 결코 중단될 수 없는 것입니다. 로마서 8장 10절과 11절에 의하면, 이들의 몸은 죄로 인하여 그리스도와 함께 죽었으나, 이들의 영은 그리스도와 함께 의를 향하여 산 것입니다(10절). 미래에 있을 몸의 부활 역시 성령의 능력에 의해 이루어질 것입니다(11절).

3. 성령충만한 자에게는 영광스러운 승리와 고난이 있습니다.

우리가 추구하는 영적 생활의 최고 목표는 성령께서 주장하시는 삶(Spirit-controlled life)입니다. 로마서 8장 12절에 의하면, 성령께서 주장하시는 삶은 육신을 좇아 육신에게 복종하며 사는 삶이 아닙니다. 성령의 인도에 순복하면 육신의 욕구와 행실을 무능화(無能化)시킬 수 있습니다.

"너희가 육신대로 살면 반드시 죽을 것이로되 영으로써 몸의 행실을 죽이면 살리니"(롬 8:13).

이렇게 성령의 인도하심을 따라 살아가는 자는 하나님의 자녀입니다. 하나님의 자녀는 양자의 영을 받았으므로 하나님께 '아바 아버지'라고 부르짖을 수 있습니다. 또한 우리가 하나님의 자녀라는 사실을 성령께서는 우리 영 또는 우리 양심과 함께 확증하십니다.

"무릇 하나님의 영으로 인도함을 받는 사람은 곧 하나님의 아들이라 너희는 다시 무서워하는 종의 영을 받지 아니하고 양자의 영을 받았으므로 우리가 아빠 아버지라고 부르짖느니라 성령이 친히 우리의 영과 더불어 우리가 하나님의 자녀인 것을 증언하시나니"(롬 8:14-16).

그런가 하면 성령충만한 자의 삶은 이제 옛 사람의 가치관과 욕구를 따라 살아가는 삶이 아닙니다. 성령께서는 성령 받은 자를 통해 하나님의 영광을 드러내는 삶을 구현하려 하십니다. 그러나 그 길은 넓고 편한 길이 아닙니다.

"자녀이면 또한 상속자 곧 하나님의 상속자요 그리스도와 함께 한 상속자니 우리가 그와 함께 영광을 받기 위하여 고난도 함께 받아야 할 것이니라"(롬 8:17).

주님 가신 십자가 고난의 길은 성령충만한 자가 당연히 나아갈 고난의 길입니다. 우리는 하나님의 자녀이기에 또한 상속자요, 상속의 영광을 얻기 위하여 그분의 고난에 동참하는 일은 오히려 마땅한 일일 것입니다.

▶ 어려운 용어 풀이: 그리스도 안

그리스도 안(in Christ)이라는 표현의 의미는 '그리스도와의 신비스러운 교제'라는 주장이 일반적입니다. 그러나 또한 in Christ는 '교회 안에'라는 말과 동일한 의미를 나타낼 때도 있습니다. 그러므로 전자는 개인적인 의미에서, 그리고 후자는 집합적인 의미에서 사용되었다고 보는 것이 좋을 것입니다. 이처럼 신비주의적 관점에서의 in Christ는 그리스도의 영이 새로운 능력과 생명을 부여하는 능력 가운데 있는 상태를 의미합니다.

참고로 신비주의는 크게 나누어서 기독교적 신비주의와 범신론적 신비주의로 나눌 수 있습니다. 중세시대의 유명한 신비주의자들 가운데서 마이스터 엑카르트(Meister Eckhart) 같은 이는 중세 후기의 대표적인 범신론적 신비주의자입니다.

그런가 하면 당대의 존 타울러(John Tauler)나 토마스 아켐피스(Thomas a Kempis) 같은 이들은 대표적인 기독교적 신비주의자로 분류될 수 있습니다. 범신론적 신비주의자들과는 달리, 기독교적 신비주의자들의 특색은 무엇보다도 in Christ의 사상에 집중하고 있다는 점입니다.

▶ 성령사역을 위한 질문

1. 성령과의 관계에 있어서 '그리스도 안'에 있다고 하는 것은 어떤 삶을 말하는 것입니까?

   _____

2. 육신의 소욕을 따르는 자는 영혼 속에 어떤 특징이 나타납니까?

   _____

3. 성령충만한 자의 삶 속에 고난이 다가올 때, 그 고난에 대하여 성도는 어떤 태도

를 가져야 합니까?

_____

▶ 삶의 적용을 위한 기도

1. 나날의 삶 속에서 육신의 정욕을 좇지 않고 성령의 인도하심을 따를 수 있도록 기도합시다.
2. 그리스도께서 걸으셨던 고난의 길을 기쁨으로 걸을 수 있도록 기도합시다.

# NOTE

NOTE

NOTE

제 5 단원

성령충만

◆ 이 단원의 핵심 찾기 ◆

이 단원의 목표는 성령충만한 삶의 실체를 이해하는 것에 있습니다. 거듭난 그리스도인들이 승리의 삶을 살며 또 능력 있게 사역을 감당하기 위해서는 성령충만을 받아야 합니다. 그런데 우리 주위에는 그릇된 영성운동의 영향으로 인해 성령충만의 체험을 오해하고 있는 분들도 많이 있습니다. 그러므로 우리는 복음적인 의미에서의 성령충만이란 어떤 상태인가를 명확히 이해하고 또 이를 체험하며 살아가야 하겠습니다.

제 1 과

성령충만의 정의

🌿 성 경 말 씀 🌿

"이스라엘아 들으라 우리 하나님 여호와는 오직 하나인 여호와시니 너는 마음을 다하고 성품을 다하고 힘을 다하여 네 하나님 여호와를 사랑하라"(신 6:4-5).

1. 성령충만이란 예수 그리스도의 영으로 충만케 된 상태를 말합니다.

성령충만의 진정한 의미를 오해하는 분들이 많이 있습니다. 즉, 성령충만을 성령의 은사나 기사와 이적의 행함 또는 열광적인 기도의 몰입이나 황홀경의 체험 등으로 생각하는 이들이 많다는 것입니다. 그러나 진정한 성령충만은 무엇보다도 예수 그리스도의 영에 의해 지배받는 상태를 말합니다. 즉, 우리의 생각과 감정과 의지가 온전히 하나님의 말씀과 그리스도의 영에 의해 이끌리는 삶을 말합니다.

그러면 성령충만의 원리는 무엇일까요? 우리가 예수님을 구주와 주님으로 믿는 순간 예수 그리스도의 영, 즉 성령께서 우리 안에 거하시기 시작합니다. 그러나 성령께서 단지 우리 안에 거하시는 상태만 가지고는 우리를 충만히 다스리지 못하십니다. 우리들 자신의 욕망과 편견 등으로 가득 찬 영혼으로는 결코 성령충만을 얻을 수 없기 때문입니다.

그러므로 이 모든 것을 버리고 성령께 온전히 우리의 영혼이 붙잡히게 될 때 성령충만의 상태가 우리에게 주어집니다. 성령에 충만하게 될 때 우리의 삶은 다음과 같이 하나님께 대한 찬송과 감사와 복종의 영으로 넘치게 됩니다.

"술 취하지 말라 이는 방탕한 것이니 오직 성령의 충만을 받으라 시와 찬미와 신령한 노래들로 서로 화답하며 너희의 마음으로 주께 노래하며 찬송하며 범사에 우리 주 예수 그리스도의 이름으로 항상 아버지 하나님께 감사하며 그리스도를 경외함으로 피차 복종하라"(엡 5:18-21).

성령충만은 예수 그리스도의 영으로 충만한 것이며, 예수 그리스도의 영으로 충만하다는 것은 예수님의 생각, 예수님의 뜻으로 늘 영혼이 채워지는 것을 말합니다. 이러한 상태가 곧 성령충만의 상태입니다.

2. 성령충만이란 그리스도께 온전히 복종하는 상태를 말합니다.

대개의 그리스도인들이 관념상으로는 성령의 실재를 인정하는 것처럼 말하지만, 실생활 속에서 성령께 인격적으로 복종하는 삶을 살고 있는 분들은 그리 많지 않습니다. 그리고 많은 신자들이 비록 성령충만을 구하고 있지만 이를 얻지 못하는 경우 또한 많습니다. 왜 그럴까요?

그 이유는 비록 그들이 성령충만을 받기 위해 많은 기도를 드렸을지라도, 실제로 그들의 삶 속에서 성령께 인격적인 복종을 하지 않았기 때문입니다. 여러분 가운데 혹 성령충만을 구하고 계시지만 실제의 삶 속에서는 그 경험을 하지 못하고 계시는 분들이 있다면 다음과 같은 점을 점검해 보시기 바랍니다.

먼저, 과연 내가 성령께 복종하는 삶을 살고 있는지를 살펴보는 일입니다. 그 결과 온전한 복종의 삶을 살고 있지 못하고 있다면, 이러한 마음의 태도를 회개하여 주님께 대한 복종의 관계를 새롭게 해야 하는 것입니다. 그리고 한때 성령충만을 받았으나 현재는 충만한 삶을 지속하지 못하고 자주 쓰러지는 분들이 있다면, 과연 내 삶의 어떤 부분에서 성령께 복종하지 않았는지를 살펴보고, 그 부분을 새롭게 회개해야 할 필요가 있습니다.

우리의 영혼이 거듭난 이후 성령께서 우리 안에 거하시는 것은 사실이지만, 온전히 우리의 영혼을 통치하지 못하시는 경우가 많습니다. 그 이유는 앞에서도 말한 바와 같이 대부분의 신자들의 삶이 그리스도께 온전히 복종하지 않았기 때문입니다. 성령은 우리 안에 거하시는 인격적인 하나님이심을 잊지 마십시오. 그분은 인격을 지니고 인격적인 관계를 우리와 맺기 원하십니다.

3. 성령충만이란 성령과 친밀히 교제하는 상태를 말합니다.

하나님께서는 인간의 영혼과 친밀한 교제를 하기 원하십니다. 그런데 에덴동산에서 죄를 범한 인간은 하나님과의 교제를 피했습니다.

"그들이 날이 서늘할 때에 동산에 거니시는 여호와 하나님의 음성을 듣고 아담과 그 아내가 여호와 하나님의 낯을 피하여 동산 나무 사이에 숨은지라 여호와 하나님이 아담을 부르시며 그에게 이르시되 네가 어디 있느냐 가로되 내가 동산에서 하나님의 소리를 듣고 내가 벗었으므로 두려워하여 숨었나이다"(창 3:8-10).

그러나 하나님과의 교제를 멀리 했던 아담과 하와에게 다가온 것은 죄악과 수치와 두려움뿐이었습니다. 그리고 마침내 하나님과의 교제를 상실한 인간의 영혼은 부패한 죄성을 유전(遺傳)으로 온 인류에게 이어주게 되었습니다. 그러나 하나님께서는 예수 그리스도를 통하여 끊어진 교제의 다리를 다시 잇고 하나님과의 교제의 자리로 죄인들을 초청하고 계십니다.

"볼찌어다 내가 문밖에 서서 두드리노니 누구든지 내 음성을 듣고 문을 열면 내가 그에게로 들어가 그로 더불어 먹고 그는 나로 더불어 먹으리라"(계 3:20).

신앙의 경륜이 오랜 분들만이 성령과의 친밀한 교제를 나누는 것은 아닙니다. 아무리 초신자라 할지라도 성령과의 친밀한 교제 나누기를 위해 노력하다 보면 어느새 성령충만한 상태를 맞이하게 되는 것을 경험하게 됩니다. 그러므로 은혜의 회복이란 바로 주님과의 끊어진 교제를 다시 잇는 데에 있다는 것을 깨닫고, 성령과의 친밀한 교제를 즐기는 생활을 시작해야 합니다.

▶ 어려운 용어 풀이: 기사와 이적

기사(奇事)와 이적(異蹟)의 목적은 하나님의 현존(現存)을 불신 세계에 나타내는 데 있습니다. 한국교회사에서 기사와 이적을 많이 행했던 인물 중에 이성봉 목사를 예로 들 수 있습니다. 이성봉은 한때 타락한 생활 가운데 골막염으로 다리를 절단해야 할 처지에 이르렀으나, 철저한 회개의 기도를 통해 3년 만에 완쾌되는 기적을 체험하게 됩니다.

결국 그는 주의 종의 사명을 감당하기 위해 1925년에 성결교단의 신학교에 입학하여 공부하였습니다. 그리고 졸업 후에 수원에서 목회하던 중 그로 인해 병자가 고침을 받고 귀신 들린 자가 놓임을 받는 등 기사와 이적이 일어나자 많은 사람들이 믿어 구원을 받게 되는 역사가 일어납니다. 그 후에 이성봉은 방방곡곡을 누비고 다니며 성령운동을 하여 한국교회를 부흥시켰습니다.

현재 기사와 이적에 대한 한국교회의 평가는 지난날에 비해서 상당히 수용적으로 변화되고 있습니다. 최근에는 방언이나 신유 등의 은사 사용이라든가 기사와 이적을 전도의 현장에 적용하는 일 등에 대해 신학적으로 수용하려는 움직임이 점차 확대되고 있습니다.

▶ 성령사역을 위한 질문

1. 영혼 속에 예수 그리스도의 영으로 충만하다는 상태는 구체적으로 어떤 의미입니까?

_____

2. 성령충만을 구하고 있음에도 불구하고 실제의 삶 속에서 성령충만한 경험을 하지 못하는 이유는 무엇입니까?

_____

3. 하나님과의 교제를 멀리 했던 아담과 하와에게는 어떤 결과가 주어졌습니까?

_____

▶ 삶의 적용을 위한 기도

1. 성령께 인격적으로 늘 복종하는 상태에 있을 수 있도록 깨어 근신하며 기도합시다.
2. 쉬지 않는 주님과의 친밀한 교제를 이루기 위해 기도합시다.

성령충만의 목적

성경 말씀

"나는 여호와 너희 하나님이라 내가 거룩하니 너희도 몸을 구별하여 거룩하게 하고 땅에 기는바 기어 다니는 것으로 인하여 스스로 더럽히지 말라 나는 너희의 하나님이 되려고 너희를 애굽 땅에서 인도하여 낸 여호와라 내가 거룩하니 너희도 거룩할찌어다"(레 11:44-45).

1. 성령충만은 그리스도를 온전히 닮아가기 위한 것입니다.

　신앙생활을 해나가는 데 있어서 매우 안타까운 일들을 목격하게 됩니다. 그것은 거듭난 신자들 가운데 많은 분들이 자신들이 나아가야 할 영적 목표를 모르고 방황하고 있다는 점입니다. 어떤 이들은 아예 영적 삶의 지고(至高)한 목표를 간과한 채, 단지 믿음으로 거듭난 상태만으로 만족하다고 생각하기도 합니다. 이런 태도를 가지고는 도저히 성장하는 영적 생활을 할 수 없습니다.
　거듭난 그리스도인들이 성령충만을 구하여 받아야만 할 몇 가지 이유가 있습니다. 성령의 은사를 체험하고, 전도의 능력을 얻고, 기사와 이적을 행하고, 기쁨에 넘치는 신앙생활을 하는 등의 이유를 찾을 수 있을 것입니다.
　그러나 이 모든 것보다도 더욱 핵심적인 성령충만의 이유는 예수 그리스도를 온전히 닮아가기 위한 것입니다. 우리 영혼 속에 계신 그리스도의 영은 우리 속에서 그분의 인격과 사역을 온전히 이루기를 원하시기 때문입니다. 바로 이 일을 이루기 위해서 성령이 우리 속에 임하신 것입니다.

"우리가 다 하나님의 아들을 믿는 것과 아는 일에 하나가 되어 온전한 사람을 이루어 그리스도의 장성한 분량이 충만한 데까지 이르리니"(엡 4:13).

성령은 그리스도의 영이기 때문에, 우리가 성령으로 충만케 되면 우리의 영혼이 그리스도의 마음으로 충만케 되는 것입니다. 성령으로 충만한 삶을 지속해 나갈 때 우리는 그리스도의 장성한 분량이 충만한 데까지 성숙해 나갑니다. 물론 그 목표는 온전히 그리스도 예수를 닮는 일로서, 성령과 동행하는 삶을 살아갈 때 우리의 삶과 인격은 점차 예수님의 모든 것을 닮아가게 됩니다.

2. 성령충만은 정결의 능력을 받는 것입니다.

세례 요한의 말씀과도 같이, 예수께서는 우리를 성령과 불로 세례 주려고 오셨습니다. 단지 거듭나서 의롭다함 받은 상태만 가지고는 하나님을 기쁘시게 할 수 없습니다.

"나는 너희로 회개케 하기 위하여 물로 세례를 주거니와 내 뒤에 오시는 이는 나보다 능력이 많으시니 나는 그의 신을 들기도 감당치 못하겠노라 그는 성령과 불로 너희에게 세례를 주실 것이요"(마 3:11).

우리가 성령에 의해 온전히 세례될 때 비로소 우리의 영혼에 죄성을 불로서 태우는 듯한 정결케 하는 은혜가 임하게 되는 것입니다. 우리의 영혼이 성령으로 충만케 되면 마음의 정결함이 이루어집니다. 그 이유는 성령께서 우리의 영혼을 온전히 지배하실 때 우리는 마음의 부패함과 육신의 정욕을 초월할 수 있는 능력을 얻게 되기 때문입니다.

"너희는 스스로 깨끗케 하여 거룩할찌어다 나는 너희 하나님 여호와니라"(레 20:7).

"하나님이여 내 속에 정한 마음을 창조하시고 내 안에 정직한 영을 새롭게 하소서 나를 주 앞에서 쫓아내지 마시며 주의 성신을 내게서 거두지 마소서"(시 51:10-11).

그러나 이 정결은 도덕적이거나 윤리적인 의미에서의 정결이 아닙니다. 그것은 마음의 동기에 있어서의 정결이며 오직 하나님만 바라는 마음의 순결을 말하는 것입니다. 성령충만을 통하여 정결의 능력이 우리 영혼에 가득할 때 우리는 실제로 하나님의 기뻐하심을 받는 자녀의 권세를 누릴 수 있습니다.

3. 성령충만은 봉사의 능력을 받는 것입니다.

예수께서는 성령을 받는 것이 곧 능력을 받는 것이라고 하셨습니다.

"너희는 이 모든 일의 증인이라 볼찌어다 내가 내 아버지의 약속하신 것을 너희에게 보내리니 너희는 위로부터 능력을 입히울 때까지 이 성에 유하라 하시니라"(눅 24:48-49).

우리가 그리스도인으로서 하나님이 원하시는 정상적인 영적 삶을 살아가려면 하나님이 주시는 능력이 필요합니다. 그러나 여기서 말하는 이 능력은 특별히 하나님 나라의 확장을 위해 봉사하는 능력을 말합니다.

"오직 성령이 너희에게 임하시면 너희가 권능을 받고 예루살렘과 온 유대와 사마리아와 땅끝까지 이르러 내 증인이 되리라 하시니라"(행 1:8).

하나님 나라의 확장에 관계된 봉사의 능력은 여러 가지 사역의 열매로 나타납니다. 설교, 전도, 치유, 선교, 나눔, 구제, 상담, 섬김 등, 은사에 따라 여러 모습으로 나타날 것입니다. 그리고 능력을 소유한 증거는 상황에 따라 다르게 나타날 수 있습니다. 목회자들에게는 설교 사역에서의 특별한 능력을 말하기도 하고, 어떤 특별한 부흥회 기간에 교회에 나타나는 초자연적인 능력을 말하기도 할 것입니다.

그러나 이 모든 것보다도, 이 능력은 새로운 회심자들을 교회로 인도해 낼 수 있는 복음전도와 관련된 능력에 더욱 관련됩니다. 그러므로 우리들은 이 능력을 얻어 사역하기 위해 진실하게, 그리고 믿음을 가지고 하나님께 성령충만을 간구해야 합니다.

▶ 어려운 용어 풀이: 봉사의 능력

무디(Dwight L. Moody)는 자신이 1881년에 저술한 『은밀한 능력』(Secret Power)에서 신자는 봉사의 능력을 얻기 위해 성령의 능력을 힘입어야 한다고 강조했습니다. 무디는 모든 신자들에게는 이미 성령께서 내주하고 계시다는 사실을 의심치 않았습니다.

그러나 비록 그들에게 성령이 거하실지라도 성령의 능력을 소유하지 못한 이들이 많다는 것 또한 사실이라고 믿었습니다. 그러므로 이미 거듭난 자가 새삼스럽게 성령을 받겠다고 구하는 것은 잘못된 일이지만, 그러나 신자는 성령께서 강한 능력으로 자신에게 임하시기를 간구할 수 있다고 강조했습니다.

무디는 신자가 성령의 능력을 받기 위해서는 무엇보다 자신을 온전히 부인해야 하고, 주님을 위해서는 무엇이든 할 수 있어야 하며, 또 어디든지 갈 수 있도록 준비되어야 한다고 했습니다. 이러한 온전한 준비가 이루어진 후에, 신자는 반드시 성령의 능력이 임하실 때까지 기다려야 한다고 했습니다. 기다리던 이에게 성령이 임하실 때는 그 자신의 의식 속에서 이를 알 수 있는데, 그리고 그 후에는 그의 삶 속에 성령의 능력을 받은 열매들이 뒤따르게 된다고 보았습니다.

무디는 그의 친한 친구인 휘틀(D. W. Whittle)에게 자신의 돌발적인 두 번째 회심의 체험에 대해서 대화하면서, 그 체험의 근본적인 동력은 바로 '능력'이었으며, 그때 이후로 그 능력이 자신의 사역을 지탱해 왔다고 했습니다. 그는 '성령 받는 것'을 위해 추구하고 기도하라고 설교하곤 했으며, 이 능력을 모든 복음적 교단들에 전파하는 것이 그의 사역의 궁극적 목표라고 종종 강조하였습니다.

▶ 성령사역을 위한 질문

1. 거듭난 그리스도인들이 성령충만을 구하여 받아야만 할 가장 중요한 이유는 무엇입니까?

___

2. 우리의 영혼이 성령으로 충만케 되면 마음의 정결함이 이루어지는데, 그 이유가 무엇입니까?

___

3. 하나님 나라의 확장과 관계된 성령의 능력은 여러 가지 사역의 열매로 나타나게 됩니다. 그 예로서 어떤 것들을 들 수 있습니까?

▶ 삶의 적용을 위한 기도

1. 성령충만을 통해 주님께서 우리에게 맡기신 모든 일들을 능력 있게 감당할 수 있도록 기도합시다.
2. 주님만 사랑하는 영혼의 정결함이 우리 속에 온전히 이루어지도록 모든 영혼의 짐들을 주님께 맡기며 기도합시다.

제 3 과

성령충만의 방법

❥ 성경 말씀 ❥

"하나님이여 주의 인자를 좇아 나를 긍휼히 여기시며 주의 많은 자비를 좇아 내 죄과를 도말하소서 나의 죄악을 말갛게 씻기시며 나의 죄를 깨끗이 제하소서 대저 나는 내 죄과를 아오니 내 죄가 항상 내 앞에 있나이다 내가 주께만 범죄하여 주의 목전에 악을 행하였사오니 주께서 말씀하실 때에 의로우시다 하고 판단하실 때에 순전하시다 하리이다"(시 51:1-4).

1. 회개와 믿음의 간구를 통해 성령충만을 받습니다.

한 번 거듭날 때 회개하고 나면 더 이상의 회개가 필요 없다고 믿는 분들이 많이 있습니다. 물론 죄인이 거듭나서 의롭다함을 받은 의인으로 변하는 회개는 일생에 단 한 번으로 충분합니다. 그러나 우리의 죄와 허물을 자백하고 뉘우치고 돌이키는 회개는 일평생 계속되어야 하는 것임을 우리는 인지해야 합니다. 우리의 영적 삶이 깊어지면 깊어질수록, 주님을 알아 가면 알아 갈수록, 더욱더 깊은 우리 속의 죄성과 연약성을 깨닫기 마련입니다. 그러기에 회개의 태도는 우리의 건강한 영적 생명을 위해서 필수적인 요소입니다.

"만일 우리가 죄 없다 하면 스스로 속이고 또 진리가 우리 속에 있지 아니할 것이요 만일 우리가 우리 죄를 자백하면 저는 미쁘시고 의로우사 우리 죄를 사하시며 모든 불의에서 우리를 깨끗케 하실 것이요"(요일 1:8-9).

그러므로 회개하는 만큼 우리의 영혼은 성령을 더욱 깊이 모시기에 적절해집니다. 이러한 진실한 회개를 먼저 한 후 믿음으로 간구하면 곧 성령충만함을 받게 됩니다.

"너희가 악할찌라도 좋은 것을 자식에게 줄줄 알거든 하물며 너희 천부께서 구하는 자에게 성령을 주시지 않겠느냐 하시니라"(눅 11:13).

우리에게 성령충만을 주시는 것은 하나님께서 심히 원하시는 일이기 때문에, 우리가 회개로 준비하고 믿음으로 간구하면 곧 성령충만을 받게 되는 것입니다. 뿐만 아니라 우리는 서로서로 성령 받기를 위해 기도해 주어야 할 필요도 있습니다.

"그들이 내려가서 저희를 위하여 성령 받기를 기도하니 이는 아직 한 사람에게도 성령 내리신 일이 없고 오직 주 예수의 이름으로 세례만 받을 뿐이러라 이에 두 사도가 저희에게 안수하매 성령을 받는지라"(행 8:15-17).

위의 사건에서 사도들이 성도들을 찾아가 성령 받기를 기도할 때 성도들이 성령 받은 것을 알 수 있습니다.

2. 진실한 예배와 찬양을 통해 성령충만을 받습니다.

이스라엘 백성이 진실한 마음으로 회막이나 성전에서 예배할 때 하나님의 영광의 임재를 경험했던 것을 우리는 구약성경을 통해 알 수 있습니다.

"그 후에 구름이 회막에 덮이고 여호와의 영광이 성막에 충만하매 모세가 회막에 들어갈 수 없었으니 이는 구름이 회막 위에 덮이고 여호와의 영광이 성막에 충만함이었으며"(출 40:34-35).

신약시대에 있어서도 예배란 마치 성소에 가득한 하나님의 영광을 향해 나아가는 것과도 같은 경외감과 진실함으로 드려야 합니다. 성령의 임재하심이 강하게 나타나는 예배에 참석할 때 우리의 마음이 쉽게 열리고 회개의 영이 임하여 성령충만을 경험하게 되는 예가 많습니다.

그러나 단지 은혜로운 예배나 찬양의 시간이라고 해서 다 성령충만을 경험하게 되는 것은 아닙니다. 아무리 강하게 성령의 감동이 있다 하더라도, 예배나 찬양의 시간에 참석한 사람의 영혼이 은혜 받을 준비가 되어 있지 않으면 대개의 경우 큰 변화가 없습니다.

그리고 성령충만을 위해 먼저 준비해야 할 것은 각 신자가 진실한 회개와 명확한 헌신의 다짐으로 예배에 임해야 한다는 것입니다. 그리고 '찬양은 곡조가 있는 기도'라고 했듯이, 예배 중에 진실한 영혼으로 하나님께 찬양을 드리다보면 깊은 성령의 임재를 맛보게 되며, 더 나아가서는 성령충만의 체험으로 들어갈 수 있습니다.

3. 하나님의 말씀을 전인격적으로 받아들일 때 성령충만을 받습니다.

그리스도인은 성경을 하나님의 말씀, 즉 '우리로 향한 하나님의 마음의 초자연적이며 직접적인 계시'로 받아들여야 합니다. 이러할 때 성경은 우리에게 권위 있는 하나님의 말씀으로 다가오게 되는 것입니다. 그러기에 성경을 연구하고 묵상하다가 말씀에 나타난 영적 사실을 깨닫고 성령충만의 체험을 하게 되는 분들이 많습니다.

이처럼 성령충만은 근본적으로 하나님의 말씀에 기초한 것이기 때문에, 설교나 성경 묵상 등을 통해 하나님의 말씀을 전인격적으로 받아들일 때 성령충만을 경험할 때가 많습니다. 전인격적으로 받아들인다는 말은 단지 논리나 이해의 차원으로만이 아니라, 말씀을 생각하고 느껴서 말씀이 뜻하는 바를 행동으로 옮기는 것을 의미합니다.

그러므로 청교도 신학자들은 신자들에게 강조하기를, 설교를 대할 때마다 마치 하나님의 음성을 듣는 존경과 순종의 자세로 들어야 한다고 하였습니다. 신자들이 이런 태도로 설교를 들을 때, 설교는 성령의 감동을 통해 곧 살아계신 하나님의 음성으로 다가온다는 것입니다.

"베드로가 이 말을 할 때에 성령이 말씀 듣는 모든 사람에게 내려오시니"(행 10:44).

이와 같이 설교 말씀을 간절한 마음으로 듣다가 회개하고 성령 받는 경우가 우리 주위에 대단히 많습니다. 그 이유는 성령께서는 설교를 통해 하나님의 음성을 전달할 뿐만 아니라, 또한 성령의 충만을 우리에게 부어주시기 때문입니다.

▶ 어려운 용어 풀이: 청교도들과 설교

청교도(淸敎徒)들은 신자의 영적 생활에 있어서 특히 설교의 중요성을 강조했습니다. 하나님과의 교제를 구현하기 위해서는 무엇보다도 예수 그리스도의 은혜가 그 중심을 이루며, 교제의 수단으로서는 성경의 역할이 가장 중요하다고 보았습니다. 청교도들은 하나님과의 교제의 수단으로서 신자들의 주관적 영적 체험에 호소하기보다는 객관적인 계시로서의 성경에 중점을 두었습니다.

청교도들의 설교에는 종종 기록된 성경의 무오성(無誤性)에 대한 확신이 나타나고 있었습니다. 이들은 성경 그 자체만으로도 신자의 삶에 있어서의 모든 요구가 충족된다고 확신하고 있었으므로, 바로 이런 점에서 내적 계시를 말하는 퀘이커교도들을 공격하였습니다. 청교도들은 그들 신앙에 있어서 설교의 위치를 매우 중요하게 생각하였는데, 그 이유는 참된 설교야말로 하나님 말씀의 주해(exposition)이며, 이는 단순한 교회의 가르침이나 교리의 주해가 아니라고 믿었기 때문입니다.

▶ 성령사역을 위한 질문

1. 성령충만을 받기 위해서는 죄를 회개하는 마음의 태도가 필수적인데, 그 이유는 무엇입니까?

2. 예배를 통해 성령충만을 받으려면 마음에 어떤 다짐을 가지고 예배에 임해야 합니까?

3. 설교를 듣거나 성경 묵상을 할 때 성령충만을 경험하려면 어떤 자세로 말씀을 대해야 합니까?

_____

▶ 삶의 적용을 위한 기도

1. 진실한 예배와 찬양을 통해 성령충만함에 이를 수 있도록 준비하며 기도합시다.
2. 설교 말씀을 듣는 가운데 성령충만을 경험할 수 있도록 간구합시다.

제 4 과
지속적 성령충만의 길

성경 말씀

"구름이 성막 위에서 떠오를 때에는 이스라엘 자손이 그 모든 행하는 길에 앞으로 발행하였고 구름이 떠오르지 않을 때에는 떠오르는 날까지 발행하지 아니하였으며 낮에는 여호와의 구름이 성막 위에 있고 밤에는 불이 그 구름 가운데 있음을 이스라엘 온 족속이 그 모든 행하는 길에서 친히 보았더라"(출 40:36-38).

1. 언제나 은혜의 수단을 가까이 해야 합니다.

많은 그리스도인들의 고민은 어떻게 하면 지속적으로 성령충만을 유지할 수 있느냐? 하는 것입니다. 회개와 헌신, 그리고 믿음으로 성령충만의 경험을 한 것도 귀한 일이지만, 이를 지속해 나가는 것은 더욱 중요한 일입니다.

"성령을 소멸하지 말며"(살전 5:19).

그런데 이 은혜를 지속하기 위해서는 지속적인 근신과 영적 노력이 필요합니다. 우리가 성령충만을 받을 때 기도나 예배 등의 은혜의 수단을 통해서 받았듯이, 지속적인 성령충만한 삶을 위해서는 생활 속에서 은혜의 수단에 적극적으로 참여하는 일에 열심을 내야 합니다.

예배는 거듭난 신자들에게 가장 중요한 은혜의 수단입니다. 왜냐하면 예배는 하나님과의 공식적인 만남의 시간이기 때문입니다. 예배를 통해 신자는 하나님께 산 제사를 드리고, 주의 인도하심을 받으며, 성령의 감화를 받게 됩니다.

기도 역시 필수적인 은혜의 수단입니다. 기도 없이는 하나님과의 인격적인 관계를 이어갈 수 없는데, 그 이유는 '기도는 하나님과의 대화'이기 때문입니다. 또한 찬양은 '곡조가 있는 기도'로서 우리에게 훌륭한 은혜의 수단입니다. 성경 묵상을 하는 일도 은혜의 수단이며, 이 외에도 상담, 선교, 봉사 등 여러 가지를 들 수 있습니다. 그리고 교회는 우리에게 여러 가지 은혜의 수단들을 끊임없이 공급해 주는 기관입니다.

2. 주님과 동행하는 삶을 지속해야 합니다.

주님과 동행하는 삶이 성령충만한 삶의 특징이라는 것은 두말할 나위가 없을 것입니다. 그런데 주님과 동행하는 영혼의 특징은 어떻게 나타날까요? 무엇보다도 그것은 기쁨과 기도와 감사의 정신에서 찾을 수 있습니다.

"항상 기뻐하라 쉬지 말고 기도하라 범사에 감사하라 이것이 그리스도 예수 안에서 너희를 향하신 하나님의 뜻이니라"(살전 5:16-18).

성령충만한 영혼의 특징은 하나님께 대한 넘치는 기쁨과 기도와 감사가 있다는 것입니다. 이것만으로도 우리는 상대방이 성령충만한지 그렇지 않은지를 분별할 수 있을 정도입니다. 그러면 어떻게 하면 주님과 동행하는 삶을 지속할 수 있을까요?

"에녹은 육십 오세에 므두셀라를 낳았고 므두셀라를 낳은 후 삼백 년을 하나님과 동행하며 자녀들을 낳았으며 그가 삼백 육십 오세를 향수하였더라 에녹이 하나님과 동행하더니 하나님이 그를 데려가시므로 세상에 있지 아니하였더라"(창 5:21-24).

이를 위해 무엇보다도 필수적인 것은 주님께 대한 뜨거운 사랑을 갖는 일입니다. 이러한 사랑이 없이는 아무도 주님과 쉬지 않고 동행하는 삶을 즐길 수 없습니다. 다음 말씀은 주님과 동행하는 삶이란 곧 주님께 대한 뜨거운 사랑으로부터 나온다는 사실을 잘 보여주고 있습니다.

"그리스도의 평강이 너희 마음을 주장하게 하라 평강을 위하여 너희가 한 몸으로 부르심을 받았나니 또한 너희는 감사하는 자가 되라 그리스도의 말씀이 너희 속에 풍성히 거하여 모든 지혜로 피차 가르치며 권면하고 시와 찬미와 신령한 노래를 부르며 마음에 감사함으로 하나님을 찬양하고 또 무엇을 하든지 말에나 일에나 다 주 예수의 이름으로 하고 그를 힘입어 하나님 아버지께 감사하라"(골 3:15-17).

주님과 동행하는 삶에 있어서 또 중요한 것은 성령의 세미한 인도하심을 잘 분별하여 이에 순종하는 일입니다. 이 성령의 인도하심을 따르는 삶은 우리가 우리 안에 계시는 성령께 전적으로 복종하는 상태에 있게 될 때 실제적으로 나의 삶을 통해 열매 맺게 되는 것입니다. 그러므로 주님과 동행하는 사람들에게는 혈과 육에 속하지 않은 신령한 영적 전쟁이 있다는 것을 언제나 느끼게 됩니다.

"우리의 씨름은 혈과 육에 대한 것이 아니요 정사와 권세와 이 어두움의 세상

주관자들과 하늘에 있는 악의 영들에게 대함이라"(엡 6:12).

더욱더 깨어서 순간마다 성령과 동행하는 기도의 정신이 영적 생활의 승리를 위해 필요함을 알기 때문입니다. 그러므로 이와 같은 질문을 나의 영혼을 향해 던져보십시다. '지금 이 순간 나는 성령의 인도하심 가운데 있는가? 이를 위해 지금 이 순간 나는 온전히 주님의 전능하신 손아래 겸손히 엎디어 있는가?'

3. 그리스도를 닮기 위한 이상을 지니고 살아야 합니다.

성령충만을 지속하기 위하여 우리들은 늘 고상한 생각을 품고 살아야 합니다. 아무리 은혜를 많이 받았다고 해도 우리의 사고방식이나 신념의 전환이 이루어지지 않고 옛 사람의 모습 그대로라면 성령충만의 지속은 아무래도 기대하기 힘듭니다.

"위엣 것을 생각하고 땅엣 것을 생각지 말라 이는 너희가 죽었고 너희 생명이 그리스도와 함께 하나님 안에 감추었음이니라"(골 3:2-3).

그러므로 하나님께서 우리에게 부여하신 풍요로운 세계를 늘 믿음으로 생각하고 믿음으로 고백해야 합니다. 지속적인 성령충만을 위해 가장 훌륭한 생각은 그리스도를 닮기 위해 살아간다는 의식을 갖는 일입니다.

함께 생각해 보실까요? 성령을 받았다고 하는 것은 인격적 주님이신 성령과의 교제와 또 그분께 대한 순종의 삶을 목표로 하는 삶을 시작했다고 하는 의미입니다. 그러므로 순간마다 성령과 인격적으로 교제하고 성령의 인도하심을 따르는 삶이 곧 예수 믿는 삶의 실체입니다. 그리고 이러한 경건의 삶은 곧 '그리스도 닮기'를 향해 성숙되어가는 과정이 됩니다.

"우리가 그를 전파하여 각 사람을 권하고 모든 지혜로 각 사람을 가르침은 각 사람을 그리스도 안에서 완전한 자로 세우려 함이니"(골 1:28).

이 말씀처럼, 그리스도인을 양육하는 지도자들의 고상한 목표는 바로 '그리스도 닮기'가 되어야 합니다. 궁극적으로 그리스도를 우러러 보고 바라보며 또 의지하는 생애는 점차 성화(聖化)되어 그리스도와 같은 형상으로 변화되어갑니다. 이것이 바로 성령께서 우리 안에서 이루시고자 하는 고상한 목표입니다.

▶ 어려운 용어 풀이: 은혜의 수단

청교도들에게 있어서 성화란 신자들의 영혼에 대한 성령의 직접적인 역사로 그들의 본성을 죄의 오염과 부정으로부터 정결케 하고 그 안에 하나님의 형상을 새롭게 함으로, 그들이 은혜의 신령하고 습관적인 원리를 따라 하나님께 순종을 바칠 수 있게 하는 것이었습니다. 그러므로 이 성화는 하나님의 약속하신 선물이기도 하고, 인간에게 명해진 의무이기도 한 것이며, 하나님의 은혜가 없으면 아무도 이 의무를 실행할 수 없는 것이었습니다.

그러므로 그리스도인들은 하나님의 말씀을 듣고 읽고 묵상하며 또 근신하고 기도하고 예배하는 은혜의 수단들을 부지런히 사용해야 합니다. '완전한 순종' 곧 모든 일에 언제나 하나님의 계시된 뜻을 따르기 위해 자신을 고무시켜야 하며, 그리고 결의와 활력을 가지고 이 일을 끈기 있게 밀고 나가야 합니다. 그러나 우리는 그 능력이 자신에게서 나오는 것이 아니라 하나님께로부터 온다고 하는 것을 기억하고, 모든 일을 기도로 의존하는 심령 가운데 행해야 할 것입니다.

➤ 성령사역을 위한 질문

1. 중요한 '은혜의 수단'에는 어떤 것들이 있습니까?

___

2. 주님과 동행하는 삶을 지속하려면 어떤 일들이 우리에게 필요합니까?

___

3. 성령충만을 지속하기 위하여 우리들은 어떤 고상한 생각을 품고 살아야 합니까?

___

➤ 삶의 적용을 위한 기도

1. 날마다 은혜의 수단을 가까이 하고 있는지를 돌아보고 더욱 적극적으로 이에 참여하여 성령충만을 지속할 수 있도록 기도합시다.
2. 그리스도를 닮아가기 위한 마음의 다짐이 날마다 더욱 새로워질 수 있도록 회개하며 기도합시다.

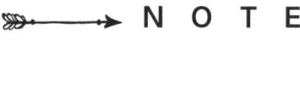 NOTE

NOTE

제 6 단원

성령세례

♦ 이 단원의 핵심 찾기 ♦

성령세례론은 그동안 신학적으로 상당히 다루기 힘들고 까다로운 주제로 인식되어 왔습니다. 그 이유는 각 교단에서 지지하는 신학 노선에 따라 성령세례에 대한 해석이 제각기 다를 수 있으며, 따라서 이 주제에 대해 일치된 견해를 모으기가 힘들었기 때문입니다. 그러나 성령세례론은 교리 중심의 해석보다는 교회사적인 유형 분석을 통해 접근해갈 때 서로가 납득할 수 있는 합치점에 이를 수 있습니다. 뿐만 아니라 이러한 접근은 모든 신자들이 다 함께 이해하고 경험할 수 있는 성령세례에 대한 좋은 연구 방법이 될 것입니다.

성령세례의 정의

> 🎗 성경 말씀 🎗
>
> "몸은 하나인데 많은 지체가 있고 몸의 지체가 많으나 한 몸임과 같이 그리스도도 그러하니라 우리가 유대인이나 헬라인이나 종이나 자유자나 다 한 성령으로 세례를 받아 한 몸이 되었고 또 다 한 성령을 마시게 하셨느니라"(고전 12:12-13).

1. 성령세례의 시기가 중생과 동시적인 것으로 보는 해석이 있습니다.

그동안 성령세례의 개념에 대해서는 크게 두 가지 해석으로 양분되어 설명되어 왔습니다. 그중 하나는 거듭난 자에게는 누구나 성령이 내재(內在)해 계시며, 성령이 신자 안에 계신다고 하는 것은 이미 성령의 세례를 받았기 때문이라는 설명입니다. 이러한 설명은 성경의 내용을 근거로 한 것임이 틀림없습니다. 본문의 말씀과도 같이 그리스도인은 이미 한 성령으로 세례를 받아 그리스도의 몸에 접붙임을 받았다는 것입니다.

"무릇 그리스도 예수와 합하여 세례를 받은 우리는 그의 죽으심과 합하여 세례받은 줄을 알지 못하느뇨 그러므로 우리가 그의 죽으심과 합하여 세례를 받음으로 그와 함께 장사되었나니 이는 아버지의 영광으로 말미암아 그리스도를 죽은 자 가운데서 살리심과 같이 우리로 또한 새 생명 가운데서 행하게 하려 함이니라"(롬 6:3-4).

여기서 말하는 성령세례란 그리스도인이 그리스도의 몸에 처음 접붙임을 받는 순간을 의미하는 것으로서, 이러한 일은 오직 성령의 중재를 통해서만 가능한 것이 사실입니다. 이러한 해석에 의하면 중생은 성령세례의 결과이며, 따라서 중생한 자는 이미 성령세례를 받았다고 보게 되는 것입니다.

그러면 이미 중생한 자는 성령의 능력을 받을 수 없는 것일까요? 그리고 더 큰 성령의 능력을 구하는 것은 잘못된 것일까요? 그렇지 않습니다. 성령세례의 결과로 인해 중생했다고 해도, 여전히 그리스도인에게 필요한 정결함이나 성령의 은사나 봉사의 능력 또는 온전한 그리스도의 영에 의한 통치 등의 은혜를 얻기 위해 더 큰 성령의 능력을 구할 필요가 있습니다.

이럴 때 구태여 성령세례를 구한다고 말하지 말고 성령충만 또는 성령의 능력을 구한다고 하면 교리적으로 충돌이 일어나지 않게 될 것입니다. 이러한 성령충만의 경험은 일생 동안 얼마든지 반복적으로 일어날 수 있습니다. 이러한 해석은 주로 정통 개혁주의 성령론에서 취하는 노선입니다.

2. 성령세례의 시기가 중생과 구분되는 것으로 보는 해석이 있습니다.

성령세례의 개념에 대한 또 하나의 해석은 성령세례가 중생과는 시기적으로나 내용적으로 구분된다고 보는 견해입니다. 이러한 해석의 근거는 성령세례의 '세례'라는 말 자체가 물에 흠뻑 빠지거나 어떤 것에 몰입되는 상태를 말하는 것으로서, 이는 성령에 의해 완전히 사로잡히는 체험에 강조를 둔 것이라는 설명입니다.

그러므로 중생할 때 성령세례를 받을 수도 있겠지만, 대부분은 중생한 이후 한동안 시간이 경과한 후에 성령에 의해 세례 받는 경험을 한다는 것입니다. 그래서 종종 성령세례는 중생과는 구분되는 경험으로 설명된다는 것이고, 따라서 성령세례란 중생할 때 신자의 영혼 속에 임하는 성령의 초기적 내재와는 구분하여 완전히 성령께 사로잡히는 체험을 말한다는 것입니다.

이러한 해석을 교리적으로 따르는 교단들은 주로 웨슬리안-성결 그룹에 속한 교단들과 오순절 교단들입니다. 웨슬리안 성결운동에서는 전통적으로 성결과 성령세례를 동일한 경험으로 인식해 왔습니다. 그러니까 이들은 중생에서는 성령의 초기적 임재가 있지만 성결의 체험을 할 때에 성령의 충만한 세례가 임하는 것으로 보는 것입니다.

그런가 하면 오순절 교단에서는 성령세례 받은 초기적 증거가 방언이라고 보는 교리를 따르고 있으므로 역시 중생과는 구분된 체험으로 말하고 있습니다. 이렇게 중생과 성령세례를 구분하는 노선에서는 중생 이후 첫 번째 성령충만의 체험을 성령세례라 부르고 그 이후의 체험들은 성령충만이라고 부르는 경우가 많습니다.

3. 성령세례의 시기 문제보다는 능력의 관점에 초점을 맞출 필요가 있습니다.

그동안 한국의 신학계와 교계에서는 '성령세례'라는 용어와 개념에 대한 이견을 사이에 두고 신학적으로 많은 논란을 겪어왔습니다. 그런데 성령세례론에 있어서 '중생과 동시적이냐, 아니냐' 하는 논제보다 더욱 실질적이고 중요한 것이 있습니다. 그것은 성경에서 말하는 성령세례의 역동성에 대해서입니다.

즉 '성령세례 받은 능력이 신자 안에 존재하느냐, 안 하느냐'의 실용적인 관점을 말하는 것입니다. 사실 이 점이 목회적인 상황에서도 중요한 것인데, 오늘날까지 한국 신학계는 성령세례의 시기에 대한 논쟁에 너무 힘을 빼앗겨 왔습니다.

성경에서 성령세례를 받은 분들의 기록을 보면, 그들이 중생한 사람들이건, 아니면 중생 이후에 체험을 한 사람들이건 간에, 그들이 성령세례 받은 능력을 가지고 생활하며 사역했다는 뚜렷한 증거들이 있습니다. 그런가 하면 성령세례는 단지 오순절 성령강림 사건에서 뿐만 아니라, 교회사의 전통 속에도 이 경험을 증언하는 이들의 수많은 간증이 있습니다.

어디 그뿐이겠습니까? 현재 우리는 교계 현장에서 이 성령세례의 경험이 오늘날에도 절실히 요구되며, 또 확실히 경험되고 있다는 증언을 듣고 있습니다. 그러므로 성령세례의 시기에 대한 논쟁보다는 직접 성령세례의 능력에 대한 논의에 초점을 맞추고 성령론을 전개하는 것이 앞으로의 신학 발전과 교회 부흥을 위해서 바람직한 방법론일 것입니다.

▶ 어려운 용어 풀이: 웨슬리의 성결론과 근대 웨슬리안 성결운동

웨슬리의 성결론은 근대 웨슬리안 성결운동과는 서로 구분되는 개념입니다. 즉, 웨슬리의 성결론은 무엇보다 18세기 웨슬리 본연의 신학적 전통을 따르는 노선이라는 점에서 19세기 미국 복음주의의 산물인 근대 웨슬리안 성결운동과는 그 성격의 차이를 지닙니다. 예를 들어, '성령세례'라는 용어는 웨슬리의 상용어(常用語)가 아니라, 웨슬리와 플레처(John Fletcher)와의 성령세례론 논의를 거치면서 형성된 후 마침내 19세기의 복음적 부흥운동의 특징들이 성결론에 첨가된 결과로 인해 활용되었습니다.

그런가 하면 죄성에 대한 해석에 있어서도, 근대 웨슬리안 성결운동은 당시 인간의 본성에 대한 낙관적인 견해에 반대하기 위해 인간의 부패성을 더욱 분명히 강조하게 되었고, 마침내 웨슬리의 표현보다는 훨씬 과격한 표현, 즉 '죄성을 인간의 몸속에 있는 어떤 요소로 이해하고, 성결은 이것을 제거하는 것'으로 보게 되었습니다.

▶ 성령사역을 위한 질문

1. 중생은 성령세례의 결과이며, 따라서 중생한 자는 이미 성령세례를 받았다고 보는 신학적 해석은 어떤 성경적 근거를 가지고 있습니까?

___

2. 성령세례는 중생과는 구분되는 경험이며, 따라서 성령세례란 중생할 때와는 구분하여 완전히 성령께 사로잡히는 체험을 말한다고 보는 교리는 대개 어떤 교단들의 입장입니까?

___

3. 성령세례 이론에 있어서 '중생과 동시적이냐, 아니냐?' 하는 논제보다도 더욱 실질적이고 중요하게 다루어야 할 주제는 무엇입니까?

___

▶ 삶의 적용을 위한 기도

1. 성령의 능력을 온전히 경험할 수 있도록 기도합시다.
2. 우리에게 주어진 사역을 더욱 큰 주님의 능력으로 감당할 수 있도록 성령께 간구합시다.

개혁파 성령세례 유형

성경 말씀

"이는 다름 아니라 너희가 각각 이르되 나는 바울에게, 나는 아볼로에게, 나는 게바에게, 나는 그리스도에게 속한 자라 하는 것이니 그리스도께서 어찌 나뉘었느뇨 바울이 너희를 위하여 십자가에 못 박혔으며 바울의 이름으로 너희가 세례를 받았느뇨"(고전 1:12-13).

1. 봉사의 능력을 위한 성령세례 유형을 소개합니다.

성령세례론의 유형들은 교단과 교리에 따라 매우 다양하지만, 최소한 여섯 가지 유형으로 분류될 수 있습니다. 그중에서 개혁파에 속하는 성령세례론에는 세 가지 유형이 있는데, 그 중의 한 가지는 봉사의 능력(power for service)을 위한 성령세례입니다.

"너희는 이 모든 일의 증인이라 볼찌어다 내가 내 아버지의 약속하신 것을 너희에게 보내리니 너희는 위로부터 능력을 입히울 때까지 이 성에 유하라 하시니라"(눅 24:48-49).

이 유형은 주로 근대 개혁파 성령운동의 한 특색으로서, 성령세례를 받게 되면 봉사와 거룩한 삶에 있어서의 능력을 받게 된다는 주장입니다. 대표적인 인물로는 무디와 그의 동역자인 토레이(Reuben A. Torrey)를 들 수 있습니다.

무디는 자신이 1881년에 저술한『은밀한 능력』에서 신자는 봉사의 능력을 얻기 위해 성령의 능력을 힘입어야 한다고 강조했습니다. 무디에 의해서 강조되어지던 성령의 능력에 대한 가르침을 신학적으로 체계화한 토레이는 성령세례가 죄로부터 정결케 하기 위한 것이 아니라 봉사의 능력을 위해서 주어진다고 강조하였습니다.

1930년대 평양 장로회신학교의 성령론 교재로 사용되던『성령론』(聖靈論)의 저자 가옥명(賈玉銘)은 성령세례가 중생 이후에 성령에 몰입되고 충만케 되는 체험, 즉 성령의 권능을 받는 체험이라고 말했습니다. 지금까지 한국 개혁파 신학계에는 성령론에서 있어서 중생과 성령세례를 분명히 구분하는 하나의 큰 노선이 있습니다. 이러한 노선은, 시대를 거슬러 올라가면, 가옥명의『성령론』과 초대 한국교회 부흥시대의 성령세례론, 그리고 더 올라가서는 근대 개혁파 성령운동의 '봉사의 능력'으로서의 성령세례론의 전통을 이어받은 것으로 봅니다.

2. 그리스도의 전인적 통치로서의 성령세례 유형을 소개합니다.

이 노선은 근대 개혁파 성령운동에 근거를 두었지만, 무디나 토레이와는 달리, 성령세례의 주된 목적을 그리스도에 의한 전인적 통치에 둔다는 점에 특징이 있습니다. 윌리암 보드먼(William E. Boardman)은 말하기를, 그리스도께 대한 온전한 헌신을 하고 난 후 신자는 '그리스도께서 거하신다는 의식적인 증거'를 얻게 되는데 이를 두 번째 회심으로서의 '성령세례'라고 불렀습니다.

"너희가 하나님의 성전인 것과 하나님의 성령이 너희 안에 거하시는 것을 알지 못하느뇨"(고전 3:16).

이 외에도 마이와 머레이와 같은 케직 운동의 지도자들 역시 '그리스도의 전인적 통치로서의 성령세례'를 강조하였습니다. C&MA의 창시자인 알버트 심슨(Albert B. Simpson)도 역시 '성령세례'라는 용어를 즐겨 사용하였습니다.

심슨은 성령의 사역과 그리스도께서 이루신 십자가의 대속사역 사이의 관계성을 크게 강조하였습니다. 그는 그리스도께서 신자 안에 이루어주시는 성결은 성령세례를 통해 그리스도께서 신자 안에 오시는 체험이며, 성결의 체험을 통해 신자가 그리스도와 연합함으로써 신자의 생활에 능력과 승리가 주어진다고 하였습니다.

'그리스도의 전인적 통치로서의 성령세례'를 강조하는 저자들 중에 특히 머레이와 심슨은 한국 교계에 널리 알려져 있습니다. 그들의 번역된 경건서적들은 현재까지 한국 기독교계에 폭넓은 독자층을 확보하고 있습니다.

3. 중생=성령세례, 이후 성령충만 유형을 소개합니다.

중생한 자는 이미 성령으로 세례를 받은 사람이며, 성령의 충만은 중생과 관계된 성령의 최초적 은사인 성령의 세례와는 마땅히 구별되어야 한다는 주장입니다. 이 같은 성령론 노선에 절대적인 영향을 준 외국 신학자들로는 우선 찰스 핫지(Charles Hodge)나 벤자민 워필드(Benjamin B. Warfield) 등을 들 수 있는데, 그들은 초대교회 이후 성령 은사의 중단성(中斷性), 그리고 중생과 연관하여 성령세례의 단회성을 강조한 바 있습니다. 그리고 아브라함 카이퍼(Abraham Kuiper), 리차드 개핀(Richard B. Gaffin), 존 스토트(John R. Stott) 등의 영향도 역시 이 노선에 힘을 주었습니다.

"만일 너희 속에 하나님의 영이 거하시면 너희가 육신에 있지 아니하고 영에 있나니 누구든지 그리스도의 영이 없으면 그리스도의 사람이 아니라"(롬 8:9).

이러한 외국의 정통 개혁주의 신학자들의 영향을 받아, 한국에서는 박형룡 박사가 중생과 성령세례의 동시성을 강조하는 노선의 저술을 발표하기 시작했습니다. 박형룡의 성령론이 한국 장로교의 정기간행물 중의 하나인 『신학지남』에 실리기 시작한 것은 1960년대 후반부터인데, 그는 중생한 자는 이미 성령으로 세례를 받은 사람이라고 보았습니다. 그리고 성령의 충만은 중생과 관계된 성령의 최초적 은사인 성령의 세례와는 마땅히 구별되어야 한다고 하였습니다.

그러자 박형룡의 저술을 필두(筆頭)로 중생과 성령세례의 동시성을 강조하는 노선의 저술들이 신성종, 김해연, 박형용 등을 통해 한국 신학계에 잇달아 소개되기 시작했습니다. 특히 대중적으로 국내에 큰 영향을 끼친 CCC의 빌 브라이트(Bill Bright)나 부흥사 빌리 그래함(Billy Graham)도 역시 명확한 '중생=성령세례, 이후 성령충만'의 노선을 견지했습니다.

▶ 어려운 용어 풀이: 근대 개혁파 성령운동과 정통 개혁주의 성령론

19세기 후반 미국의 개혁파 성령운동 노선에서는 웨슬리안 성결운동의 죄성에 대한 제거설(Eradication)을 부인하고 일반적으로 죄의 경향성에 대한 반작용설(Counteraction theory)이나 또는 억제설(Suppression)에 입각한 성결 관념을 따랐습니다. 그래서 근대 개혁파 성령운동은 성령의 능력을 받아 살아갈 때 지속적으로 죄로부터 승리할 수 있다는 차원으로 성결의 문제를 풀어나갔습니다.

그리고 이 운동에서는 무엇보다도 '그리스도와의 연합'과 '봉사의 능력'(power

for service) 중심의 성령세례를 강조하였습니다. 이 노선에서 두각을 나타난 인물들 중에는 홉킨스(Evan Hopkins), 모울(Handley C. G. Moule), 마한(Asa Mahan), 찰스 피니, 무디, 토레이, 고든, 심슨 등이 있습니다.

그러나 이와는 대조적인 정통 개혁주의 성령론의 노선이 있습니다. 이러한 개혁주의 신학자들은 카이퍼, 핫지, 워필드, 개핀, 스토트 등으로 대표되는데, 이들의 영향을 받은 한국인 신학자들을 통해 정통 개혁주의 신학이 한국에 가르쳐져 왔습니다.

개혁주의 신학의 영향을 받은 한국 개혁파 계통의 신학교들은 정통 개혁파 성령론에 따라 성령 은사의 중단성(中斷性)과 함께 중생과 연관하여 성령세례의 단회성을 강조하는 성령론의 한 노선을 발전시켜 왔습니다. 그러므로 그동안 개혁파 계통의 교회와 신학교 내에서 일어난 성령론 논쟁들은 이 두 노선 상의 갈등관계에서 비롯된 것임을 알 수 있습니다.

▶ 성령사역을 위한 질문

1. 개혁파 신학 노선에 속하는 성령세례 이론의 세 가지 유형은 무엇입니까?

_____

_____

2. '그리스도의 전인적 통치로서의 성령세례'란 어떤 의미입니까?

_____

3. '중생=성령세례, 이후 성령충만' 유형의 성령세례 이론은 어떤 뜻을 지니고 있습니까?

___

➤ 삶의 적용을 위한 기도

1. 오늘날의 신학계가 이론과 교리 논쟁에 지나치게 힘을 빼앗기지 않도록 주님께 간구합시다.
2. 성령론의 다양한 이론들을 잘 이해하며 조화를 이루어 성령론의 성숙한 시대를 열어갈 수 있는 신학계가 되도록 간구합시다.

제 3 과
웨슬리안 및 은사주의 성령세례 유형

🍃 성경 말씀 🍃

"요한이 모든 사람에게 대답하여 가로되 나는 물로 너희에게 세례를 주거니와 나보다 능력이 많으신 이가 오시나니 나는 그 신들메를 풀기도 감당치 못하겠노라 그는 성령과 불로 너희에게 세례를 주실 것이요"(눅 3:16).

1. 정결과 능력의 성령세례 유형을 소개합니다.

웨슬리로부터 출발한 완전 성화의 교리는 순간적인 체험을 통하여 신자의 마음속에 남아있는 죄성으로부터 정결하게 되고, 이 원동력은 그리스도를 위한 사랑과 봉사의 승리하는 삶을 가능케 해준다는 해석으로 발전하였습니다.

"하나님이여 내 속에 정한 마음을 창조하시고 내 안에 정직한 영을 새롭게 하소서"(시 51:10).

이러한 전통적 입장에 새로운 근대 웨슬리안 성결운동의 선구자인 뵈베 팔머(Phoebe Palmer)를 통해 '능력'으로서의 성령세례에 대한 강조가 많이 부가되었습니다. 그래서 그녀는 '성결은 곧 능력'이라고 했으며, '정결과 능력은 동일한 것' 이라고 했습니다. 이렇게 하여 근대 웨슬리안 성결운동의 특성은 '정결과 능력의 성령세례'를 강조하는 데서 찾게 됩니다.

"또 새 영을 너희 속에 두고 새 마음을 너희에게 주되 너희 육신에서 굳은 마음을 제거하고 부드러운 마음을 줄 것이며 또 내 신을 너희 속에 두어 너희로 내 율례를 행하게 하리니 너희가 내 규례를 지켜 행할찌라"(겔 36:26-27).

근대 웨슬리안 성결운동의 성령세례론이 한국교회, 특히 초기 감리교와 성결교회에 접맥되는 과정에서 크게 영향을 주었던 책은 토마스 쿡(Thomas Cook)의 『신약의 성결』(New Testament Holiness), 아론 힐즈(Aaron M. Hills)의 『성결과 능력』(Holiness and Power), 조지 왓슨(George D. Watson)의 『성결지침』(A Holiness Manual) 등을 대표적으로 들 수 있습니다. 이 책의 저자들은 한결같이 '정결과 능력의 성령세례'를 말하고 있다는 점에서 일치합니다.

현재 중생 이후의 '제 이차적 축복'(the Second Blessing)으로서의 성결 혹은 성령세례, '죄성제거설'로서의 성결론, 그리고 '정결과 능력의 성령세례' 관념은 기독교대한성결교회, 예수교대한성결교회, 구세군, 나사렛성결교회 등, 한국의 웨슬리안-성결 그룹 교단들의 공식적인 교리로서 채택되어 있습니다.

2. 방언의 표적을 중시하는 성령세례 유형을 소개합니다.

파함(Charles F. Parham)은 방언을 성령세례를 받은 단 하나의 증거라고 최초로 주장하기 시작한 사람이었습니다. 그의 영향력은 1901년 토페카(Topeka)와 1906년 시무어((William J. Seymour)가 이끈 아주사(Azusa) 거리의 부흥에서는 물론, 현재까지 방언을 성령세례와 직결시키는 전통 오순절주의(Classical Pentecostalism) 신앙의 전 세계적 확산을 가져오게 하였습니다.

"베드로가 이 말을 할 때에 성령이 말씀 듣는 모든 사람에게 내려오시니 베드로와 함께 온 할례 받은 신자들이 이방인들에게도 성령 부어 주심을 인하여 놀라니 이는 방언을 말하며 하나님 높임을 들음이러라"(행 10:44-46).

그리고 미국과 영국을 중심으로 1960년대에 일어난 은사갱신운동(Charismatic Renewal)은 '방언의 표적을 중시하는 성령세례'를 권장하지만, 그 강도가 전통 오순절주의보다는 선택적입니다. 국내에서 은사갱신운동가들의 저서들이 최초로 번역되어 소개되기 시작한 때는 1970년대 후반부터였습니다. 존 쉐릴(John L. Sherill), 데니스 베니트(Dennis J. Bennett), 프란시스 맥너트(Francis MacNutt) 등의 저서들이 번역되어 일반 독자들 사이에 친숙하게 소개되었는데, 이들의 저서에서는 방언을 거의 성령세례와 동일시하는 표현이 많이 발견됩니다.

국내에서는 하나님의성회가 '방언의 표적을 중시하는 성령세례'를 주장하는 전통 오순절주의의 대표적 교단입니다. 그리고 이 노선의 가장 영향력 있는 저자로서는 조용기 목사를 들 수 있습니다. 그는 중생과 성령세례는 명백히 다른 별개의 체험이라고 전제하면서, 성령세례를 받은 가장 명백한 외적 표적은 방언이라고 주장하였습니다.

3. 중생=성령세례, 이후 은사적 성령충만 유형을 소개합니다.

이러한 유형은 성령론은 '제3의 물결'의 성령론을 가장 대표적으로 들 수 있습니다. '제3의 물결'의 영향은 국내에 잘 알려진 존 윔버(John Wimber), 피터 와그너(Peter Wagner), 찰스 크래프트(Charles H. Craft), 베니 힌(Benny Hynn) 등의 사역과 저서의 영향으로 현재 많은 독자층과 지지자들을 얻고 있습니다.

일반적으로 '제3의 물결'에서는 '성령세례' 또는 '성령 안에서 세례 받아지는 것'이라는 용어 대신, '성령충만' 또는 '성령에 의한 능력의 덧입힘'이라는 말을 즐겨 사용합니다. 그 이유는 제3의 물결 운동가들은 대부분 회심과 성령세례가 동시적 경험이라고 보기 때문입니다. 중생하게 될 때 성령께서 내주하시지만, 그러나 저절로 그분의 능력과 은사들을 체험할 수 있게 되는 것은 아니기 때문에 성령충만을 받아야 한다는 입장입니다.

그런데 이 노선을 따르는 이들은 단지 제3의 물결 운동가들뿐 아니라, 개혁주의 전통을 지니고 있는 그룹 내에서도 점차 확산되어 왔습니다. 그러므로 어떻게 보면 이 노선은 앞서 살펴본 '중생=성령세례, 이후 성령충만'과 매우 유사하다는 점에서 개혁주의 신학의 지지를 받을 수 있는 여지가 큽니다. 그러나 반면에 성령의 초자연적인 은사들을 크게 활용한다는 점에서는 또한 개혁주의 신학의 걸림돌이 될 수도 있습니다.

▶ 어려운 용어 풀이: 은사갱신운동

은사갱신운동은 신오순절주의(Neo-Pentecostalism), 은사주의(Charismatics), 은사갱신(Charismatic Renewal) 등의 용어로 불리는데, 이는 1960년대를 시점으로 오순절파뿐 아니라, 가톨릭교회와 일부 복음주의 교파들에서도 시작되었던 '제2의 물결'을 가리킨 것입니다. 20세기 초에 일어난 전통 오순절운동(Classical Pentecostalism)이 중류층 이하 특히 노동자 계층의 유색인들 사이에서 확장되어 나갔다고 할 것 같으면, 은사갱신운동은 주로 중류층 이상의 백인들 사이에서 발전을 이루어갔습니다.

은사갱신운동은 전통 오순절운동보다 훨씬 광범위한 신학적 유산을 지닌 기독교 전통들과의 만남을 가지게 되었습니다. 이 운동은 오순절파, 성결파, 루터파, 개혁파는 물론이고 정교회(Orthodox Church)와 가톨릭 교파와의 만남도 이루게 되었습니다.

▶ 성령사역을 위한 질문

1. '근대 웨슬리안 성결운동'이 지닌 성령세례 경험에 대한 특징들은 어떤 것이 있습니까?

2. '전통 오순절주의' 신앙의 성령세례에서 가장 커다란 강조점은 무엇입니까?

3. '제3의 물결'의 성령론이 개혁주의 신학으로부터 걸림돌이 될 수 있는 이유가 있다면 그것은 무엇입니까?

▶ 삶의 적용을 위한 기도

1. 정결케 하며 능력을 주시는 성령세례의 능력을 사모하며 기도합시다.
2. 성령의 은사와 나타남이 우리의 사역 속에서 풍성하게 구현되도록 기도합시다.

제 4 과

성령세례의 양 차원

🙢 성 경 말 씀 🙠

"무릇 그리스도 예수와 합하여 세례를 받은 우리는 그의 죽으심과 합하여 세례 받은 줄을 알지 못하느뇨 그러므로 우리가 그의 죽으심과 합하여 세례를 받음으로 그와 함께 장사되었나니 이는 아버지의 영광으로 말미암아 그리스도를 죽은 자 가운데서 살리심과 같이 우리로 또한 새 생명 가운데서 행하게 하려 함이니라"(롬 6:3-4).

1. 성령세례의 영적 사실의 차원이 있습니다.

성령세례는 두 가지 차원으로 분류하여 설명할 수 있습니다. 그 중에서 '성령세례의 영적 사실의 차원'은 일반적으로 성경에 명확하게 그리고 획일적으로 표현되어 있습니다. 예를 들어, 로마서 6장 1-10절이나 고린도전서 12장 13절과 같은 구절들은 성령세례의 영적 사실의 차원을 획일적으로 다룬 것입니다.

그러나 성경에서도 반드시 성령세례의 영적 사실의 차원만 제시된 것은 아닙니다. 예를 들어, 누가복음이나 사도행전의 '성령의 권능', '성령 받는 것', '성령이 임함' 등에 대한 기록들은 성령세례의 경험적 차원에 더욱 호소하고 있는 것으로서, 이를 통해 볼 때 반드시 획일적이라고 단정할 수 없는 여러 다양한 양상들을 보여주고 있습니다.

"아볼로가 고린도에 있을 때에 바울이 윗 지방으로 다녀 에베소에 와서 어떤 제자들을 만나 가로되 너희가 믿을 때에 성령을 받았느냐 가로되 아니라 우리는 성령이 있음도 듣지 못하였노라 바울이 가로되 그러면 너희가 무슨 세례를 받았느냐 대답하되 요한의 세례로라 바울이 가로되 요한이 회개의 세례를 베풀며 백성에게 말하되 내 뒤에 오시는 이를 믿으라 하였으니 이는 곧 예수라 하거늘 저희가 듣고 주 예수의 이름으로 세례를 받으니 바울이 그들에게 안수하매 성령이 그들에게 임하시므로 방언도 하고 예언도 하니 모두 열두 사람쯤 되니라"(행 19:1-7).

한 가지 유의할 점은 우리의 신앙생활에서 '성령세례의 영적 차원'만 강조하다 보면 몇 가지 문제점이 생길 수밖에 없다는 사실입니다. 그 중에서도 가장 심각한 것은, 성령에 대한 조명을 성경 내용의 해석학적 연구에만 의존하고 인간의 신앙 경험의 차원을 간과할 경우, 우리의 삶 속에서 나타나는 영적 사실에 대한 다양한 경험들이 간과될 수 있다는 것입니다.

과연 신자의 성령 체험이 성경의 영적 사실에 입각한 획일적인 양상으로만 일어난다고 볼 수 있을까요? 반드시 그런 것만은 아닐 것입니다. 그렇다면 우리가 성경의 영적 사실의 차원 위에서 다양한 경험적 적용을 일구어내는 작업에 힘써야 하는 것은 당연한 책무일 것입니다. 적어도 이러한 노력은 앞으로 복음적 성령운동의 확산과 건전한 성령 연구에 있어서 필수적이라고 봅니다.

2. 성령세례의 경험적 차원이 있습니다.

성령세례를 제대로 이해하려면, 성령세례의 영적 사실(spiritual truth)의 차원과 함께 경험(experience)의 차원 역시 심도 있게 다루어지지 않으면 안 됩니다.

영적 사실의 차원과는 달리, 경험의 차원에서의 성령세례는 얼마든지 한 번 이상 경험될 수 있습니다.

그리고 '세례'라고 하는 말도 꼭 일회적(一回的)이어만 되는 것은 아니라고 봅니다. 일회적이어야 한다고 생각하는 것은 성령세례를 자꾸 물세례와 연관 짓기 때문입니다. 물세례야 일생에 단 한 번만 받으면 충분한 것입니다. 그러나 '세례'란 담그고, 가라앉히고, 덮고, 압도하고, 적신다는 등의 의미를 지닌 것으로서, 그것은 '시초'나 단 한 번을 의미하는 것은 아닙니다.

그러므로 한 번 성령세례 받은 사람이 전에 받은 것처럼 두 번째 혹은 세 번째 성령세례의 능력을 받지 못할 논리적인 이유가 없는 것입니다. 성령세례나 성령충만이나 실제로는 똑같은 경험을 표현한다고 전제할 때, '성령세례는 일회적이요 초기적이며, 그 후에는 성령충만의 경험이 반복된다'고 하는 이론도 결국 '세례는 반드시 일회적이어야만 한다'는 관념에서 솟아난 것이므로 다시 한 번 생각해 볼 필요가 있다고 봅니다.

그런데 한 가지 고려해야만 할 점은, 신자의 경험에만 호소하는 신앙은 복음적 신앙의 근거를 흐리게 할 때가 많다는 사실입니다. 이런 점에 치우치게 될 때의 위험성에 대해서는 일반적으로 지적되고 있는데, 성령세례를 회심의 체험과 구별하는 것은 하나의 경험론적 이원론으로 기울어져 마침내 성령운동에 있어서 다음과 같은 문제점들을 야기할 수 있다는 것입니다.

- 아직 '극적인 경험'을 가지지 못한 자들에게는 성령 체험과 은사의 가능성에 관한 부정적 기대를 심어주게 되는 반면, 그런 경험을 하고 난 자들에게는 과도한 자긍심을 심어줄 수 있습니다.
- 성령 체험을 자신의 믿음의 성취로 생각하는 신자들은 자칫 자신을 다른 사람들과 구분하여 영적 엘리트 의식을 갖게 됨으로써 교회의 화평을 깨뜨리고 분쟁을 일으킬 수 있습니다. 즉, 신자의 주관적 체험에만 강조점을 두다

보면 그릇된 신앙관에 빠질 위험성이 큰 것입니다.

3. 성령세례의 양 차원에 대한 이해가 필요합니다.

앞에서 제시한 여섯 가지 유형의 성령세례론은 성령세례의 영적 사실과 경험의 두 차원을 다루는 '성령세례의 양 차원'으로 정리될 수 있습니다. 이를 설명하기 위해 먼저 전제해야 할 것은, 성령세례라는 경험의 내용이 신자들을 위한 예수 그리스도의 대속사역의 범주를 벗어나는 것이 아니라는 사실입니다.

예를 들어, 죄성의 제거로서의 성령세례를 강조한다 할지라도, 그것은 예수 그리스도와 신자와의 성령의 매개를 통한 십자가의 연합의 진리 속에 이미 포함된 것입니다. 또 봉사의 능력으로서의 성령세례라 할지라도, 그것은 그리스도의 영으로서의 성령이 지닌 능력의 범주를 초월하는 것이 아닙니다. 그 성령은 이미 거듭날 때 내주하시는 것입니다. 방언의 표적을 중시하는 성령세례라 할지라도, 그 방언 체험이라는 현상은 이미 거듭난 신자 안에 내주하시는 성령의 나타남(manifestation)인 것입니다.

그러므로 영적 사실의 차원에서는 성령세례가 일회적으로 중생과 연관 지어 간결하게 설명을 마칠 수 있습니다. 그러나 또 한편 경험의 차원에서는 반드시 일회적이어야 한다고 제한할 필요가 없습니다.

세례라는 말의 용법상, '성령에 충만히 세례 되었다', 또는 '성령세례를 받았다'는 표현을 반복적으로 쓰지 못할 이유가 없습니다. 게다가 신자의 경험의 차원을 볼 때, 성경에서 말하고 있는 성령세례의 다양한 내용인 '그리스도와의 연합', '정결', '봉사의 능력', '그리스도의 전인적 통치', '성령의 나타남' 등이 일생에 걸쳐 단 한 번에 모두 경험되는 것이 전혀 아니기 때문에 더욱 그렇습니다.

그러면 '성령세례의 양 차원'은 신자의 삶 속에 실제적으로 어떻게 적용될 수 있을까요? 이미 중생과 성령세례를 구분하는 교리를 따르고 있는 이들에게는, 이 성령세례의 '영적 사실의 차원'이 정말 자기들의 삶 속에 적용되고 있는가를 확인해 보아야 할 것입니다. 한편 중생과 성령세례의 동시성을 강조하는 교리적 노선의 사람들도 성경에서 말하는 성령세례의 능력이 그들의 삶 속에 '경험의 차원'으로 구현되고 있는지를 확인해 보아야 할 것입니다.

이상과 같이 '성령세례의 양 차원'에 대한 이해는 한국교회 내의 성령운동의 혼잡함과 성령론에 있어서의 불협화음을 치유함에 있어서 실제적인 적용성을 지닙니다. 뿐만 아니라 이러한 이해에 근거한 성령운동의 확산을 통해, 우리는 성경에 나타난 복음적 성령세례의 능력을 한국교회 내에 풍성히 구현시켜 나갈 수 있다고 봅니다.

▶ 어려운 용어 풀이: 성령세례의 양 차원

현재까지도 한국 개혁주의 신학 내에서 해결 짓지 못하고 있는 성령세례론의 양 노선 간의 갈등은 '성령세례의 양 차원'의 이해를 통해 충분한 조화의 길을 찾을 수 있습니다. 어느 노선이든지 자기가 지니고 있는 장점은 손상되지 않습니다. 중생과 성령세례의 동시성을 강조하는 노선에서는 성령세례의 '영적 사실의 차원'을 보전하고 있고, 중생과 성령세례를 구분하는 노선에서는 성령세례의 '경험의 차원'을 간직하고 있습니다.

그리고 더 나아가 상대방 노선의 강조점을 자신의 노선에 용인함에 있어서 무리가 일어날 리 없습니다. 중생과 성령세례를 구분하는 입장에서는 '성령세례의 영적 사실의 차원'에서의 능력을 확인해 나가면 됩니다. 마찬가지로 중생과 성령세례의 동시성을 강조하는 입장에서도 역시 '성령세례의 경험의 차원'을 삶 속에서 실증해 나가면 되는 것입니다.

▶ 성령사역을 위한 질문

1. 신앙생활에서 '성령세례의 영적 차원'만 강조하다 보면 몇 가지 문제점들이 발생할 수 있는데, 그것은 어떤 것들입니까?

2. 성령세례를 회심의 체험과 구별하는 신앙이 자칫하면 하나의 경험론적 이원론으로 기울어질 수 있는 문제점들이 있습니다. 그 문제점들은 무엇입니까?

3. '성령세례의 양 차원'은 신자의 삶 속에 실제적으로 어떻게 적용될 수 있습니까?

▶ 삶의 적용을 위한 기도

1. 그리스도 안에 예비된 성령세례의 영적 사실의 차원을 더욱 풍요롭게 알아갈 수 있도록 기도합시다.
2. 성령세례의 더 깊은 경험을 가질 수 있도록 기도합시다.

제 5 과

성령세례의 능력

🌿 성경 말씀 🌿

"주 여호와여 주께서 주의 크심과 주의 권능을 주의 종에게 나타내시기를 시작하셨사오니 천지간에 무슨 신이 능히 주의 행하신 일 곧 주의 큰 능력으로 행하신 일 같이 행할 수 있으리이까"(신 3:24).

1. 성령세례의 능력을 받으려면 어떻게 기도해야 할까요?

경험의 차원에 있어서의 성령세례, 즉 성령의 능력을 경험하려면 먼저 자백하지 않은 죄가 남아있어서는 안 됩니다. 거룩하신 하나님은 결코 준비되지 않은 불결한 영혼의 그릇에는 임하지 않으시기 때문입니다. 그러므로 양심에 가책되는 모든 죄를 고백하여 용서함 받은 확신과 담대함을 지녀야 합니다.

"만일 우리가 우리 죄를 자백하면 저는 미쁘시고 의로우사 우리 죄를 사하시며 모든 불의에서 우리를 깨끗케 하실 것이요"(요일 1:9).

그리고는 온전한 헌신을 주께 드려야 합니다. 온전한 헌신이란 내 모든 존재를 온전히 주께 드리는 것을 말합니다. 우리가 자신을 주께 드리는 만큼 주님도 우리를 채우실 수 있기 때문입니다.

"사도와 같이 모이사 저희에게 분부하여 가라사대 예루살렘을 떠나지 말고 내게 들은 바 아버지의 약속하신 것을 기다리라 요한은 물로 세례를 베풀었으나 너희는 몇 날이 못 되어 성령으로 세례를 받으리라 하셨느니라"(행 1:4,5).

여기서 성령세례 받기까지는 기다림이 필요하다는 표현이 있습니다. 그것은 성령의 능력이 우리에게 더디게 임하기 때문이 아니라, 신자가 진정 자신을 주님께 드리기 위해서는 구체적인 계산과 다짐의 시간이 필요하기 때문입니다. 그러나 우리의 준비만 다 되었다면, 하나님께서는 더 이상 지체하지 않고 즉각적으로 성령세례를 주십니다. 이는 성령세례의 능력이 이미 그리스도 안에 예비된 은총이기 때문입니다. 마지막으로는 믿고 구하여야 합니다.

"너희가 악할찌라도 좋은 것을 자식에게 줄줄 알거든 하물며 너희 천부께서 구하는 자에게 성령을 주시지 않겠느냐 하시니라"(눅 11:13).

좋으신 하나님께서는 당신의 자녀들이 성령의 능력 받기를 원하십니다. 이러한 하나님의 말씀에 기초하여 의심 없이 곧 받을 것을 믿고 구하십시오. 그리고 믿음으로 받으십시오. 그 경험은 확실하고 분명하게 여러분의 고백이 될 것입니다.

2. 성령세례의 능력을 받았다는 사실을 어떻게 알 수 있을까요?

성령세례의 능력은 믿음으로 받습니다. 그러나 이 은혜를 구하며 또 기도하다

보면 몸의 진동이나 뜨거움 등 여러 가지 육감적(肉感的)인 체험이 따를 수도 있습니다. 이러한 체험은 사람에 따라 다르게 나타날 수 있습니다. 어떤 이에게는 매우 격렬하게, 또 어떤 이에게는 아무런 육감적 체험이 나타나지 않을 수도 있습니다.

그러나 이런 육감적 체험이 성령세례의 내용은 아닙니다. 그런 것은 단지 성령의 능력에 수반되는 부수적인 현상일 뿐입니다. 그러므로 이런 육감적인 체험이 나타나지 않는다고 해도 전혀 이상할 것이 없는 것입니다.

또 어떤 이들은 성령세례를 구할 때 방언이나 환상 또는 예언 등의 영적 은사들을 경험하기도 합니다. 그러나 영적 은사를 경험했다고 해서 이것이 반드시 성령세례를 경험한 직접적인 증거는 될 수 없습니다.

신자의 삶 속에서 성령세례의 경험은 마치 양파 껍질을 벗겨나가듯이 점진적으로 깊은 단계를 향해 나아가게 됩니다. 어떤 이는 방언을, 어떤 이는 더 나은 은사를 성령세례의 경험 속에서 추구할 것입니다. 그러나 참된 성령세례의 경험은 언제나 '성령께서 지금 나를 온전히 다스리고 계신다'는 가득한 확신으로 주어집니다.

"내가 그리스도와 함께 십자가에 못 박혔나니 그런즉 이제는 내가 산 것이 아니요 오직 내 안에 그리스도께서 사신 것이라 이제 내가 육체 가운데 사는 것은 나를 사랑하사 나를 위하여 자기 몸을 버리신 하나님의 아들을 믿는 믿음 안에서 사는 것이라"(갈 2:20).

무엇보다도 성령세례에서 중요한 내용은 주님의 인격적인 통치라는 것입니다. 그러므로 성령세례를 구하는 이들은 이 우선순위를 결코 잊지 마시기 바랍니다. 첫째는 성령의 인격적 통치이고 그 후에 정결함도, 봉사의 능력도, 그리고 성령의 은사나 나타남도 기대할 수 있다는 것입니다.

3. 성령세례의 능력을 받고 나면 어떤 결과가 주어질까요?

성령세례의 능력을 받고 나면 무엇보다 성령과 인격적으로 친교를 즐기며, 또 그분께 복종하는 삶을 살게 됩니다. 그래서 데살로니가전서 5장 16-18절까지의 말씀을 영혼 속에서 열매 맺으며 언제나 주님을 중심으로 삼고 살아갈 수 있는 능력이 주어집니다.

"너는 마음을 다하고 성품을 다하고 힘을 다하여 네 하나님 여호와를 사랑하라"(신 6:5).

즉, 온 영혼을 다해 주님을 사랑할 수 있는 능력이 주어지는 것입니다. 이러한 영혼에는 죄악의 유혹을 이기며 정결하게 주님만 바라는 사랑이 충만하게 됩니다. 그리고 성령의 열매가 자라납니다.

"오직 성령의 열매는 사랑과 희락과 화평과 오래 참음과 자비와 양선과 충성과 온유와 절제니 이같은 것을 금지할 법이 없느니라 그리스도 예수의 사람들은 육체와 함께 그 정과 욕심을 십자가에 못 박았느니라"(갈 5:22-24).

성령과 지속적으로 교제하는 성도의 영혼 속에서 성령의 열매는 예수 그리스도를 닮아가는 삶을 향해 자라납니다. 그리고 성령세례의 능력을 받은 자의 삶과 사역 속에는 성령의 나타남과 능력으로 복음을 증거 하는 열매가 나타납니다.

"내 말과 내 전도함이 지혜의 권하는 말로 하지 아니하고 다만 성령의 나타남과 능력으로 하여 너희 믿음이 사람의 지혜에 있지 아니하고 다만 하나님의 능력에 있게 하려 하였노라"(고전 2:4-5).

성령세례의 능력을 받은 자는 오직 주님의 제자로서 주님이 하신 일을 하며 살아가는 것입니다. 궁극적으로 이러한 사역의 목표는 세계선교의 완수를 위해 나아가는 것으로서, 성령의 능력 받은 자는 복음의 증인으로서 이 세상에서 살게 되는 것입니다.

어려운 용어 풀이: 육감적 체험

빈야드운동의 대표적인 교회로 잘 알려진 토론토 에어포트 빈야드(Toronto Airport Vineyard)의 참석자들에게 배포된 간증문(Testimony Form)에는 구원, 새로운 헌신의 열정, 육체의 치유, 정신적 상처의 치유 중에 어떤 체험을 경험했는지를 기록하는 질문이 있었습니다. 그리고 '언제 그와 같은 체험이 나타났는지', 그리고 '구체적으로 어떻게 그와 같은 체험이 나타났는지'에 대해 질문함으로써, 참석자 또는 질의 응답자로 하여금 무의식중에 이와 같은 육감적(肉感的)으로 나타나는 체험 현상을 신앙의 표준을 삼게 될 위험을 내포하고 있었습니다.

실제로 그 집회에 참석한 이들의 증언을 토대로 해보면, 집회 시작 전에 이미 이러한 육감적 현상에 대한 기대를 갖고 있는 자들이 대단히 많았으며, 집회 중에는 하나의 집단적인 최면(催眠) 현상과 유사한 연쇄적인 현상이 번져가게 된다는 점을 알 수 있습니다. 그래서 대부분의 사람들은 자신도 모르게 육감적인 행동에 빠져들게 되며, 아무런 반응도 나타나지 않은 자는 심한 정죄감에 시달리기도 한다는 것입니다.

이처럼 육감적 체험을 기대하게 만드는 미리 의도된 프로그램은 영성 집회에서 결과적으로 많은 부작용을 낳습니다. 육감적 체험에 대한 호소가 없이도 성령의 능력을 올바로 경험할 수 있다고 하는 안내가 오늘날의 영성운동에 절실히 요구됩니다.

➤ 성령사역을 위한 질문

1. 성령세례의 능력을 받으려면 어떤 영혼의 준비가 필요합니까?

___

2. 성령세례의 능력을 받은 것에 대한 가장 확실한 직접적 증거는 무엇입니까?

___

3. 성령세례의 능력을 받은 자의 삶 속에는 어떤 지속적인 변화의 증거들이 생깁니까?

___

➤ 삶의 적용을 위한 기도

1. 알려진 모든 죄를 자백하고 온전한 헌신을 이루어 주님께서 늘 통치하실 수 있는 영혼이 되도록 기도합시다.
2. 성령세례를 받은 자에게 나타나는 삶 속의 열매가 지속적으로 나타날 수 있도록 깨어 근신하며 기도합시다.

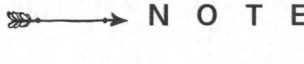 NOTE

NOTE

NOTE

제 7 단원

성령의 나타남과 능력

◆ 이 단원의 핵심 찾기 ◆

이 단원의 목표는 그리스도인의 삶과 사역 속에 성령의 나타남과 능력이 드러날 수 있도록 실제적인 안내를 드리는 데 있습니다. 뿐만 아니라 그동안 성령의 은사와 나타남에 대해서 편협적인 신념을 가졌던 분들에게 원만한 복음적 이해를 제공하려는 목적도 지니고 있습니다. 이를 위해 우리는 어떤 특정 교단의 교리나 신조에 치우치지 않고 성경에서 말하는 성령의 나타남과 능력이란 무엇인지를 살펴보고자 합니다.

제 1 과

성령의 능력과 복음전파

성경 말씀

"좋은 소식을 가져오며 평화를 공포하며 복된 좋은 소식을 가져오며 구원을 공포하며 시온을 향하여 이르기를 네 하나님이 통치하신다 하는 자의 산을 넘는 발이 어찌 그리 아름다운고"(사 52:7).

1. 그리스도인의 삶과 사역 속에는 성령의 능력이 있어야 합니다.

예수님을 믿는 일은 이 세상에서 가장 영화롭고 경이로우며 능력이 넘치는 일이어야 함에도 불구하고, 오늘날 많은 그리스도인들은 온갖 종류의 두려움과 불안과 무기력과 사랑의 불감증(不感症)에 매여 살고 있습니다. 왜 그럴까요? 그 이유는 성령의 능력을 의지하지 않고, 온갖 종류의 형식과 의무와 짐에 매여 자기중심적인 신앙의 틀을 형성하고 있기 때문입니다.

그리스도인의 삶은 성령의 능력으로 살아가는 것이어야 합니다. 우리 안에 성령께서 내주(內住)하시는 이유는 우리의 삶을 인간의 노력과 힘으로써가 아니라 성령께서 주시는 힘과 지혜와 인도하심으로 살아가게 하기 위해서입니다.

"무릇 하나님의 영으로 인도함을 받는 그들은 곧 하나님의 아들이라"(롬 8:14).

하나님께서 맡겨주시는 그리스도인의 사역 역시 성령의 능력으로 감당해야 합니다. 왜냐하면 인간의 노력과 지혜만 가지고서는 주의 일을 하나님께서 원하시는 대로 열매 맺을 수 없기 때문입니다.

목회 현장을 돌아보십시오. 그리고 교회 내의 여러 기관들의 사역을 살펴보십시오. 인간의 능력으로는 이 모든 일을 만족스럽게 성취할 수 없다는 것을 곧 깨닫게 됩니다. 그러므로 우리는 우리의 사역 속에 하나님의 능력의 기름 부으심이 함께 하기를 위해서 늘 간절히 기도해야 합니다.

2. 성령은 복음 증거의 영이십니다.

복음을 증거 하는 일에는 반드시 성령의 능력이 함께 하셔야 합니다. 왜냐하면 성령은 복음 증거의 영이시기 때문입니다(눅 24:48-49; 행 1:8). 성령의 능력을 받아 지속적으로 그분의 인도하심에 순종하게 될 때, 성령께서는 우리를 복음 증거의 삶으로 부르십니다. 그리고 사도행전의 경우들처럼, 우리는 성령의 나타남과 능력으로 복음을 증거 하게 됩니다.

"내가 아버지께로서 너희에게 보낼 보혜사 곧 아버지께로서 나오시는 진리의 성령이 오실 때에 그가 나를 증거하실 것이요"(요 15:26).

"내 말과 내 전도함이 지혜의 권하는 말로 하지 아니하고 다만 성령의 나타남과 능력으로 하여 너희 믿음이 사람의 지혜에 있지 아니하고 다만 하나님의 능력에 있게 하려 하였노라"(고전 2:4-5).

주님께서는 초자연적인 성령의 나타남과 능력을 오늘날의 전도와 선교의 현장, 그리고 교회 사역에 나타내기를 기뻐하십니다.

"하나님도 표적들과 기사들과 여러 가지 능력과 및 자기의 뜻을 따라 성령의 나눠주신 것으로써 저희와 함께 증거하셨느니라"(히 2:4).

사실 많은 분들이 전도하는 일에 두려움을 갖고 있습니다. 여러 가지 이유가 있겠으나, 가장 커다란 이유는 성령의 능력을 따라서 복음 전하는 일에 익숙하지 않기 때문입니다. 영혼을 구원하는 일은 인간의 수단과 힘으로 되는 것이 아닙니다. 그것은 하나님께서 하시는 일입니다.

빌립 집사가 주님의 인도하심을 받는 데에 민감한 삶을 살아가고 있을 때, 주님께서는 그를 충분히 사용하셔서 가장 효과적인 전도의 열매를 거두실 수 있었습니다(행 8:26-40). 그러므로 우리는 성령의 능력을 의지하고 온전히 성령께 이끌려 전도할 수 있도록 기도해야 하겠습니다.

3. 성령의 능력을 구하십시오.

여러분은 성령의 능력이 삶 속에 나타나기를 원하십니까? 또 여러분의 사역 속에 성령의 나타남과 능력이 나타나기를 원하십니까? 그 이유는 무엇 때문입니까? 여러분의 자랑이나 즐거움을 위해서입니까? 그것은 그릇된 동기이므로 진정한 성령의 능력은 주어지지 않을 것입니다.

아니면, 여러분은 성령의 능력을 통해 진정 성화된 삶을 살아가며 복음을 능력 있게 전파하며 교회의 유익을 위해 사역하기 원하십니까? 주님은 이러한 순수한 동기를 가지고 땀 흘려 일하는 이들에게 성령의 나타남과 능력을 부어주실 것입니다.

그러므로 우선, 주님께 여러분의 몸과 마음을 드리십시오! 그래서 온전히 주님의 다스리심을 받는 삶을 이루십시오! 그리고 성령의 나타남과 능력이 당신의 삶과 사역 속에 나타날 것을 믿고 행하십시오! 그러면 교회의 유익을 위하여, 성령께서는 주님과 동행하는 하나님의 사람들을 통하여 적절한 성령의 나타남과 능력을 드러내실 것입니다.

"주여 이제도 저희의 위협함을 하감하옵시고 또 종들로 하여금 담대히 하나님의 말씀을 전하게 하여 주옵시며 손을 내밀어 병을 낫게 하옵시고 표적과 기사가 거룩한 종 예수의 이름으로 이루어지게 하옵소서 하더라 빌기를 다하매 모인 곳이 진동하더니 무리가 다 성령이 충만하여 담대히 하나님의 말씀을 전하니라"(행 4:29-31).

성령의 능력에 사로잡혀 살아갈 때, 이러한 감화력은 우리를 통해 주위에 있는 사람들에게 아주 쉽게 그 영향이 전달되어집니다. 그래서 우리가 속한 가정과 이웃과 학교, 그리고 직장이 커다란 성령의 감화 속으로 이끌려 들어가게 될 것입니다.

▶ 어려운 용어 풀이: 능력 전도

능력전도(Power Evangelism)란 빈야드운동의 지도자인 존 윔버(John Wimber)에 의해서 강조된 개념입니다. 그에 의하면 능력전도란 합리적인 동시에 합리성을 초월하는 방식으로 복음을 전하는 방법을 말합니다. 다시 말해서 복음을 선포함과 아울러 표적과 기사를 통해 하나님의 능력을 드러내는 것을 말합니다.

이는 또한 성령께서 영감(靈感)을 주시는 가운데 그 능력을 덧입어서 하나님의 임재(臨在)를 초자연적인 방식으로 드러내보여 주면서 복음을 증거 하는 것이라고 그는 설명했습니다. 그러나 이 능력전도가 전혀 새로운 것이라기보다는 이미 성경에 나타난 성령의 나타남과 능력으로 전도하는 일을 가리킨다고 봅니다(고전 2:4-5).

▶ 성령사역을 위한 질문

1. 성령의 능력을 의지하지 않고, 온갖 종류의 형식과 의무와 짐에 매여 자기중심적인 신앙의 틀을 형성하고 살아가고 있는 그리스도인들의 삶은 어떻게 묘사될 수 있습니까?

___

2. 복음을 증거 하는 일에 반드시 성령의 능력이 함께 하셔야 할 이유는 무엇입니까?

___

3. 여러분의 삶 속에 성령의 나타남과 능력이 나타나기를 원하십니까? 그렇다면 그 이유는 무엇 때문입니까?

___

▶ 삶의 적용을 위한 기도

1. 우리의 삶 속에 성령께서 통치하시는 능력이 함께 하시도록 간구합시다.
2. 하나님께서 우리에게 맡겨주신 사역을 인간의 힘과 지혜로만이 아닌, 성령의 능력을 통해 감당할 수 있도록 기도합시다.

제 2 과

성령의 나타남(I)

🍃 성경 말씀 🍃

"은사는 여러 가지나 성령은 같고 직임은 여러 가지나 주는 같으며 또 역사는 여러 가지나 모든 것을 모든 사람 가운데서 역사하시는 하나님은 같으니 각 사람에게 성령의 나타남을 주심은 유익하게 하려 하심이라"(고전 12:4-7).

1. 성령의 나타남은 한 성령께서 하시는 일입니다.

본문의 핵심 단어는 "성령의 나타남"입니다(7절). 여기서 '성령'도 '나타남'(파네로시스; φανέρωσις)도 모두 단수로 표현되어 있습니다. 이 말은 성령의 은사를 별도의 은혜로서 받는 것이 아니라, 성령을 모시고 사는 자는 이미 성령의 나타남을 보유하고 있다는 점을 알려주고 있습니다.

왜냐하면 이 나타남은 한 성령에게서 나오는 것이기 때문입니다. "성령은 같고"(4절), "주는 같으며"(5절), "하나님은 같으니"(6절), 이 밖에도 "같은 성령", "한 성령"(8,9,11절)이라는 표현이 계속 나오는데, 이 의미는 성령의 나타남이 한 성령께서 하시는 일이라는 것을 강조하는 것입니다.

우리는 종종 누구는 병 고침의 은사가 있고, 또 누구는 예언의 은사가 있고 하는 식으로 말할 때가 있습니다. 잊지 말아야 할 것은, 이 모든 성령의 나타남의 주체는 내가 아니라 성령이시라는 점입니다. 그러면 왜 한 성령께서 각 사람에게 다양하게 나타남을 주시는 것일까요? 그것은 성령께서 특정한 상황 속의 특정한 사람을 통하여 교회를 "유익하게"(7절) 하려고 다양하게 나타나시는 것입니다.

2. 성령의 나타남은 교회의 유익을 위해서 주어집니다.

그러면 교회의 유익이란 무엇일까요? 그것은 교회를 굳게 세워나가는 것을 말합니다. 즉, 성령의 나타남은 전도하여 하나님의 나라를 확장해가고 또 교회의 신앙을 굳게 세우는 일에 사용되는 것입니다.

"내가 너희 보기를 심히 원하는 것은 무슨 신령한 은사를 너희에게 나눠 주어 너희를 견고케 하려함이니"(롬 1:11).

그러므로 개인적인 불순한 욕망을 위해서 성령의 나타남을 사용한다고 하는 것은 그 자체가 마귀적입니다. 그것은 이미 성령의 나타남과는 거리가 멉니다. 우리는 그 열매를 보아 그 나무를 알 수 있는 것입니다.

"여호와께서 내게 이르시되 선지자들이 내 이름으로 거짓 예언을 하도다 나는 그들을 보내지 아니하였고 그들에게 명령하거나 이르지 아니하였거늘 그들이 거짓 계시와 복술과 허탄한 것과 자기 마음의 속임으로 너희에게 예언하도다"(렘 14:14).

아무리 기사와 이적이 어떤 사람을 통해 나타난다 하더라도, 그 일의 결국이 자신의 사리사욕을 위해서 쓰여진다면 그것은 성령의 역사가 아닙니다. 왜냐하면 성령의 나타남은 오직 교회를 굳게 세우는 일을 위해서 나타나기 때문입니다.

그러면 어떤 사람에게는 성령의 나타남이 있고 또 어떤 사람에게는 나타나지 않는 듯이 보이는 것은 왜일까요? 그것은 순전히 '교회의 유익'을 위한 동기를 가지고 전도하며 양육하는 자들에게만 나타나는 것이 성령의 나타남이기 때문입니다.

이런 능력이 나타나기를 원하십니까? 그렇다면 무엇 때문입니까? 여러분의 자랑과 즐거움을 위해서입니까? 그것은 그릇된 동기이므로 성령의 나타남은 주어지지 않습니다. 그렇다면 여러분은 진정 불신 세계에 하나님의 살아계심을 기적적 능력을 통해 증거 하기 원하십니까? 그러면 우선 믿고 행하십시오! 성령의 나타남은 이런 목적을 가지고 일하는 자에게 주님의 뜻하심에 따라 주어질 것입니다.

3. 성령의 나타남은 성령의 인도하심을 따라 주어집니다.

성령의 나타남이란 성령의 능력이 초자연적인, 또는 초이성적인 방식으로 나타나는 것을 말합니다. 그래서 성령의 나타남은 내가 어떤 능력을 원한다고 해서 나타나는 것이 아닙니다. 성령의 나타남은 "그 뜻대로"(고전 12:11), 즉 성령께서 필요한 상황에 그분의 판단에 의해서 나타내 주시는 것입니다.

그러므로 어떤 특정한 은사와 나타남이 나에게 나타났다고 해서 언제까지나 지속되는 것은 아닙니다. 그것은 교회의 유익을 위해서 내가 이를 활용할 때 그분이 원하시는 방향으로 나타나는 것이기 때문입니다.

그런가 하면 본문에 나타난 아홉 가지 성령의 나타남은 거듭난 자라면 누구에게든지 나타날 수도 있는 것입니다. 왜냐하면 이 모든 것은 다 한 성령이 나타내시는 능력이기 때문입니다. 예를 들어, 어떤 선교사가 아프리카 오지에서 사역할 때 성령께서 주시는 병 고침과 예언의 나타남으로 인해 수많은 원주민들의 질병과 영혼의 문제들을 해결할 수 있었습니다. 놀라운 기적적인 사역이 계속되다가 얼마 후 이 선교사는 안식년을 맞아 고국인 미국으로 돌아오게 되었습니다. 그는 교회를 순회하며 선교보고를 하는 가운데, 아프리카에서 일어났던 기사와 이적이 여기에서도 일어나게 해달라고 기도하였습니다. 그러나 그러한 기적은 한 건도 일어나지 않았습니다.

이 선교사는 심한 좌절감과 회의에 빠지게 되었는데, 나중에서야 자신의 실수가 어디에 근원하는지를 알게 되었습니다. 물론 그가 후에 안식년을 마치고 자신의 선교지로 돌아가서는 전에 나타났던 성령의 나타남을 경험하게 된 것은 당연합니다. 성령의 인도하심은 개인적으로 주어지는 성령의 지시 또는 교훈을 말하는데, 사도행전에서 우리는 다음과 같이 성령의 직접적인 인도하심의 많은 사례가 있음을 보게 됩니다.

- 성령께서 빌립에게 지시하여 복음을 전하게 함(행 8:26-29).
- 성령께서 사울을 변화시키고 복음전파의 사명을 명하심(행 9:4-6).
- 아나니아에게 환상 중에 말씀하심(행 9:10-16).
- 환상 중에 고넬료에게 지시하심(행 10:3-6).
- 베드로에게 말씀하심(행 10:19-20).
- 옥에 갇힌 베드로가 성령의 인도로 풀려남(행 12:7-9).
- 성령께서 각 성에서 바울에게 증거 함(행 20:23).
- 제자들이 성령의 감동으로 바울에게 '예루살렘에 들어가지 말라'고 함(행 21:4).

▶ 어려운 용어 풀이: 성령의 나타남과 은사적 직임

성령의 나타남은 교회의 여러 가지 은사적 직임과는 구별하여 설명할 필요가 있습니다. 성령의 나타남은 성령의 인도하심 속에서 주어지는 상황에 따라 순발적으로 나타나는 초월적 능력입니다. 대표적인 성령의 나타남으로는 방언, 예언, 방언 통역, 지혜의 말씀, 지식의 말씀, 영들 분별함, 믿음, 병 고치는 은사, 능력 행함 등이 있습니다(고전 12:8-11).

그러나 은사적 직임은 교회 내의 기능으로 주어져서 지속적으로 행해지는 신자의 달란트를 말합니다. 그 대표적인 예로서는 사도, 선지자, 교사, 능력, 병 고치는 은사, 각종 방언하는 것, 예언, 섬기는 일, 권위 있게 처리하는 일, 구제, 다스리는 일, 긍휼 베푸는 일 등을 들 수 있습니다(롬 12:6-8; 고전 12:28).

성령사역을 위한 질문

1. 같은 한 성령께서 각 사람에게 다양하게 성령의 나타남을 주시는 이유는 무엇 때문입니까?

_____

2. 어떤 사람에게는 성령의 나타남이 있고 또 어떤 사람에게는 나타나지 않는 듯이 보이는 이유는 무엇입니까?

_____

3. 성령의 나타남이란 내가 어떤 능력을 원한다고만 해서 그대로 나타나는 것이 아닙니다. 그 이유는 무엇입니까?

___

➤ 삶의 적용을 위한 기도

1. 교회의 유익을 위하여 성령의 나타남을 구할 수 있도록 기도합시다.
2. 성령의 인도하심을 따라 성령의 나타남을 행하도록 늘 주님과 동행하는 민감한 영혼을 지닐 수 있도록 기도합시다.

제 3 과

성령의 나타남(II)

🔸 성경 말씀 🔸

"어떤 이에게는 성령으로 말미암아 지혜의 말씀을, 어떤 이에게는 같은 성령을 따라 지식의 말씀을, 다른 이에게는 같은 성령으로 믿음을, 어떤 이에게는 한 성령으로 병 고치는 은사를, 어떤 이에게는 능력 행함을, 어떤 이에게는 예언함을, 어떤 이에게는 영들 분별함을, 다른 이에게는 각종 방언 말함을, 어떤 이에게는 방언들 통역함을 주시나니 이 모든 일은 같은 한 성령이 행하사 그 뜻대로 각 사람에게 나눠 주시느니라"(고전 12:8-11).

1. 깨달음을 통한 성령의 나타남

전도 현장과 교회를 굳게 세우는 일에 있어서 특히 성령의 나타남은 초이성적이고 초자연적인 능력으로 간주될 때가 많습니다. 그러면 본문에 아홉 가지로 열거된 성령의 나타남에 대해 살펴봅시다(8-11절). 필연적으로 전제되는 것은 이 모든 성령의 나타남이 반드시 전도와 교회의 유익을 위해서 기도하거나 행하고 있을 때 주어진다는 것입니다.

고린도전서 12장과 14장에 나타난 은사 해설과 사도행전에 나타난 사건들 속에서 그 실례를 들어보겠습니다. 성령의 나타남이 구현되는 방식에 따라 세 가지로 분류해서 살펴보겠는데, 그 중 첫째로 소개할 것은 깨달음을 통한 성령의 나타남입니다.

• 지혜의 말씀: 하늘에 속한 지혜로서 경건과 삶에 있어서의 진리가 깨달아질 때를 말합니다. 성경 연구나 묵상 중에, 또는 말씀을 전할 때, 또는 성도들에게 권면할 때, 성령께서 주시는 지혜의 말씀이 잘 나타납니다. 예를 들어, 베드로의 설교(행 2:14-36), 스데반이 지혜와 성령으로 말함(행 6:10), 사울에게 다메섹 도상에서 말씀하신 성령에 대한 증거(행 26:13-18) 등을 들 수 있습니다.

• 지식의 말씀: 초이성적으로 어떤 사물이나 환경 또는 사건의 가려진 내막이 깨달아질 때가 있습니다. 이런 경우에 우리는 이성과 상식과 경험을 통하여 설명할 수는 없으나 초월적인 성령의 나타남을 통해 비밀을 분명히 알게 됩니다. 아나니아와 삽비라의 경우(행 5:1-11)를 들 수 있습니다.

• 영들 분별함: 상대방이나 어떤 사물에 대한 영적 상태를 초자연적 성령의 나타남에 의해 분별하는 것을 말합니다. 우리가 어떤 이의 심령의 유익을 위해서 열심히 기도할 때 종종 그 사람의 영적 상태가 환상이나 상징 또는 예언을 통해 주어지곤 합니다. 이러한 성령의 나타남을 주실 때, 우리는 보여주신 그 부분을 위해 구체적으로 기도할 수 있게 됩니다. 마술사 시몬의 심령을 분별함(행 8:23), 모임에서 어떤 이가 예언을 말하고 있을 때엔 반드시 그 예언자의 영을 분변해야 한다는 가르침(고전 14:29) 등을 들 수 있습니다.

2. 발성을 통한 성령의 나타남

성령의 나타남의 두 번째 방식은 발성을 통한 나타남입니다. 여기에 속한 나타남에는 예언과 각종 방언 말함과 방언들 통역함을 들 수 있습니다.

• 예언함: 예언은 믿는 자들을 위한 것이요, 교회의 덕을 세우기 위한 것입니다(고전 14:4,22). "예언하는 자는 사람에게 말하여 덕을 세우며 권면하며 안위하는 것이요"(고전 14:3). 따라서 예언의 나타남을 사모해야 합니다(고전 14:1,39).

예언은 누군가를 위해서 기도할 때나 복음을 전할 때, 또는 신앙상담 중에 나타날 때가 많습니다. 아가보의 예언(행 12:28), 박수 엘루마가 바울의 예언으로 눈이 멂(행 13:9-11), 성령 받아 예언함(행 19:6), 빌립의 네 딸(행 21:9-11), 배 안에서 바울이 예언함(행 27:10,22-26) 등이 있습니다.

• 각종 방언 말함: 성령께서는 하나님의 뜻을 우리에게 알리시기 위해 꿈이나 상징, 그리고 알 수 없는 소리 등을 사용하십니다. 그런데 방언은 "그 영으로 비밀을 말함"(고전 14:2)인데, 성령께서 우리의 잠재의식을 통하여 드러내시는 성령의 인도하심이 음성으로서 나타나는 것입니다. 성령께서 나타내시는 방언이 우리의 영으로부터 잠재의식 속에 떠오르는 것을 인식할 때가 있습니다.

그러나 아무 때나 함부로 방언을 말하는 것은 별 유익이 없습니다. 오히려 믿지 않는 자들이 볼 때 "미쳤다"(고전 12:23)고 할 뿐입니다. 오순절 마가의 다락방에서 방언을 말함(행 2:4), 고넬료의 집에서 사람들이 방언을 말함(행 10:46), 성령 받고 방언함(행 19:6), "방언 말하기를 금하지 말라"(고전 14:39) 등의 예를 들 수 있습니다.

• 방언들 통역함: 그러나 방언 자체만 가지고는 잠재의식에 표현된 성령의 뜻을 현재의식이 깨닫지 못합니다. 그러므로 방언하는 자는 또한 통역하기를 기도해야 합니다(고전 14:13). 방언들 통역함은 소리로서 표현된 성령의 메시지를 마음이 열매 맺도록, 즉 현재의식이 깨달을 수 있도록 해석되는 성령의 나타남입니다(고전 14:5,13-15,26-28).

방언이 말해지고 또 이에 따르는 통역이 마음에 생각날 때, 이러한 성령의 나타남은 신자 자신은 물론 교회에 큰 힘을 줄 수 있습니다. 이럴 경우, 방언을 말하고 또 통역을 하여 마음에 깨닫는 바가 있게 될 때, 경건과 범사에 큰 유익을 얻을 수 있습니다.

3. 믿음의 행위를 통한 성령의 나타남

성령의 나타남의 세 번째 분류는 믿음의 행위를 통한 성령의 나타남입니다. 이것은 인도하는 자가 성령의 인도를 받아 특별한 기적을 행할 수 있는 지시를 받게 되었을 때, 이를 믿음으로 행하는 것을 통해 기적이 나타나는 것을 말합니다. 여기에는 믿음, 병 고치는 은사, 능력 행함 등의 나타남이 있습니다.

• 믿음: 이것은 일반적 믿음이 아니라 초자연적 기적이 행해질 수 있는 믿음을 성령께서 주실 때를 말합니다. 베드로와 요한이 앉은뱅이를 일으킴(행 3:1-16), 중풍병으로 누운 애니아의 치유(행 9:33-35), 루스드라의 앉은뱅이 치유(행 14:8-10) 등을 우리는 예로 들 수 있습니다.

• 병 고치는 은사: 병 고치는 은사는 믿음 그리고 능력 행함과 유사하지만, 특히 질병을 치유하는 일에만 국한됩니다. 예를 들어, 죽은 자를 살리는 일이나 자연계에 나타나는 표적은 능력 행함에 관계되며, 나면서부터 앉은뱅이 된 자를 일으키는 경우는 믿음에 해당합니다. "손을 내밀어 병을 낫게 하옵시고"(행 4:30), 예루살렘 근읍 허다한 사람들이 모여 병이 다 나음을 얻었다(행 5:16). 바울의 멜리데 섬에서의 병 고침 사역(행 28:8-9) 등에서 우리는 병 고치는 은사의 예를 볼 수 있습니다.

• 능력 행함: 능력 행함은 복음을 전하는 자가 성령의 능력으로 일반적인 자연의 질서를 초월하는 행위를 나타내는 것을 말합니다. 기사와 표적이 많이 나타남(행 2:43; 5:12). 스데반이 큰 기사와 표적을 행함(행 6:8), 사마리아 성에서의 빌립의 능력(행 8:12-13), 죽은 다비다를 살림(행 9:36-40), 이고니온 전도(행 14:3), 점하는 귀신을 쫓아냄(행 16:16-18), 희한한 능력을 행하는 바울(행 19:11-12), 떨어져 죽은 유드고를 살림(행 20:10), 독사에 해 받지 않은 바울(행 28:3-6). 이 같은 능력 행함의 역사는 복음전파의 장에서 불신 세계 앞에 하나님의 살아 계심을 증

거 하기 위한 목적으로 성령께서 나타내십니다.

성령의 나타남을 사모하는 분들이 잊지 말아야 할 것은, 이 모든 성령의 나타남의 주체는 오직 성령이시라는 점입니다. 오직 그분의 인도하심 속에서만 성령의 나타남이 주어지는 것임을 명심해야 합니다. 그러므로 이 모든 일을 행하기 전에 성령의 정확한 인도하심을 분별하는 일이 선행되어야 합니다. 그리고 성령의 나타남의 목적은 교회의 유익, 즉 전도하고 교회를 굳게 세우는 일을 위해서라는 사실을 언제나 잊지 말아야 합니다.

▶ 어려운 용어 풀이: 제3의 물결

현대 은사운동 중에 가장 대표적인 운동이라 할 수 있는 '제3의 물결' 운동(the Third Wave Movement)은 직접적으로 윔버와 함께 한 풀러 신학교의 와그너(Peter Wagner) 교수의 영향 하에서 전 세계적인 파급효과를 나타내었습니다. 와그너는 윔버를 초빙 강사로 '표적과 기사'(Signs and Wonders) 강의를 개설하였는데, 이 강의에 참석한 학생들의 수는 800여 명 이상이나 되었습니다. 이 강의에서 학생들은 초자연적인 은사들을 경험할 수 있었습니다.

빈야드 신학(Vineyard Theology)은 또한 많은 부분에 있어서 풀러 신학교의 신약학 교수인 래드(George E. Ladd)의 가르침에 의존하고 있기도 합니다. 래드는 하나님의 나라를 단지 복음전파의 용어로서만이 아니라, 사단의 권세를 제압하는 하나님의 능력의 현존으로 또한 해석하고 있기 때문입니다. 바로 이 점에서 빈야드의 능력 대결(Power Encounter), 또는 능력 전도(Power Evangelism)의 강조가 그 신학적, 성서적 기반을 제공받게 됩니다.

▶ 성령사역을 위한 질문

1. '깨달음을 통한 성령의 나타남'에는 어떤 예들을 들 수 있습니까?

    _____

2. 성령의 나타남으로서의 예언은 어떤 목적을 지니고 있습니까?

    _____

3. 성령의 나타남의 목적에 대하여 사역자들이 잊지 말아야 할 정신은 무엇입니까?

    _____

▶ 삶의 적용을 위한 기도

1. 하나님께서 내게 주신 은사적 달란트가 무엇인지를 잘 깨달을 수 있도록 성령께 간구합시다.
2. 우리가 감당하고 있는 주의 일 가운데 성령의 나타남이 풍성할 수 있도록 기도합시다.

제 4 과

성령과 방언

성경 말씀

"베드로가 이 말 할 때에 성령이 말씀 듣는 모든 사람에게 내려오시니 베드로와 함께 온 할례 받은 신자들이 이방인들에게도 성령 부어 주심을 인하여 놀라니 이는 방언을 말하며 하나님 높임을 들음이러라"(행 10:44-46).

1. 방언 자체를 거부하는 경향성이 있습니다.

신앙생활하면서 방언에 대한 질문이나 궁금한 점이 많으셨을 것입니다. 혹시 여러분 가운데는 방언 말하기를 사모하고 있는 분도 계실 것이고, 또 방언을 하고는 있지만 과연 무슨 유익이 있는 것인지를 확신하지 못하고 계시는 분도 계실 것입니다. 교회사적으로 방언 문제에 대한 이해를 하신 후, 이에 대한 성경적인 입장을 정리하시기를 바랍니다.

한국 신학계에서는 그동안 방언에 대한 부정적 비판을 많이 해왔습니다. 특히 대부분의 장로교 신학자들은 예언, 방언, 신유와 같은 특별 은사는 사도시대까지로 중지되었기 때문에 현대 교회에는 나타나지 않는다고 보았습니다.

성결교회도 마찬가지였습니다. 성결교회 이명직 목사는 방언에는 두 가지가 있는데, 그 중 하나는 각국 방언이고 또 하나는 천사의 방언이라고 하였습니다. 이 중에서 각국 방언은 사도행전 2장 오순절에 있다가 중단된 체험으로 보았습니다. 이처럼 성결교회는 전통적으로 성령세례 받은 표적으로서의 방언에 대해 명백히 부정해왔으며, 그 대신 성령세례의 결과는 성결과 능력이라고 보았습니다.

그러면 성결교회에서는 왜 방언에 대해서 그동안 부정적인 인식을 해왔을까요? 그것은 성결교회의 성결론이 원칙상 '정화와 능력'(purity and power)의 두 가지 차원을 함께 언급한다고 할지라도, 실제적인 강조에 있어서는 방언이나 능력보다는 정화와 관계있는 '성결'의 차원에 훨씬 더 강조점을 두었기 때문입니다. 특히, 1960년대 이후 한국교계에는 방언 문제로 인해 크게 물의가 일어나고 신학 논쟁이 벌어지게 되었는데, 이때 성결교회에서는 방언에 대한 부정적인 비판과 함께 상대적으로 성결의 은혜에 대해 더욱 강조하게 되었던 것입니다.

2. 방언을 성령세례 받은 표적으로 보는 경향성이 있습니다.

한국교회사에서 성령세례와 방언을 직결시키는 경향은 1930년대 전후의 '방언파'라고 지탄을 받던 이들에게서 가장 먼저 나타났습니다. 방언파란 1928년부터 한국에 와서 활동한 미국과 영국의 오순절 교단 선교사들의 방언 강조로 인해 붙여진 말입니다.

"오순절 날이 이미 이르매 저희가 다 같이 한 곳에 모였더니 홀연히 하늘로부터 급하고 강한 바람 같은 소리가 있어 저희 앉은 온 집에 가득하며 불의 혀 같이 갈라지는 것이 저희에게 보여 각 사람 위에 임하여 있더니 저희가 다 성령의 충만함을 받고 성령이 말하게 하심을 따라 다른 방언으로 말하기를 시작하니라"(행 2:1-4).

현재까지 오순절 교단의 교리는 방언을 성령세례의 가장 뚜렷한 증거로서 강조합니다. 그런데 이들의 활동은 안타깝게도 1930년대의 이단들인 황국주, 유명화, 백남주 등이 거짓 계시와 방언, 예언을 동반하는 혼합주의적 영성운동을 확산하던 것과 연관되었습니다. 그러자 오순절 교단의 방언 운동은 장로교, 감리교, 성결교 등 기존 교단들로부터 강도 높은 비판을 당하게 됩니다.

그런데 최근에는 오순절 교단의 젊은 목회자들 사이에 방언을 성령세례 받은 첫 표적이라고 보기보다는 성령의 여러 은사 가운데 하나로 보는 견해가 점차 일반화되어가고 있습니다. 그 이유는 오순절교회들이 1980년대 이후 '제3의 물결'로 인해 방언을 성령의 은사 가운데 하나로 보는 영향을 많이 받은 때문이며, 또 한편으로는 한국의 가장 대표적인 오순절교회인 여의도순복음중앙교회가 지속적으로 타 교단 신학자들을 초청해 신학적 교류를 많이 해온 까닭에, 방언에 대한 해석이 좀 더 일반화되어 가는 현상이라고 봅니다.

3. 방언을 성령의 은사 가운데 하나로 보는 경향성이 있습니다.

1980년대 말부터는 빈야드운동을 중심으로 한 '제3의 물결'의 영성이 한국교계와 신학계의 큰 논제로 떠오르게 되었습니다. '제3의 물결'에서는 방언이 필수적인 성령세례의 표적이 아니라, 어떤 영적 사역이나 효과적인 기도를 위해서 신자에게 주어지는 성령의 은사라고 보는 경우가 많습니다. 이러한 인식은 현재 오순절파 교회의 신자와 목회자들 사이에 점차 보편화되어가고 있는 실정입니다.

"어떤 이에게는 성령으로 말미암아 지혜의 말씀을, 어떤 이에게는 같은 성령을 따라 지식의 말씀을, 다른 이에게는 같은 성령으로 믿음을, 어떤 이에게는 한 성령으로 병 고치는 은사를, 어떤 이에게는 능력 행함을, 어떤 이에게는 예언함을, 어떤 이에게는 영들 분별함을, 다른 이에게는 각종 방언 말함을, 어떤 이에게는 방언들 통역함을 주시나니 이 모든 일은 같은 한 성령이 행하사 그의 뜻대로 각 사람에게 나눠 주시느니라"(고전 12:8-11).

한편, 방언에 대해서 부정적인 교리적 입장을 취해온 장로교나 감리교나 성결교 내에서는 일반적으로 방언에 대해 크게 수용하고 있는 것이 목회적 현실입니다. 이 같은 목회적 현상은 그동안 각 교단 교리적 노선에서 취해온 입장과는 거리가 있는 것으로 보입니다.

그러나 복음적 신앙의 핵심은 성령의 역사의 결정적인 요소가 방언, 신유, 입신과 같은 은사 체험에 있는 것이 아니라, 인간의 삶의 변화에 있다는 것에 있습니다. 은사를 극단적으로 강조하는 은사주의나 무분별한 은사 사용은 언제나 신학적 비판의 대상이 되어온 것이므로, 이 점에 있어서 모든 복음주의 교회들은 분별력을 날카롭게 하여 은사 사용의 잣대를 마련해야 할 것입니다.

▶ 어려운 용어 풀이: 오순절주의와 방언

전통 오순절주의에서는 방언이 성령세례를 받을 때의 표적일 뿐만 아니라, 더욱 최초의 증거로서 나타난다고 강조합니다. 미국 하나님의성회 신조 제8조에는 '성령세례의 증거'에 대한 항목이 있습니다: "믿는 자들에게 임하는 성령세례는 하나님의 영이 주시는 대로 다른 방언으로 말하는 최초의 외적 표적(the initial physical sign)에 의하여 증거 된다(행 2:4). 이 경우에 방언을 말하는 것은 그 본질에 있어서 은사로서의 방언과 동일하다(고전 12:4-10,28). 그러나 그 목적과 용도에 있어서는 서로 다르다"고 언급되어 있습니다.

기독교대한하나님의성회 헌법에도 "신자들이 받은바 성령세례의 증거는 성령이 말하게 하심을 따라 다른 방언으로 말하는 방언이 그 최초의 외적 표적으로 나타난다(행 2:4). 이 방언은 본질상 방언의 은사와 같으나(고전 12:4-10,28), 그 목적과 사용에 있어서는 다르다"고 되어 있습니다.

성령사역을 위한 질문

1. 한국 대부분의 신학계에서 그동안 방언에 대한 부정적 비판을 많이 해온 교리적 이유는 무엇이었습니까?

___

2. 최근에 오순절 교단의 젊은 목회자들 사이에 방언을 성령세례 받은 첫 표적이라고 보기보다는 성령의 여러 은사 가운데 하나로 보는 견해가 점차 일반화되어 가고 있는데, 그 이유는 무엇입니까?

___

3. 복음적 신앙의 핵심은 성령의 역사의 결정적인 요소가 방언, 신유, 예언과 같은 은사 체험보다는 어떤 점에 더욱 강조점을 두고 있습니까?

___

▶ 삶의 적용을 위한 기도

1. 방언에 대한 지나친 거부감이나 혹은 방언을 절대시하는 편견을 갖고 있지 않았는지를 살펴보고 성경적인 방언에 대한 이해를 가질 수 있도록 기도합시다.
2. 당신이 방언을 말하고 있다면, 방언을 통하여 자신의 영적 삶에 덕을 세울 수 있도록 기도합시다.

NOTE

NOTE

NOTE

NOTE

제 8 단원

성령과 치유

◆ 이 단원의 핵심 찾기 ◆

이 단원의 핵심 단어는 '치유'(healing)입니다. 하나님께서는 거듭난 신자들이 전인적으로 치유된 강건한 삶을 살기를 원하고 계십니다. 그러나 그리스도인들 가운데는 하나님께서 베풀기 원하시는 치유의 은혜를 기복주의나 신비주의적인 차원의 것으로 오해하여 받아들이기를 꺼려하는 분들이 많습니다. 그런가 하면 또 어떤 이들은 이 치유의 은혜를 너무 비성경적인 내용으로 극단화하여 강조하는 경향들도 있습니다. 따라서 이 단원을 통하여 독자들로 하여금 복음적인 치유란 어떤 것인지를 이해하도록 하고, 또 이에 기초한 치유의 능력을 힘입으며 살아갈 수 있도록 안내하는 데 그 목적을 두고자 합니다.

성령과 전인적 치유

> 📖 **성경 말씀**

"평강의 하나님이 친히 너희로 온전히 거룩하게 하시고 또 너희 온 영과 혼과 몸이 우리 주 예수 그리스도 강림하실 때에 흠 없게 보전되기를 원하노라 너희를 부르시는 이는 미쁘시니 그가 또한 이루시리라"(살전 5:23-24).

1. 성령께서는 인간의 영(spirit)을 치유해 주십니다.

인간은 아담으로부터 물려받은 죄성으로 인해 총체적으로 병들어 있는 존재입니다. 이 극한 질병은 인간 존재의 전 영역에 미치고 있으나, 안타깝게도 인간은 스스로의 힘으로는 자신을 구원하지 못합니다.

하지만 하나님께서는 예수 그리스도의 대속의 공로를 마련하시고 이 은혜를 성령을 통해 역사하심으로 인해 인간을 치유하며 구원하기를 원하십니다. 치유하시되 인간을 전인적으로 치유하기 원하십니다. 전인적 치유란 병들어 있는 인간의 영(spirit)과 혼(soul)과 육(body) 전체를 온전히 치유하시는 것을 말합니다. 그러므로 성령은 치유의 영이라고 할 수 있습니다.

성령께서 베푸시는 인간 치유와 구원의 과정은 인간의 영으로부터 시작됩니다. 인간의 영이 먼저 치유되어야 혼도, 그리고 육도 치유되어 마침내 전인적인 치유에 도달할 수 있는 것입니다. 영의 치유는 인간이 성령의 감화 감동을 통해 자신의 죄를 깨닫고 회개하여 하나님의 자녀로 거듭나는 순간에 이루어집니다. 다시 말해서 거듭남의 순간이란 죄와 사망의 질병에 놓여 있던 인간의 영이 성령의 역사로 인해 치유되는 순간을 의미합니다. 거듭나기 전에는 하나님께 영광도 돌리지 않고 감사치도 않고 오히려 그 생각이 허망하며 미련했으나(롬 1:21), 비로소 인간의 영은 성령으로 치유되어 하나님을 똑바로 인식하게 되고 하나님께 감사하며 사랑을 드리는 존재로 변화되는 것입니다.

2. 성령께서는 인간의 혼(soul)을 치유해 주십니다.

인간의 혼은 인간과 세계를 인식할 뿐 아니라, 생각하고 느끼고 뜻하는 지정의(知情意)의 기능을 지니고 있습니다. 성령께서는 인간의 영만 아니라, 혼도 치유하기 원하십니다. 혼이 치유되어야만 인간은 자신의 모든 기능을 통해 성령의 통치에 협조하면서 하나님을 바르게 섬기며 일할 수 있기 때문입니다.

그런데 영의 치유는 단번에 일어나서 치유 받은 후에는 즉각적으로 하나님을 향해 살아가는 변화가 일어날지라도, 혼의 치유는 시간을 요하는 지속적인 과정을 거치게 된다는 점이 서로가 지닌 시간상의 차이점입니다. 우리의 경험상으로 볼 때도, 비록 정결 체험의 순간들이 함께 요구될지라도, 역시 혼의 치유는 일생에 걸쳐 점진적으로 진행되는 것이라고 볼 수 있습니다.

혼의 치유를 위해서 근본적인 것은 성령께서 깨닫게 하시는 모든 죄를 철저히 회개하는 것입니다. 진실한 뉘우침과 돌이킴이 없이는 그 아무도 치유와 정결의 은혜를 받을 자 없습니다. 그리고 또 필요한 것은 나의 전 존재를 온전히 하나님께 드리도록 결단하는 일입니다. 온전한 헌신의 다짐이 있어야 하나님께서도 나를 통치하실 수 있기 때문입니다.

이러한 진실한 회개와 헌신이 수반될 때 성령께서는 우리에게 순간적인 성결을 체험케 하십니다. 이러한 체험은 비록 순간적이지만 그러나 혼의 치유는 일생 동안 계속해서 일어나야 합니다. 이러한 과정을 통해서 신자는 더 깊은 혼의 치유를 지속적으로 경험해 갑니다.

지속적인 혼의 치유를 경험하기 원한다면 생활 속에서 늘 복음적 진리를 묵상하며 고백하는 일이 매우 중요합니다. 다음과 같은 신앙고백은 필수적입니다:

"우리가 알거니와 우리 옛 사람이 예수와 함께 십자가에 못 박힌 것은 죄의 몸이 멸하여 다시는 우리가 죄에게 종노릇 하지 아니하려 함이니"(롬 6:6).

"그리스도 예수의 사람들은 육체와 함께 그 정과 욕심을 십자가에 못 박았느니라"(갈 5:24).

이처럼 혼의 치유는 십자가상에서 다 이루신 예수 그리스도의 십자가 희생의 공로에 근거한 것입니다. 성령께서는 예수 십자가의 공로가 우리의 혼에 치유의 역사를 통해 나타나도록 일하시는 분입니다.

3. 성령께서는 인간의 육(body)을 치유해 주십니다.

인간의 몸은 영혼과 매우 긴밀히 연결되어 있습니다. 그러므로 영혼의 상태가 몸에 반영되어 나타나는 것은 매우 자연스러운 일입니다. 영혼이 기쁘고 평안하게 지낼 때와 불안하고 두렵게 지낼 때의 몸의 상태를 비교해 본 사람이라면, 누구나 영혼과 몸의 밀접성을 이해할 것입니다.

인간의 몸에 질병이 생기는 이유는 여러 가지 차원을 들 수 있겠으나, 그러나 질병요인의 대부분은 영혼의 부조화와 병적 현상이 몸의 여러 조직에 반영되는 경우입니다. 그러므로 이러한 질병의 치유는 드러난 몸의 질병만 치료하는 것은 일시적일 수 있습니다. 다시 말해서, 질병의 원인이 된 영혼의 병적 현상을 근본적으로 치유해야만 하는 것입니다.

"가라사대 너희가 너희 하나님 나 여호와의 말을 청종하고 나의 보기에 의를 행하며 내 계명에 귀를 기울이며 내 모든 규례를 지키면 내가 애굽 사람에게 내린 모든 질병의 하나도 너희에게 내리지 아니하리니 나는 너희를 치료하는 여호와임이니라"(출 15:26).

그러므로 성령의 능력에 의해서 인간의 영이나 혼이 치유될 때 몸의 질병이나 이상 현상들이 회복되는 것은 결코 이상한 일이 아닙니다. 영이 거듭날 때 여러 가지 고질적인 병들로부터 즉각적으로 치유 받은 사람들을 우리는 주위에서 흔히 찾아 볼 수 있습니다.

그런가 하면 거듭난 이후 혼의 치유 과정 속에서 여러 질병들로부터 해방 받는 경우도 많이 있습니다. 평강의 하나님께서는 본문의 말씀처럼 여러분의 온 영과 혼과 몸을 '흠 없이 완전하게 지켜 주시기를'(be kept sound and blameless, RSV 번역) 원하고 계십니다.

▶ 어려운 용어 풀이: 이분설과 삼분설

전통적으로 신학자들은 인간론을 이분설(二分說) 또는 삼분설(三分說)에 입각하여 이해해 왔습니다. 어떤 신학 노선에서는 이분설을, 또 어떤 노선에서는 삼분설을 더 지지하기도 합니다.

이분설이란 인간을 영혼과 육체로 구분하는 것이고, 삼분설은 영과 혼과 육으로 구분하는 것입니다. 그런데 이분설은 보편적으로 누구에게나 이해가 가능하지만, 삼분설은 좀 까다롭게 여겨지는 것 같습니다. 그 이유는 영과 혼의 기능이 어떻게 명백히 구분될 수 있는가 하는 것 때문입니다.

그런데도 까다로운 삼분설을 말하게 되는 이유는 이러한 구분이 이분설과 마찬가지로 성경에 나타나 있기 때문입니다. 그렇다면 삼분설을 받아들이되 이를 좀 더 합리적으로 설명할 필요가 있습니다.

그런데 삼분설을 이분설과 조화시키려는 다음과 같은 설명은 매우 적절하게 여겨집니다: 인간의 영혼은 두 차원을 향해 기능하고 있다는 것입니다. 먼저 하나님과 영적 세계를 향한 영혼의 차원이 영의 기능이고, 세계와 인간의 오감을 향해 열려있는 차원을 혼의 기능이라고 한다는 것입니다.

이러한 설명은 이분설과 삼분설을 함께 수용하고 있습니다. 그렇다면 영과 혼을 날카롭게 구분하여 각자의 기능을 차별화하기보다는 한 영혼의 두 차원을 향한 기능으로 이해한다면, 이분설과 삼분설은 서로 어긋나지 않고 조화점을 찾을 수 있게 됩니다.

▶ 성령사역을 위한 질문

1. 하나님께서 행하시는 '전인적 치유'란 무엇을 말하는 것입니까?

___

2. 혼의 지속적인 치유를 위해서 근본적으로 필요한 것은 어떤 것들입니까?

___

3. 드러난 몸의 질병만 치료하는 것으로는 질병의 치유가 일시적일 수밖에 없습니다. 그 이유는 무엇입니까?

➤ 삶의 적용을 위한 기도

1. 몸이 건강치 않거나 질병이 있다면, 먼저 하나님 앞에서 어떤 영혼의 문제가 있는지를 살펴주시도록 성령께 부탁합시다.
2. 영혼육의 전인적 건강을 가지고 하나님께 충성으로 헌신할 수 있도록 기도합시다.

내적 치유

> 🌿 **성경 말씀** 🌿
>
> "형제들아 우리가 아시아에서 당한 환난을 너희가 알지 못하기를 원치 아니하노니 힘에 지나도록 심한 고생을 받아 살 소망까지 끊어지고 우리 마음에 사형 선고를 받은 줄 알았으니 이는 우리로 자기를 의뢰하지 말고 오직 죽은 자를 다시 살리시는 하나님만 의뢰하게 하심이라"(고후 1:8-9).

1. 성령께서는 신자의 내적 치유를 원하십니다.

성령께서는 신자를 감화시키고 훈련시켜서 온전한 하나님의 사람을 만들기 원하십니다. 성경 본문 말씀에 의하면 사도 바울도 하나님께로부터 큰 연단을 받아 결국 하나님만 전적으로 의지하는 자로 세워지게 되었다는 것을 말해주고 있습니다.

"살 소망까지 끊어지고 우리 마음에 사형 선고를 받은 줄 알았으니"라고 표현된 고통은 분명히 내면적인 영혼의 고통으로서, 그 고통의 목적은 하나님께 대한 전적인 의뢰와 사랑을 단련받기 위한 것이었습니다. 하나님께서는 이러한 연단을 통해 신자들로 하여금 온전한 내적 치유(inner healing)를 경험하여 하나님만 섬기는 이들로 변화시키려 하시는 것입니다.

어떤 이들은 우리가 그리스도인으로 거듭나면 이제는 더 이상의 마음의 문제와 고통은 없으리라고 생각하곤 합니다. 그러나 전혀 그렇지 않습니다. 하나님께서는 거듭난 신자를 온전히 주님만 사랑하고 의지하는 자로 만들기 위해 이런 시련의 막대기를 즐겨 사용하시는 것입니다.

"내 형제들아 너희가 여러 가지 시험을 만나거든 온전히 기쁘게 여기라 이는 너희 믿음의 시련이 인내를 만들어 내는 줄 너희가 앎이라 인내를 온전히 이루라 이는 너희로 온전하고 구비하여 조금도 부족함이 없게 하려 함이라"(약 1:2-4).

그러므로 내적 치유란 성령의 역사 속에 그리스도인의 삶 전반을 통하여 하나님을 알아감으로 일어나는 거룩한 성화의 과정이라고 할 수 있습니다. 다시 말해서 내적 치유는 거듭난 신자가 온전히 그리스도를 닮은 자로 변화되어가기 위해 거쳐야 할 필수적인 과정이라는 것입니다.

2. 내적 치유는 인간의 영혼 속에 어떤 양상으로 나타날까요?

우리가 전 인격을 다해 주님을 사랑하기 위해서는 먼저 우리의 깊은 감정과 기억의 치유가 수반되어야 함을 깨닫게 됩니다. 우리를 죄책감, 우울증, 멸시감, 열등감, 수치심과 두려움 등으로 끌고 가는 괴로운 과거의 기억과 상처받은 감정으로부터 자유로워져야 합니다.

특히, 오랫동안 지속되는 죄책감은 떨쳐버리기가 매우 어렵습니다. 그것은 그리스도인이 하나님의 용서에 대한 약속을 믿고 용서받는 은혜를 체험한 후까지도 계속 남아있을 때가 많습니다. 또 남을 용서치 않는 것은 자신의 내면에 감옥을 만드는 것과도 같으며, 따라서 용서치 않을 때 우리의 영혼은 무질서와 억압감뿐 아니라, 심지어는 몸의 기능까지도 부정적인 영향을 받게 됩니다.

내적 치유는 주로 자기 자신이나 또는 타인에 대한 아픈 기억과 상한 감정의 용서를 통해 일어납니다. 치유의 과정은 일반적으로 고백과 용서의 단계를 거칩니다. 먼저 어떤 대상이나 사건에 대한 상한 감정을 솔직히 주님 앞에 고백해야 합니다. 그 후에는 성령의 인도하심을 따라 이를 용서하는 과정을 밟게 됩니다.

내적 치유의 충분한 효과를 위해서는 너무 시간적으로 서두르지 말고 여유를 갖고 성령의 인도하심을 따라야 할 것입니다. 성경에 오늘날 내적 치유 사역에 사용되고 있는 용어들이나 단계적 절차 같은 것이 언급되지는 않았지만, 감정적 혹은 내적 치유의 실제와 필요성들은 성경의 거의 모든 부분에서 그 기본 원리들을 제시하고 있습니다. 그러므로 내적 치유의 원동력은 성경에 기초를 두고 있으며, 그 적용 방법은 실제 사역 현장에서 성령의 인도하심 속에서 배우게 되는 것입니다.

3. 성령의 인도와 능력의 수용을 통해 내적 치유를 경험하게 됩니다.

성령의 역사로 나타나는 감정의 치유는 기도를 통하여 이루어지는 것으로서, 기도할 때에 마음속에 있던 죄가 사라지고, 정서가 순화되며, 새로운 가치를 소유하게 됩니다. 성령은 기도를 통하여 우리의 마음속 깊은 곳에 있는 것들을 드러내시고, 하나님과 정상적인 관계를 맺을 수 있도록 역사하시는 것입니다.

우리가 동일한 죄를 계속 짓는 경우가 있는데, 그 이유는 우리의 깊은 곳에 있는 죄를 드러내시는 성령의 역사를 체험하지 못하기 때문입니다. 그러나 자신을 하나님 앞에 솔직히 내어놓고 성령의 역사를 간구하며 기도하면, 그 기도 속에 성령이 역사하여 진정한 회개를 하게 되고, 그런 회개는 행동을 변화시키게 됩니다. 이처럼 치유는 우리의 죄와 죄의 여러 형태와 아픔들을 십자가 앞에 내려놓을 때 일어납니다.

용서의 확신을 방해하면서 순간마다 우리를 괴롭히려고 따라다니는 사단의 궤계를 깨달을 때, 즉시 그것을 떠나가도록 명해야 합니다.

"그런즉 너희는 하나님께 순복할찌어다 마귀를 대적하라 그리하면 너희를 피하리라"(약 4:7).

"너희는 믿음을 굳게 하여 저를 대적하라 이는 세상에 있는 너희 형제들도 동일한 고난을 당하는 줄을 앎이니라"(벧전 5:9).

그리고 주님께 의지하여 하나님을 찬양하고, 하나님이 예수님 안에서 우리를 위하여 행하신 일과 하나님의 성품을 기억하며, 예수님이 모든 권세를 가지셨음과 그분이 십자가 위에서 악을 이기셨음을 떠올려야 합니다.

"정사와 권세를 벗어버려 밝히 드러내시고 십자가로 승리하셨느니라"(골 2:15).

성령의 능력을 통하여 그리스도인의 정서와 또 과거의 기억으로부터의 치유가 주어지는 과정은 점진적으로 경험됩니다. 이것은 더 깊은 성화의 삶으로 그리스도인을 초청하는 것으로서, 이런 점에서 본다면 그리스도인은 하나님 앞에서 치유된 만큼 하나님의 통치의 영역을 내어드릴 수 있게 된다고 말할 수 있습니다.

▶ 어려운 용어 풀이: 치유 사역

유명한 치유 사역자들 가운데는 우선 기독교연합선교회(Christian & Missionary Alliance)의 창시자인 심슨과 전통 오순절주의의 선구자였던 파함을 들 수 있는데, 그들은 '대속사역의 일부분으로서의 신유'에 대한 신념을 받아들였습니다.

그런가 하면 은사갱신운동의 가장 영향력 있는 지도자들 가운데 로버츠(Oral

Roberts)와 쿨만(Kathryn Kuhlman) 등의 치유 사역도 빼놓을 수 없습니다. 특히 로버츠는 그 자신이 오순절주의자이면서도 오순절 교단을 초월하여 범교단적인 지지를 받으면서 신유를 중심으로 한 은사갱신운동을 전개했습니다. 이런 까닭에 은사갱신운동의 지도자들은 방언을 중점적으로 강조한 전통 오순절주의자들에 의해 '신오순절주의자'(neo-pentecostals)라는 별명을 듣게 되었습니다.

그러나 전통 오순절주의와 은사갱신운동 사이에는 사회적 배경과 신학의 차이에 따라 치유에 대한 강조점을 달리했습니다. 전통 오순절운동에서는 육체적 치유에 대해 주로 초점이 맞춰져 있었지만, 은사갱신운동에서는 내적 치유(inner healing)에 대한 강조가 상대적으로 많이 일어난 점에서도 나타납니다. 이는 사회적으로 볼 때 정신적 문제의 해결에 대한 관심은 은사갱신운동가들처럼 중류층 이상의 사람들이 노동자 계층보다 훨씬 높았기 때문이며, 또 은사갱신운동의 신학은 전통 오순절운동보다는 훨씬 더 심리학적 측면에 다가갔기 때문입니다.

▶ 성령사역을 위한 질문

1. '내적 치유'가 성령의 역사 속에 일어나는 거룩한 성화의 과정일 수밖에 없는 이유는 무엇입니까?

___

2. 신자의 영혼 속에 내적 치유의 대상이 되는 현상들은 어떤 것들이 있습니까?

___

3. 죄라는 것을 알면서도 동일한 죄를 계속 반복적으로 짓는 이유는 무엇 때문입니까?

___

▶ 삶의 적용을 위한 기도

1. 나에게 내적 치유의 은혜가 필요한 부분을 성령께서 조명해 주시도록 기도합시다.
2. 우리가 기도해 드리고 있는 대상 중에 내적 치유가 필요한 분들을 위하여 구체적으로 기도합시다.

성령과 꿈

🍃 성경 말씀 🍃

"그 후에 내가 내 신을 만민에게 부어 주리니 너희 자녀들이 장래 일을 말할 것이며 너희 늙은이는 꿈을 꾸며 너희 젊은이는 이상을 볼 것이며 그 때에 내가 또 내 신으로 남종과 여종에게 부어 줄 것이며 내가 이적을 하늘과 땅에 베풀리니 곧 피와 불과 연기 기둥이라 여호와의 크고 두려운 날이 이르기 전에 해가 어두워지고 달이 핏빛 같이 변하려니와"(욜 2:28-31).

1. 꿈에 대한 일반적인 이해의 차원을 살펴봅시다.

꿈은 인간이라면 누구에게나 공통적으로 나타나는 일상적인 경험입니다. 인간이 꿈을 꾸지 않고 잠을 자는 경우는 거의 없으며, 대개의 경우 밤잠을 자면서 수차례의 꿈을 꾸게 됩니다. 무의식 속에서 경험된 꿈들은 깊은 충격이나 인상이 남는 꿈을 제외하고는 기억에 남지 않습니다.

꿈에는 여러 종류가 있는데, 일반적인 것으로는 하루 동안에 겪었던 신체적, 심리적 경험에 따라 무의식 속에서 주제와 자료들이 형성되어 꿈으로 나타납니다. 이런 이유로 인해서 격렬한 신체적, 심리적 경험을 하게 된 날은 꿈도 역시 강렬하게 표현될 때가 많습니다. 이렇게 볼 때 일반적인 꿈은 신체와 영혼의 리듬과 조화를 유지하기 위해 필요한 치유와 회복의 역할을 한다고 볼 수도 있습니다.

꿈이라는 것이 일상적인 경험임에도 불구하고, 대개의 사람들은 꿈의 언어를 이해하지 못합니다. 무의식 속에서 여러 상징들과 느낌 등으로 표현되는 꿈의 언어들은 현재의식에 곧바로 그 의미가 깨달아지지 않습니다.

그러므로 꿈을 해석하는 일은 전문적인 이해와 훈련의 과정이 요구되는데, 꿈 해석이 잘못될 경우 자신에게는 물론 주위 사람들에게도 크고 작은 해악(害惡)을 일으키는 불씨로 작용하게 됩니다. 그런가 하면 어떤 이들은 타인의 꿈에 대한 해석을 전문적으로 한다고 하면서, 실상은 편견과 욕심과 비난의 정신에 기울어진 잘못된 해석을 일삼기도 합니다.

2. 꿈에 대한 성경적인 이해의 차원을 살펴봅시다.

그러면 그리스도인들에게 있어서 꿈이란 도대체 어떤 의미를 지니고 있을까요? 우선 다른 사람들과 마찬가지로 그리스도인들에게도 신체적, 심리적 원인으로 발생하는 꿈의 일반적인 기능이 있습니다. 그러나 이와는 별도로, 이타적(利他的) 목적의 꿈에 대한 소개가 성경에서 매우 많이 발견됩니다.

야곱은 벧엘의 꿈(창 28:10-22)을 통해 하나님이 자신과 동행하시면서 후손들을 인도하며 축복하실 것이라는 것을 깨달았습니다. 또 우리는 꿈의 사람 요셉, 선지자 다니엘 등을 통해 그들의 꿈이 올바른 해석을 거쳐 하나님의 뜻을 성취한 것을 봅니다. 그런가 하면 구약 예언서들의 많은 부분이 꿈과 환상의 기록들이라는 것도 알고 있습니다.

"이르시되 내 말을 들으라 너희 중에 선지자가 있으면 나 여호와가 이상으로 나를 그에게 알리기도 하고 꿈으로 그와 말하기도 하거니와"(민 12:6).

신약성경에도 사복음서, 사도행전, 서신서, 요한계시록 등을 막론하고 꿈과 환상에 대한 기록들이 많습니다. 마리아는 꿈에 천사가 이르는 대로 사촌 언니 엘리사벳을 방문하였습니다(눅 1:36-40). 요셉은 꿈의 경고를 받아 가족을 데리고 이집트로 피신함으로써 큰 화를 면하게 되었습니다(마 2:13-22).

구약 선지자 요엘이 예언한 바, 말세에 부어지는 성령으로 인한 예언과 환상과 꿈에 대한 언급이 오순절 성령강림 사건에 대한 베드로의 해설에 나타납니다. 마찬가지로 사도행전에는 꿈과 환상을 통해 나타난 성령의 인도하심을 따라 복음을 전한 사도들의 기록들로 가득 차 있습니다.

"이는 곧 선지자 요엘로 말씀하신 것이니 일렀으되 하나님이 가라사대 말세에 내가 내 영으로 모든 육체에게 부어 주리니 너희의 자녀들은 예언할 것이요 너희의 젊은이들은 환상을 보고 너희의 늙은이들은 꿈을 꾸리라"(행 2:16-17).

성경에 나타난 꿈들이 대부분 이타적인 목적을 지닌 특별한 꿈이라고 해서, 오늘날 모든 그리스도인들이 꾸는 꿈도 다 이같이 이타적인 것이라고 오해해서는 안 됩니다. 투시적이거나 예시적인 꿈보다는 오히려 일반적인 꿈이 지배적이기 때문입니다. 그러므로 꿈을 해석하고자 한다면, 먼저 꿈을 꾼 당사자의 육체와 영혼에 대한 치유와 회복의 관점에서 꿈을 다루어야 할 것입니다.

그러나 사도행전이나 복음서에 나타나는 바와 같이 이타적인 목적의 특별한 꿈도 있습니다. 이럴 경우, 주께 헌신된 그리스도인들의 삶과 사역 속에서 꿈은 여전히 복음전파와 교회의 유익을 위한 성령의 인도하심이 나타나는 수단이 될 수 있을 것입니다.

3. 꿈에 대한 신학적 이해의 차원을 살펴봅시다.

꿈에 대해 신학적으로 가장 설득력을 지닐 수 있는 부분이 있다면 그것은 꿈에 나타나는 치유와 회복의 기능이라고 할 수 있습니다. 이 기능은 단순히 신체적, 심리적인 차원에만 머무르는 것이 아니라 전인적인 목표를 지닌 것으로 설명될 수 있으며, 이렇게 될 때 이와 같은 목표는 곧 인간 내면의 영적인 치유와 회복을 중시하는 기독교 성화론(聖化論)의 이상과도 일치하는 것이 됩니다.

그리고 이러한 시각에서 꿈을 다룬다면, 그리스도인들이 꿈을 대하는 가장 기본적인 자세는 꿈의 올바른 해석으로 얻어지는 교훈을 통해 자신의 영적 성화의 길을 추구하는 일이라고 볼 수 있겠습니다.

그러면 특별한 꿈에 대해서는 어떨까요? 이타적인 목적의 꿈, 특히 복음전파를 위한 목적의 꿈이 성경과 교회사의 기록 속에 많이 나타나는 것이 사실입니다. 그런데 필자는 많은 이들의 증언을 통해, 이러한 목적의 꿈이 오늘날도 신실한 그리스도인들에게 종종 주어지고 있다는 점을 확인하고 있습니다.

성령께서는 그들에게 꿈을 통해 주위 사람들의 필요나 영적인 상황을 알려주시곤 합니다. 그들이 복음을 전하는 증인으로서의 삶을 다짐하며 살아갈 때, 성령께서 복음 전할 대상자들을 꿈속에서 보게 하시고 그들을 위해 언제 또 어떻게 다가가야 할지를 지시하실 때가 종종 있습니다. 그렇다면 이러한 경험은 성경에 기록된 바와 같이 꿈을 통해 나타나는 성령의 인도하심이라고 볼 수 있습니다.

▶ 어려운 용어 풀이: 프로이드와 융의 꿈 해석

꿈에 대한 해석이라 하면 누구든지 프로이드(Sigmund Freud)와 융(Karl G. Jüng)이 끼친 학문적 공헌을 생각하게 될 것입니다. 프로이드 이전까지는 인간의 정신을 단순히 의식으로만 해석하는 경우가 많았으나, 이후에는 인간의 의식을 현재의식과 무의식으로 분류하고 무의식 세계의 중요성을 새롭게 강조하게 되었습니다.

프로이드는 특히 정신질환자들을 치료함에 있어서 그들이 경험한 꿈에 대한 해석을 활용하는 것이 크게 도움이 된다는 사실을 발견하였습니다. 그는 꿈과 인간의 무의식 세계는 긴밀하게 연결되어 있으며, 특별히 인간의 꿈은 성욕과 생활력의 근원으로서의 리비도(libido)의 작용에 기인한다는 사실을 세상에 발표하였습니다.

프로이드의 제자인 융은 프로이드가 주로 성적인 리비도에 관련시켜 꿈을 해석한 것과는 달리, 꿈에는 인간 심층 내부의 정신적인 에너지와 긴밀한 관련이 있다고 생각하였습니다. 또 그는 인간 무의식 속의 깊은 영역에는 집단무의식(Collective Unconscious)의 세계가 있다고 주장하였습니다.

집단무의식이란 개인의 무의식의 한계를 뛰어넘어 그 개인과 관계되는 집단의 공동의식 세계를 의미합니다. 융은 이 집단무의식을 통해서 마침내 인간 정신의 원천에 도달할 수 있으며, 더 나아가서 그가 '개체화'(Individuation)라고 부르는 인격 완성의 단계에 이를 수 있다고 보았습니다.

▶ 성령사역을 위한 질문

1. 우리가 잠을 잘 때 꿈을 꾸게 되는 일반적인 이유는 무엇입니까?

2. 성경에 나타난 꿈들이 대부분 이타적인 목적을 지닌 특별한 꿈이라고 해서, 오늘날 모든 그리스도인들이 꾸는 꿈도 다 이같이 이타적인 것이라고 오해해서는 안 될 이유는 무엇입니까?

3. 그리스도인들이 일상 속에서 일어나는 일반적인 꿈을 해석하는 가장 올바른 자세는 어떠해야 합니까?

▶ 삶의 적용을 위한 기도
1. 우리 주위에 계속적으로 악몽에 시달리는 분들의 내적인 치유와 회복을 위해 기도합시다.
2. 꿈을 잘못 해석하여 그릇된 믿음에 빠져 있는 분들이 올바른 길로 돌아올 수 있도록 간구합시다.

육체적 치유

> 🌿 **성경 말씀** 🌿
>
> "가라사대 너희가 너희 하나님 나 여호와의 말을 청종하고 나의 보기에 의를 행하며 내 계명에 귀를 기울이며 내 모든 규례를 지키면 내가 애굽 사람에게 내린 모든 질병의 하나도 너희에게 내리지 아니하리니 나는 너희를 치료하는 여호와임이니라"(출 15:26).

1. 그리스도인은 육체적인 질병에 걸렸을 때 어떤 태도를 가져야 할까요?

질병에 걸렸다고 생각될 때 무엇보다도 선행(先行)되어야 할 것은 우선 이 사실에 대해 주님께 맡겨드리는 일, 그것은 하나님께 감사함으로 아뢰는 일입니다.

"아무 것도 염려하지 말고 오직 모든 일에 기도와 간구로, 너희 구할 것을 감사함으로 하나님께 아뢰라 그리하면 모든 지각에 뛰어난 하나님의 평강이 그리스도 예수 안에서 너희 마음과 생각을 지키시리라"(빌 4:6-7).

무엇보다도 질병의 증세나 통증에만 온 신경을 쓰지 말고 성령의 인도하심을 얻기 위하여 영혼을 자유롭게 할 필요가 있습니다. 이때 성령의 인도하심이 내 마음속에 주어질 수 있습니다.

성령의 인도하심이 질병과 나의 영적 상태에 관한 어떤 교훈일 수도, 또는 육체적인 과로나 환경적인 개선을 위한 깨달음을 주실 수도 있을 것입니다. 만일 성령께서 나에게 치유의 은혜를 나타내기 원하신다고 하는 것을 깨닫게 해주신다면, 마땅히 우리는 확신을 가지고 기도해야 할 것입니다.

"너희 중에 병든 자가 있느냐 저는 교회의 장로들을 청할 것이요 그들은 주의 이름으로 기름을 바르며 위하여 기도할찌니라 믿음의 기도는 병든 자를 구원하리니 주께서 저를 일으키시리라 혹시 죄를 범하였을찌라도 사하심을 얻으리라 이러므로 너희 죄를 서로 고하며 병이 낫기를 위하여 서로 기도하라 의인의 간구는 역사하는 힘이 많으니라"(약 5:14-16).

의약이나 의술의 도움을 통해서 역사하시기를 원하실 수도 있습니다. 그런가 하면 의약의 도움이 없이 오직 기도만으로 하나님이 치유하시기를 원할 때도 있습니다. 그러나 의약을 사용하건 오직 기도만으로 하건, 그것은 전적인 하나님의 뜻과 인도하심에 달려 있습니다. 그러나 병을 근원적으로 치료하시는 분은 언제나 하나님이십니다.

2. 육체적 치유에 대한 그릇된 신념을 살펴봅시다.

적극적인 신유를 강조하는 어떤 지도자들 가운데는 무조건 질병에 걸리는 것은 마귀가 역사한 것이요, 그러므로 모든 질병은 반드시 고쳐지는 것이 하나님의 뜻이라고 강조하는 이들이 있습니다. 실제적으로 이러한 너무도 극단적인 가르침이 교계(敎界)에 널리 퍼져 있는 실정입니다.

또 어떤 경우에는 의약이나 의술을 사용해서 질병을 고치는 일은 신앙적인 길이 아니라고 믿는 경우도 있습니다. 이러한 신념 역시 너무 극단적인 경우로서, 자칫하면 주님의 선하신 인도하심과는 관계없이 어떤 일정한 신념이나 교리에 매여 치유에 대한 잘못된 신앙관으로 우리가 이끌려가기 쉽습니다.

어떤 이들은 주님의 도구로써 신유의 능력을 전하다가, 자신에게는 이미 신유의 은사가 임했으므로 자신이 원하는 사람들에게는 얼마든지 병 고침이 나타나게 할 수 있다고 자신을 믿는 이들도 있습니다. 그러나 이 같은 자기 믿음은 자신도 속이고, 남도 기만하는 안타까운 결과를 곧 초래하게 될 뿐입니다.

"베드로가 이것을 보고 백성에게 말하되 이스라엘 사람들아 이 일을 왜 기이히 여기느냐 우리 개인의 권능과 경건으로 이 사람을 걷게 한 것처럼 왜 우리를 주목하느냐"(행 3:12).

이 성경 말씀에 나타난 바와 같이, 개인적인 경건이나 능력으로 병을 치유시키는 것이 아니라, 전적으로 나는 무능한 자요, 나는 오직 주님이 원하실 때 사용하시는 통로에 불과하다는 깨달음이 전적으로 필요합니다.

3. 육체적 치유에 대한 복음적인 신앙의 태도를 살펴봅시다.

그리스도인들에게 있어서 가장 기본적으로 요구되는 믿음은, 내 안에 하나님의 생명과 능력이 거하는 이상 나의 몸은 마귀에게 노략질 당할 이유가 없는 하나님의 능력 있는 병기요, 하나님의 성전이라는 점을 고백하는 일입니다. 그러므로 특별히 하나님의 뜻을 알지 못하는 질병이나 고통을 얻게 되었을 땐, 이러한 적극적인 믿음을 고백하는 것이 중요합니다.

"내 이름을 경외하는 너희에게는 의로운 해가 떠올라서 치료하는 광선을 발하리니 너희가 나가서 외양간에서 나온 송아지 같이 뛰리라"(말 4:2).

그러나 그렇게 하지 못하고 있을 때 사단은 종종 우리를 이유도 없는 고통과 질병 가운데로 이끌어 들여, 하나님의 자녀들로 하여금 거룩한 사역을 방해하도록 하는 것입니다. 많은 경우에 있어서 마귀는 그리스도인이 이같이 다 이루어 놓으신 진리에 눈이 어두워진 것을 통하여 얼마나 우리의 몸을 도적질하고 있는지 모릅니다.

"도적이 오는 것은 도적질하고 죽이고 멸망시키려는 것뿐이요 내가 온 것은 양으로 생명을 얻게 하고 더 풍성히 얻게 하려는 것이라"(요 10:10).

그러므로 하나님의 뜻이 분명히 내 속에 깨달아지기까지는 이 같은 질병과 고통의 증세를 인정해 줄 필요가 없습니다. 고통과 질병의 증세를 느끼는 순간 우리는 그리스도의 다 이루어 놓으신 병 고침의 은사를 믿음으로 주장하며 마귀의 궤계와 정면으로 맞설 필요가 있습니다.

"그런즉 너희는 하나님께 순복할찌어다 마귀를 대적하라 그리하면 너희를 피하리라"(약 4:7).

우리의 나약한 힘으로는 결코 마귀의 권세를 이길 수 없습니다. 그러나 십자가에서 다 이루어 놓으신 그리스도의 능력이 지금 내 안에 계심을 인정하고 고백합시다.

"저가 채찍에 맞음으로 너희는 나음을 얻었나니"(벧전 2:24c).

이렇게 끈질기게 우리의 믿음을 고백하고 있는 동안 마귀는 자신의 일이 실패로 돌아간 것을 알고 모든 고통과 질병의 증세를 가지고 돌아가게 됩니다. 그러므로 그리스도의 능하신 손길 아래서 즐거워합시다.

▶ 어려운 용어 풀이: 신유의 은사

신유의 은사를 강하게 나타냈던 인물 중에는 김익두 목사를 들 수 있습니다. 그는 평양신학교 출신으로서 1919년부터 성령의 은사 중 신유의 은사를 강하게 일으키는 목사가 되었고, 그 당시 기독신보는 김 목사의 이적을 대서특필하여 예수 당시에 있었던 이적이 이천 년 후에 나타났다고 보도했습니다. 계속되는 김익두 목사의 이적 행함에 대한 보고에 따라, 장로교 헌법은 사도 이후에 이적은 '없다'라고 한 조항을 '있다'로 고쳐야 한다는 논의가 일 정도로 그 신유의 능력이 컸다고 합니다.

김익두 목사가 인도하는 부흥회는 언제나 병자들이 고침 받기 위해 인산인해(人山人海)를 이루었습니다. 그들은 모여 각자가 열심히 기도하여 고침 받기도 하고, 또 많은 이들이 김 목사가 안수할 때 고침 받기도 했습니다. 김 목사의 생애 동안 그는 무려 7백여 회의 부흥회를 인도하였고, 그가 건축한 교회당만도 150여 개에 이르렀습니다.

▶ 성령사역을 위한 질문

1. 그리스도인들이 질병에 걸렸을 때 하나님 앞에 가장 먼저 취해야 할 자세는 어떠해야 합니까?

   _____

2. 신유에 대한 그릇된 신념에는 어떤 것들이 있습니까?

   _____

3. 그리스도의 다 이루어 놓으신 병 고침의 은사를 믿음으로 주장하며 마귀의 궤계와 정면으로 맞서기 위한 유용한 성구들은 어떤 것들이 있습니까?

   _____

▶ 삶의 적용을 위한 기도

1. 질병에 걸렸다고 생각될 때 우선 하나님께 이를 맡기고 성령의 인도하심을 받도록 기도합시다.
2. 병든 자들을 위하여 기도하되, 특히 성령의 인도하심을 따라 치유의 기도를 활용합시다.

제 5 과

성령과 악령

🌿 성경 말씀 🌿

"저희가 나갈 때에 귀신 들려 벙어리 된 자를 예수께 데려오니 귀신이 쫓겨나고 벙어리가 말하거늘 무리가 기이히 여겨 가로되 이스라엘 가운데서 이런 일을 본 때가 없다 하되 바리새인들은 가로되 저가 귀신의 왕을 빙자하여 귀신을 쫓아낸다 하더라"(마 9:32-34).

1. 귀신이란 무엇일까요?

과연 귀신(악령)은 존재할까요? 이에 대한 명백한 답변은 '그렇다' 입니다. 성경은 귀신의 존재와 그 활동에 대해서 분명하게 묘사하고 있습니다. 그렇지만 성경에서 말하는 귀신은 오늘날 일반인들이 흔히 생각하는 귀신의 관념과는 판이하게 다른 것입니다. 그러면 진정한 귀신의 존재와 그 활동은 어떤 것일까요?

우리나라에 기독교가 들어오고, 그리고 한국적 상황 속에서 '귀신'이라는 성경의 용어가 처음 소개될 때, 그것은 한국인의 심성 속에 젖어 있던 전통적이고 무속적인 귀신 관념을 떠올리게 해주었습니다. 한국인의 심성에 길들여진 귀신에 대한 관념은 억울하게 죽은 영혼, 제 명대로 살지 못한 영혼 등을 생각나게 해줍니다.

한국교회 내에서 말썽을 빚고 있는 귀신에 대한 오해는 바로 성경적 귀신관을 전통적 심성 속의 귀신관으로 대치하게 되면서부터 시작된 것입니다. 그러나 성경에서 말하는 귀신들은 사단(마귀)의 권위에 복종하여 사단의 목적을 위해 조직되어진 악한 영들을 말합니다. 그러므로 귀신이라고 번역된 성경 용어를 사용할 때, 이 귀신이라는 용어는 한국적 전통 관념보다는 차라리 '더러운 영' 또는 '악령'이라고 인식함이 더욱 성서적이라고 봅니다.

성경에서 마귀(Devil)는 '디아볼로스'($\delta\iota\alpha\beta o\lambda o\varsigma$)라는 단수 표현의 단어를 사용하고 있습니다. 신구약 성경 어디를 살펴보아도 마귀에 대해서 복수로 표현된 곳은 없습니다. 그러므로 '마귀들'이라는 표현은 잘못된 것입니다.

반대로 귀신들(demons)은 대부분 '다이모니아'($\delta\alpha\iota\mu\acute{o}\nu\iota\alpha$)라는 복수 표현의 용어를 사용하고 있으며, 이 용어는 신약성경에 약 60여 회 나옵니다. 마귀와 귀신들은 동일한 존재를 일컫는 말이 아닙니다. 그러므로 사단(마귀)의 활동이 매우 포괄적이고 전체적이라고 할 것 같으면, 귀신들의 활동은 보다 더 구체적이고 치밀하게 일한다고 볼 수 있습니다.

2. 귀신 들림이란 무엇일까요?

귀신론 전문가들에 의하면, 귀신 또는 악령이 인간에게 침투하는 것을 몇 단계로 분류해서 설명하고 있습니다. 이 중에서 가장 심각한 것은 '귀신 들림'입니다. 귀신 들림이란 귀신의 영이 인간의 영혼 속에 상당히 깊이 침투한 경우이며, 이런 경우 인간의 영과 잠재의식과 현재의식이 귀신의 뜻에 의해서 움직여집니다. 그러나 거듭난 그리스도인의 영혼 속에는 성령께서 내주하시기 때문에 이러한 심각한 귀신의 침투로부터는 보호를 받는다고 믿습니다.

그러나 귀신의 영향권 속에서 인간의 지 · 정 · 의(知情意)와 몸과 환경이 영향을 받는 일은 그리스도인에게도 얼마든지 가능합니다. 그러기에 늘 깨어서 기도하며 자신을 지켜야 할 필요가 있는 것입니다.

"더러운 귀신이 사람에게서 나갔을 때에 물 없는 곳으로 다니며 쉬기를 구하되 얻지 못하고 이에 가로되 내가 나온 내 집으로 돌아가리라 하고 와 보니 그 집이 소제되고 수리되었거늘 이에 가서 저보다 더 악한 귀신 일곱을 데리고 들어가서 거하니 그 사람의 나중 형편이 전보다 더 심하게 되느니라"(눅 11:24-26).

그러므로 분명히 거듭난 그리스도인이지만 방심하여 성령충만을 잃어버리고 죄의 유혹을 방치할 경우, 성령이 거하심에도 불구하고 얼마든지 귀신의 영향을 받게 됩니다. 그러나 이런 경우는 귀신 들림의 경우와는 다른 것이라고 봅니다. 그러므로 귀신의 영향과 귀신 들림을 구분해서 생각하는 것이 도움이 됩니다.

귀신론과 관계되어 한 가지 위험한 신념은 귀신만 쫓으면 질병과 어려움에서 벗어날 수 있다고 보는 시각입니다. 이러한 신념은 편협한 샤머니즘적 사고로부터 나옵니다. 그리고 이러한 신념이 신자의 의식 속에 젖어들 때 결국 비성경적인 이원론적 세계관을 만들어냅니다. 선한 세계와 악한 세계의 투쟁, 하나님과 마귀의 대립, 이러한 숨 막히는 긴장과 불안감 속에서 신자는 영혼의 평강도 하나님께 대한 감사도 점차 잃어버리게 됩니다.

물론 귀신들이 질병과 시련을 가져다 줄 수는 있습니다. 그러나 사랑의 하나님 안에서 살고 있는 신자들에게는 이미 시련이나 질병도 이원론적인 어두움과 악에 속한 세계가 아닙니다. 이 모든 것은 하나님의 주권과 영광을 고백하는 신자들의 입술에서 당연히 '하나님의 선한 도구'로써 인정되어집니다. 그러므로 귀신만 쫓으면 문제가 해결될 것이라고 믿는 신념은 하나님의 뜻과는 관계없는 비성경적이고도 이기적인 발상에서 나온 것입니다.

3. 성령의 능력으로 귀신을 제어할 수 있습니다.

귀신을 쫓는 일에 있어서 우리의 생각을 정리할 필요가 있습니다. 그것은 모든 병이 다 귀신으로부터 온다고 믿는 일이나, 또는 오직 귀신을 쫓아야만 질병이나 정신적 압박 상태에서 벗어날 것이라고 믿는 것이나 다 한결같은 편협한 신념에서 오는 생각입니다.

의학적인 검증과 치료를 받는 것이 불신앙적인 행위라고 보는 신념 역시 너무 이원론적 사고일 뿐 아니라 복음적 정신도 아니라고 봅니다. 우리는 귀신의 영향력에 대한 판단을 함에 있어서 성령의 인도하심과 영적인 분별력을 의지할 필요가 있습니다.

귀신들이 인간에게 직접적으로 역사할 때는 귀신 들림(demon possession), 또는 귀신의 억압(demon oppression) 상태를 가져다줍니다. 여기서 귀신 들림은 귀신이 인간의 영혼 속에서 역사할 때를 가리키고, 귀신의 억압은 영혼 밖에서 역사할 때를 의미한다고 볼 수 있습니다.

어떤 이들은 귀신을 쫓는 일이 특별한 사람들에게만 주어지는 은사라고 가르칩니다. 이 같은 오해로부터 결국 영적 교만과 은사 사용의 그릇된 동기가 자라날 수 있게 됩니다. 그러나 오히려 성경은 그리스도께서 모든 믿는 자들에게 귀신을 제어할 능력을 주셨다고 선포하셨습니다.

"믿는 자들에게는 이런 표적이 따르리니 곧 저희가 내 이름으로 귀신을 쫓아내며 새 방언을 말하며"(막 16:17).

"평강의 하나님께서 속히 사단을 너희 발 아래서 상하게 하시리라"(롬 16:20a).

그리고 그 능력의 근원은 우리 안에 거하는 그리스도이십니다. 그러므로 우리의 승리는 '귀신 쫓는 은사'에 있는 것이 아니라, 겸손히 주님과 함께 동행하는 자에게 나타나는 성령의 인도하심과 능력에 의한 것임을 확신해야 합니다.

▶ 어려운 용어 풀이: 귀신 들림과 정신병

정신병과 귀신 들림은 명확히 구분해서 다루어야 합니다. 다시 말해서 정신병은 정신병 의사에게, 귀신 들림은 귀신 쫓음을 통해서 해결해야 한다는 말입니다. 정신병과 귀신 들림이 종종 동일시될 때가 있습니다만, 그 치유법에 혼선을 빚게 되면 어려움이 지속되는 경우를 봅니다. 어떤 경우는 이 두 가지 문제가 함께 얽혀 있는 환자의 경우들도 있는데, 이런 경우는 두 가지 치유책을 함께 병행하거나 또는 하나씩 처리해야 하는 경우도 있습니다.

그러므로 정신병적인 증상을 지닌 환자를 잘 이해시켜서 정신적 검증과 치료를 받는 일이 죄악 된 일이 아님을 깨닫게 해주십시오. 그것이 귀신에 의한 것이라면 의학을 통해서 해결이 안 될 경우가 있을 것이고, 그렇다면 분명히 귀신에 의한 것으로 판명할 수 있을 것입니다. 반대로, 몇 차례의 축사(exorcism)에 의해서 해결이 안 되는 경우라면 상담 전문가나 정신과 의사를 찾는 편이 자연스러운 처방일 것입니다.

▶ 성령사역을 위한 질문

1. 한국의 전래적 귀신 관념은 어떤 점에서 많은 비성경적인 요소들을 가지고 있습니까?

2. 귀신만 쫓으면 질병과 어려움에서 벗어날 수 있다고 보는 편협한 시각은 어떤 세계관을 형성하게 됩니까?

___

3. 귀신을 쫓는 일이 특별한 사람들에게만 주어지는 은사가 아니라고 하는 점을 밝혀주는 성경적 근거는 무엇입니까?

___

▶ 삶의 적용을 위한 기도

1. 귀신 들림과 정신병을 잘 구별할 수 있는 지혜를 얻도록 기도합시다.
2. 귀신에게 억압받고 있거나 귀신에 들린 이들을 예수 그리스도의 능력으로 해방시키는 일에 쓰임 받도록 자신을 준비하며 기도합시다.

 N O T E

NOTE

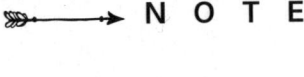 NOTE

NOTE

제 9 단원
성령론과 극단적 영성운동

◆ 이 단원의 핵심 찾기 ◆

이 단원은 정통적인 기독교 신앙을 미혹하고 있는 여러 종류의 극단적 영성운동들을 분별하는 연구를 합니다. 이러한 연구를 통해서 독자들은 어떤 집단이 특별히 극단적인 영성운동의 성격을 지니고 있는지를 분별할 수 있게 될 것이고, 아울러 어떻게 하면 이러한 극단적인 영성운동들에 대해 기독교가 복음적인 성령론으로 대처하며, 또 올바로 교도할 수 있는지에 대해 살필 수 있게 될 것입니다.

극단적 영성운동의 유형들

🌿 성경 말씀 🌿

"네가 진리의 말씀을 옳게 분변하며 부끄러울 것이 없는 일군으로 인정된 자로 자신을 하나님 앞에 드리기를 힘쓰라"(딤후 2:15).

1. 한국교회는 여러 극단적 영성운동들을 분별하고 대처하는 데 어려움을 겪고 있습니다.

여러분은 주위에서 이상스러운 영성운동들이 일어나고 있는 것을 알고 계실 것입니다. 그러나 어떤 것이 잘못된 극단적 영성운동인지에 대해 명쾌한 분별을 하기가 힘들다는 것 역시 경험하셨을 것입니다.

"악한 자의 임함은 사단의 역사를 따라 모든 능력과 표적과 거짓 기적과 불의의 모든 속임으로 멸망하는 자들에게 임하리니 이는 저희가 진리의 사랑을 받지 아니하여 구원함을 얻지 못함이라"(살후 2:9-10).

어떤 이는 이렇게 말하고, 또 어떤 이는 저렇게 말하고, 이런 혼란스런 현상은 비단 개개인의 차원에서만 아니라 교단과 교단 사이에도 서로 엇갈릴 수가 있습니다. 그 까닭은 교단마다 성령론과 교회론의 교리적 강조점의 차이점들이 존재할 때가 많기 때문입니다.

그러다 보니 결국 다양한 신학적 견해로 엇갈리면서, 여러 극단적인 영성운동들에 대해서도 모든 교단이 함께 입을 모을 수 있는 권위 있는 분별과 평가를 하지 못할 경우가 많습니다. 어떤 영성운동 집단은 전에는 이단으로 판정되었다가 이제는 이단성 시비로부터 빠져 나오는 경우도 있고, 심지어는 이 쪽 교단에서 이단으로 판정이 난 집단이 저 쪽 교단에서는 환영을 받아 그 교단에 편입되어 버젓이 활동을 하는 경우도 있습니다. 이런 혼란스럽고도 가벼운 영성운동의 평가를 통해서는 권위 있고 신뢰받을 만한 기독교의 모습을 세상에 보여줄 수 없을 것입니다.

2. 극단적 영성운동에 대한 효과적인 분별을 위해서는 연합적인 이단연구 기구가 필요합니다.

어떤 영성운동 집단이 이단이냐 아니냐를 가리는 일에 있어서, 어느 교단에서는 이를 이단으로 결의하고 또 다른 교단에서는 이에 반발하거나 침묵하는 풍토에서는 극단적 영성운동에 대한 공동대책은 불가능합니다. 각 교단의 평가가 서로 엇갈리며 힘이 분산되는 약점을 이용해서, 이단들은 오히려 자기들의 정당성을 획득하고 세력 확장을 꾀할 수 있는 것입니다.

그러므로 시급하게 전체 한국교회와 다양한 신학 노선의 '여러 목소리들'을 수렴하여 권위 있게 평가할 수 있는 이단연구의 기능이 있어야만 합니다. 그러나 이 일의 성과를 얻기 위해서는 어느 특정 교단이나 신학 노선에 의한 독자적인 평가를 가능한 한 삼갈 것이며, 좀 더 대부분의 교단의 입지를 포용할 수 있는 형태의 연구 작업이 전개되어야 합니다. 그 까닭은 무분별한 이단론의 난무(亂舞)로 인해 오히려 또 다른 분파의 형성을 만들어 한국교회에 상처를 입히는 일이 없도록 해야 하기 때문입니다.

"우리가 한 몸에 많은 지체를 가졌으나 모든 지체가 같은 기능을 가진 것이 아니니 이와 같이 우리 많은 사람이 그리스도 안에서 한 몸이 되어 서로 지체가 되었느니라"(롬 12:4-5).

그러므로 연합적인 이단평가의 기구를 운영하되, 단지 각 교단 총회의 입장 표명만을 종합하는 수준이 되어서는 안 됩니다. 좀 더 신학적으로 정통성 있는 평가를 도출해야 하는데, 이를 위해서 여러 교단 신학교의 성령운동 연구에 권위 있는 교수들에게 이에 대한 평가와 진단을 의뢰하여, 여기에서 나오는 일치된 결론을 따라 성령운동의 가닥을 잡아 이끄는 것이 필요합니다.

3. 교회사적으로 볼 때 우리는 세 가지 유형으로 극단적 영성운동을 분별할 수 있습니다.

우리 주위의 극단적 영성운동들을 분별함에 있어서, 한국 기독교 전체의 목소리라고 하는 결과를 얻어낼 수 있는 그런 명백하면서도 일치적인 분별의 방법은 없을까요? 이제까지 우리가 사용한 이단분별법이 주로 각 교단의 교리적 입장만을 고려한 방법이었다면, 이에 덧붙여 교회사적인 통찰력에 의한 평가 방법을 또한 활용할 필요가 있습니다.

'교회사적 분별법'에 의하면 극단적 영성운동은 극단적 혼합주의 영성, 극단적 갱신주의 영성, 그리고 극단적 분리주의 영성의 세 가지 유형으로 분류할 수 있습니다. 이 세 유형은 모두 처음 기독교가 시작될 고대 교회 때에 나타난 심각한 이단들의 특성으로서, 이들 유형은 이천 년 교회사 속에서 지속적으로 그 사례를 찾아볼 수 있습니다. 그런가 하면 우리는 그동안 정통교회가 이들 세 가지 유형의 이단들을 어떻게 다루어 왔는가 하는 지혜를 교회 역사 속에서 발견할 수 있습니다.

이 지혜를 적용하게 될 때, 우리는 어느 한 교단이 아닌 모든 교단이 함께 극단적 영성운동들의 역사적 오류를 강력히 지적하고 대처할 수 있습니다. 뿐만 아니라, 어떤 의심스러운 집단은 이 세 유형 중 어디에 속해 있긴 하지만 그 정도가 심각하진 않을 수도 있는데, 그럴 경우에는 아직 그들을 정죄만 할 것이 아니라, 오히려 그들을 잘 가르쳐 진리의 길로 돌이킬 수 있는 때라고 하는 통찰력도 얻게 됩니다.

▶ 어려운 용어 풀이: 이단분별법

교회 주변의 여러 신흥운동이나 분파집단에 대한 평가에 있어서 현재까지 우리가 가장 많이 사용해온 방법은 공식화된 어떤 신학 체계나 교리 노선에 비추어 이를 분별해 내는 조직신학적인 접근방법입니다. 그러나 이러한 비평작업은 그 뚜렷한 비교능력의 장점에도 불구하고, 자칫하면 비평자의 주관적인 신학적 입장이나 특정 교단의 교리 노선에 치우쳐 조명하게 될 우려가 많다고 하는 약점을 지니고 있습니다.

어떤 신학적인 이슈가 한국교회에 등장하고, 이에 대한 조직신학적 비평의 결론을 내렸을 때, 그 결과를 전체 한국교회가 권위 있게 받아들여 적용하는 힘이 약하게 되는 것입니다. 심지어는 각 교단과 신학자들 간의 교리적 입장의 차이 때문에 서로 심각하게 분립(分立)하게 되는 사태를 우리는 종종 보아온 것입니다.

그러므로 좀 더 보편적이고도 완숙한 비평의 성과를 기대하기 위해서는 조직

신학적 검증의 폭넓은 시도와 함께, 교회사적인 조명에 의한 통찰을 덧붙일 필요가 있다고 봅니다. '교회사적 분별법'을 교리적인 비평과 함께 활용하게 될 때, 현재 난무하는 이단론의 홍수 속에서 사이비(似而非) 집단을 가려내어 이들의 회피할 수 없는 역사적인 오류를 판명해 낼 수 있을 뿐만 아니라, 미혹된 길에 들어서 있는 개인이나 집단을 진리의 길로 인도하는 데 있어서 적지 않은 통찰력을 제시해 줄 것이라고 봅니다.

성령사역을 위한 질문

1. 극단적인 영성운동들에 대해서 모든 교단이 함께 입을 모을 수 있는 권위 있는 분별과 평가를 하지 못하고 있는 이유는 무엇 때문입니까?

   _____

2. 전체 한국교회와 다양한 신학 노선의 '여러 목소리들'을 수렴하여 권위 있게 평가할 수 있는 이단연구의 기능이 활성화되려면 어떻게 해야 합니까?

   _____

3. 극단적 영성운동을 검증하기 위한 '교회사적 분별법'은 어떤 기본적 유형들을 소개하고 있습니까?

   _____

▶ 삶의 적용을 위한 기도

1. 우리 주위에 극단적 영성운동에 빠져 있는 자들이 있습니다. 주님, 저들을 진리 가운데로 인도해 주옵소서.
2. 성경 말씀과 기독교의 진리를 올바로 믿고, 또 올바로 가르칠 수 있도록 지혜를 주옵소서.

극단적 혼합주의 영성

성경 말씀

"그러나 네게 책망할 일이 있노라 자칭 선지자라 하는 여자 이세벨을 네가 용납함이니 그가 내 종들을 가르쳐 꾀어 행음하게 하고 우상의 제물을 먹게 하는도다"(계 2:20).

1. 고대 교회를 위협하던 영지주의 이단의 성격을 살펴봅시다.

교회 역사상 제1세기로부터 수세기에 걸쳐 기독교회를 크게 위협하던 종교적 혼합운동을 벌이던 영지주의(Gnosticism)라는 이단이 있었습니다. 영지주의는 신화적인 페르시아의 이원론의 영향을 많이 받았습니다. 그래서 모든 세계의 가치관을 빛과 어둠, 선과 악, 영적인 것과 물질적인 것 등의 이원론으로 나누었습니다. 영지주의자들은 정신적인 것만 선하고 육체나 물질에 속한 것은 다 악하다고 보았습니다.

그러다 보니 예수님이 육체를 지녔다고 하는 것도 그들은 부인하였습니다. 왜냐하면 예수님이 육체를 지녔다면 예수님도 악할 것이라고 보았기 때문입니다. 그 대신 그들은 예수님은 실제로 육체를 지닌 것이 아니고 하나의 환영에 불과한 것이라고 보았습니다.

"사랑하는 자들아 영을 다 믿지 말고 오직 영들이 하나님께 속하였나 시험하라 많은 거짓 선지자가 세상에 나왔음이니라 세상의 영은 이것으로 알찌니 곧 예수 그리스도께서 육체로 오신 것을 시인하는 영마다 하나님께 속한 것이요 예수를 시인하지 아니하는 영마다 하나님께 속한 것이 아니니 이것이 곧 적그리스도의 영이니라 오리라 한 말을 너희가 들었거니와 이제 벌써 세상에 있느니라"(요일 4:1-3).

영지주의는 육체성을 악한 것으로 보았기 때문에, 인간이 구원을 받으려면 육체성을 극복해야 한다고 강조하였습니다. 그 결과로 영지주의의 영향을 받은 기독교 내에서는 수도원주의, 독신주의 등을 포함한 이상스런 금욕주의의 여러 형태들이 자라나게 되었습니다.

그리고 기독교의 근본적인 증언보다도 당시의 철학사상과 그 원리를 더욱 중시하는가 하면, 어떤 이들은 기독교의 단순한 예배형식을 너무 무미건조한 것으로 보아, 예배에 심령적, 마술적 요소를 재등장시켰습니다. 이처럼 영지주의자들은 로마 제국 내에 있는 모든 종교들을 통합하여 가장 강력한 하나의 종교를 만들려고 혼합운동을 벌였던 것입니다.

2. 영지주의를 닮은 극단적 혼합주의 영성의 성격을 알아봅시다.

고대 교회에 나타났던 영지주의 이단의 혼합주의적인 성격과 마찬가지로, 오늘날에도 우리 주위에는 극단적 혼합주의 영성운동들이 활동하고 있습니다. 이러한 영성운동들은 대개 다음과 같은 성격을 갖고 있습니다.

• 어떤 집단에서는 기독교의 신앙에 여러 종교의 영성과 신념들을 혼합시켜, 가장 강력한 하나의 영적 집단을 만들어 내고자 하는 시도를 합니다. 이러한 영성운동은 모든 종교에 다 구원이 있다고 하는 종교다원주의 사상을 힘입고 있습니다.

• 어떤 집단에서는 기독교의 교리가 너무 합리적이지 못하다고 불만을 표출합니다. 그래서 이들은 기독교의 전통적인 신앙보다도 철학과 과학의 원리에 더욱 치중한 합리적인 신념을 나름대로 구사하곤 합니다.

• 어떤 집단에서는 기독교의 의식(儀式)을 너무 무미건조한 것으로 보아, 예배나 기도 등에 무속적(巫俗的), 마술적 요소를 재등장시키기도 합니다. 단(丹)이나 선(禪)이나 요가(Yoga)와 같은 타 종교의 영성을 기독교에 접목시키려는 시도들도 이러한 맥락에서 생각할 수 있습니다.

3. 극단적 혼합주의 영성운동들의 예를 들어봅시다.

한국교회의 역사 속에서 극단적 혼합주의 영성을 통해 기독교를 혼란시킨 이단들을 몇 가지 예로 들도록 하겠습니다.

1969년에 세계일가공회(世界一家公會)를 세운 교주 양도천은 산에서 기도하던 중에 우주가 하나님의 집임을 깨달았다고 합니다. 그 후 그는 계룡산에 입산하여 면류관을 머리에 쓰고 세계의 모든 종교가 다 자기 앞으로 나아온다고 했습니다.

통일교의 문선명은 극단적 혼합주의 영성운동가의 가장 대표적인 사람입니다. 그는 예수께서 한국에 재림할 것이라고 강조하였으며, 인류 사회는 재림하는 예수님을 중심으로 하나의 대가족사회가 될 것이라고 말했습니다. 그리고 그는 모든 종교의 통일을 외치곤 했습니다.

1955년 전도관(傳道館)을 세운 박태선은 자신이 천부(天父), 즉 하나님 아버지라는 허구적 발상을 하였습니다. 그는 성적(性的)으로 타락하여 더러운 피가 섞여 있는 자들이 동방의 의인(義人), 이긴 자, 또는 감람나무인 자기를 통하여 구원을 받는다고 하였습니다.

이처럼 우리 주위에 도사리고 있는 극단적 혼합주의 영성운동들은 정통 기독교 신앙을 타 종교나 또는 철학, 과학의 가르침과 혼합시키려는 위험스런 이단들입니다. 우리는 분별력을 민감히 하여 이러한 극단적 영성운동들로부터 정통적인 복음적 신앙을 잘 지켜나가야 하겠습니다.

▶ 어려운 용어 풀이: 전도관

전도관은 1955년 박태선에 의해 창립된 극단적 혼합주의 영성운동입니다. 초기의 공식명칭은 '한국 예수교 부흥협회'였다가, 이후 '한국 예수교 전도관 부흥협회'로 불렸고, 1980년 1월부터는 '한국 천부교 전도관 부흥협회'로 변경하였습니다. 이는 박태선 자신이 천부(天父), 즉 하나님 아버지라는 허구적 발상에서 나온 것입니다.

박태선의 전도관에서는 '오묘원리'(奧妙原理)라는 것을 가르치는데, 이것은 '감추었던 비밀'을 의미하는 것으로서, 이 비밀이 박태선 자신에게 나타났다고 가르치는 것입니다. 오묘원리의 구원론은 성적(性的)으로 타락하여 더러운 피가 섞여 있는 자들이 동방의 의인(義人), 이긴 자, 또는 감람나무인 자기를 통하여 구원을 받는다는 것입니다.

1970년대 말까지는 전도관의 교세가 수만 명에 이르고 있었으나, 1980년 박태선이 예수 그리스도의 구속과 성경의 신적영감성(神的靈感性)을 부인하고 자신이 하나님이라고 선포한 이래, 많은 교인과 교역자들이 탈퇴하게 되었습니다. 1980년대 말에 박태선이 죽고 난 후 그의 후계자 격인 박윤명이 전도관을 이끌게 되었으나, 한때 한국교회를 혼란시키던 전도관은 현재 그 세력이 현저히 줄어들게 되었습니다.

▶ 성령사역을 위한 질문

1. 고대 교회를 위협하던 영지주의의 비성경적인 요소들은 어떤 점들이 있습니까?

   _____

2. 오늘날의 극단적인 혼합주의 운동에는 어떤 특색들이 나타나고 있습니까?

   _____

3. 한국교회의 역사 속에서 극단적 혼합주의 영성을 통해 기독교를 혼란시킨 이단들에는 어떤 집단들이 있습니까?

   _____

▶ 삶의 적용을 위한 기도

1. 우리의 신앙을 다른 불순한 것과 혼합하지 않도록, 그리고 우리의 영혼을 순결하게 지킬 수 있도록 도와주옵소서.
2. 우리 주위에 극단적 혼합주의 영성운동에 빠진 이들을 구원할 수 있는 지혜와 성령의 인도하심을 주옵소서.

제 3 과
극단적 갱신주의 영성

🌿 **성경 말씀** 🌿

"형제들아 내가 우리 주 예수 그리스도의 이름으로 너희를 권하노니 다 같은 말을 하고 너희 가운데 분쟁이 없이 같은 마음과 같은 뜻으로 온전히 합하라"(고전 1:10).

1. 고대 교회를 위협하던 몬타누스주의 이단에 대해 알아봅시다.

고대 교회 때에 몬타누스주의(Montanism)라는 이단이 있었습니다. 몬타누스주의는 교회 내부에서 일어난 이단 운동으로서, 교회의 세속화와 영적 침체에 대한 반동으로서 일어났습니다. 교주인 몬타누스(Montanus)는 주후 156년경에 요한복음 14장에서 약속된 보혜사 성령이 자신에게 임했다고 주장하였는데, 몬타누스주의의 교리적 특징을 살펴보면 다음과 같습니다.

• 그들은 성령의 강림을 강하게 주장하였으며, 신자들에게는 성경의 내용을 초월한 새 예언이 주어진다고 주장하였습니다.

• 그들은 임박한 종말과 성결한 생활을 위하여 금욕주의를 그들의 신앙생활 속에서 엄격히 실천하였습니다. 그래서 그들은 단식(斷食)을 즐겨 하였으며, 육식(肉

食)을 금지하고, 독신생활을 하는 식으로 극단적인 금욕주의에 빠져들었습니다.
- 그들은 영적, 도덕적으로 정결한 자들만으로 교회를 구성하고자 하였습니다.
- 그들은 예수의 재림이 급박하였다고 전파하였으며, 안타깝게도 극단적인 시한부(時限附) 종말론으로 발전해 나갔습니다.

이러한 몬타누스주의 운동이 급속히 퍼져나감으로써 정통적인 교회들이 그 세력에 위협을 느끼게 되는 지경에까지 이르게 되었습니다. 그래서 주후 160년 이후로 교회는 수차례의 회의를 열어 몬타누스주의를 비난하고, 마침내 200년에는 그들을 이단으로 정죄하였습니다.

2. 몬타누스주의를 닮은 극단적 갱신주의 영성의 성격을 알아봅시다.

고대 교회에 나타난 몬타누스주의처럼, 교회가 경직화(硬直化)될 때마다 제2의 몬타누스주의가 생겨날 소지가 얼마든지 있다는 점을 우리는 역사적 교훈을 통해서 깨닫게 됩니다. 이러한 유형의 집단을 극단적 갱신주의 영성이라고 부를 수 있습니다.

"이는 다름 아니라 너희가 각각 이르되 나는 바울에게, 나는 아볼로에게, 나는 게바에게, 나는 그리스도에게 속한 자라 하는 것이니 그리스도께서 어찌 나뉘었느뇨 바울이 너희를 위하여 십자가에 못 박혔으며 바울의 이름으로 너희가 세례를 받았느뇨"(고전 1:12-13).

교회의 갱신을 위해 일하는 것 자체는 좋은 일이라고 할 수 있지만, 극단적으로 갱신을 외치다 보면 성경의 정신과 교회의 질서에서 많이 벗어나게 되기 쉽습니다. 현대 한국교회 내에도 이러한 성격의 집단들을 많이 볼 수 있는데, 이들의 특징은 대개 다음과 같습니다.

- 성경관: 그들은 성경을 자기들의 편견에 맞추어 해석할 뿐 아니라, 심지어는 성경의 정신에서 벗어난 예언이나 계시를 말하기도 합니다.
- 교회관: 그들은 은사운동을 통한 힘 있는 교회를 이상으로 하면서, 기존 교회의 질서가 깨어지거나 교회로부터 분리되는 것에 별로 개의치 않습니다.
- 성령관: 그들은 신유와 이적 등의 '성령의 나타남'을 성령의 열매나 성령의 인격적 통치의 교훈보다 더욱 강조합니다.
- 종말관: 그들은 임박한 종말론적 메시지를 강조하는데, 심한 경우에는 시한부(時限附) 종말론으로 발전합니다.
- 윤리관: 그들은 사회성이나 상식적인 윤리 관념에서 벗어나 금욕주의(禁慾主義)나 극단적인 형태의 신비주의를 도입하게 됩니다.

3. 극단적 갱신주의 영성운동의 예를 들어봅시다.

한국교회의 역사 속에서 극단적 갱신주의 영성운동의 예를 많이 찾아볼 수 있습니다만, 그 중에서 제칠일안식일예수재림교와 다미선교회를 예로 들겠습니다.

제칠일안식일예수재림교(Seventh Day Adventists; 일명 안식교)는 1844년에 예수님이 재림한다는 잘못된 계시를 받은 윌리암 밀러(William miller)의 시한부 종말론에서부터 그 뿌리가 시작되었습니다. 그 후 엘렌 화이트(Ellen G. White)가 밀러의 시한부 종말론을 나름대로 재해석함으로써 생겨난 종파인 것입니다. 그들은 안식일인 토요일을 지키지 않고 일요일에 예배하는 것은 하나님의 계명이 아닌 인간의 계명을 따르는 것으로 거짓 예배라고 단정하였습니다.

'다미선교회'란 '다가올 미래를 대비하는 선교회'의 약칭으로서 이장림에 의해서 조직되었습니다. 다미선교회는 독단적이고 배타적인 신념 속에서 기독교계로부터 스스로 고립된 집단적인 신비주의를 형성해 나갔으며, 뿐만 아니라 임박한 시한부 종말의 위기감 속에서 비정상적인 형태의 금욕주의를 발전시켜 나갔습니다.

그들은 성경의 교훈보다도 노스트라다무스(Nostradamus)나 에드가 케이시(Edgar Cayce) 등의 미래에 대한 예언과 계시의 체험을 더욱 신뢰하여 종말론을 해석하였습니다. 더군다나 그들은 어린 소년들이 받았다고 하는 주관적 체험의 내용들을 성경의 권위와 견줄 수 있는 객관적인 계시로 간주하였으며, 이를 합리화하기 위해 성경의 여러 구절들을 분별없이 인용하여 해석하는 오류를 범했던 것입니다.

▶ 어려운 용어 풀이: 이장림의 종말론

극단적 시한부 종말론을 말한 이장림에게 있어서 문제의 발단은 한 소년이 받았다고 하는 이른바 '직통계시'에 대한 그릇된 해석에서부터 시작됩니다. 그 계시의 내용은 그 소년이 1992년에 북한에 가서 복음을 전하다가 순교하게 될 것이며, 그 후 역시 같은 해에 그리스도의 공중 재림과 성도의 휴거가 있게 될 것이라는 계시와 환상에 대한 것이었습니다.

이장림은 예수께서 자신의 재림 시기를 모른다고 하는 것은 하나님의 삼위일체성(三位一體性)에 위배되는 것이며, 따라서 예수께서는 성부 하나님이 그 날과 그 때를 아시듯이 분명히 알고 계실 뿐 아니라, 성도들도 역시 점진적인 계시에 의해 그 때를 분별할 수 있다고 주장하였습니다. 그는 예수님의 재림의 때가 1992년 10월이라고 주장하는 오류를 범했습니다.

▶ 성령사역을 위한 질문

1. 고대 교회 몬타누스주의의 비성경적인 특성에는 어떤 것들이 있습니까?

_____

2. 오늘날 우리 주변의 극단적 갱신주의 영성운동들에서 흔히 나타나는 특색에는 어떤 것들이 있습니까?

_____

3. '다미선교회'의 예언과 계시 강조가 잘못된 이유는 무엇입니까?

_____

▶ 삶의 적용을 위한 기도

1. 우리가 섬기는 교회가 더욱 복음적인 교회가 되기 위해 주신 바 달란트를 따라 열심히 일하기 소원합니다.
2. 교회의 갱신을 외친 나머지 교회의 질서를 어지럽히는 우를 범하지 않도록 겸손하게 근신하며 섬기는 각자가 되도록 기도합시다.

제 4 과
극단적 분리주의 영성

성경 말씀
"몸 가운데서 분쟁이 없고 오직 여러 지체가 서로 같이하여 돌아보게 하셨으니"(고전 12:25).

1. 고대 교회를 위협하던 도나투스주의 이단에 대해 알아봅시다.

도나투스주의(Donatism)란 고대 교회의 대교부였던 어거스틴(Augustine) 당시에 '교회는 거룩한 자들의 모임이어야만 한다'고 강조하면서 스스로 정통교회로부터 분리한 이단을 가리킵니다. 그 당시엔 계속되는 기독교 박해 속에서 많은 신자들이 순교를 당하기도 하였고, 또 어떤 이들은 박해를 견디지 못하여 신앙을 버리거나 도피하기도 했던 것입니다. 마침내 박해의 시기가 끝나고 기독교가 로마 제국 내에서 좋은 대우를 받는 시대가 찾아왔습니다.

그러자 신앙의 절개를 지켰다고 담대한 도나투스주의자들은 주장하기를, 기독교가 박해받을 시기에 생명을 걸고 신앙을 지키지 못했던 성직자들은 교회를 인도할 권리가 없는 자들이라고 정죄하였습니다. 뿐만 아니라, 그런 자들을 인정하고 사귀는 모든 교회는 죄에 감염된 교회로서 이미 교회가 아니라고 주장하며, 따로 분리된 도나투스주의 교회만이 참 교회라고 주장했습니다.

그러나 정통 기독교회의 대변자였던 어거스틴은 이러한 도나투스주의가 오히려 이단성을 지닌다고 반박했습니다. 그리스도의 교회는 무엇보다도 신앙의 통일성을 가지며 또 사랑의 통일성을 가지는 것인데, 도나투스주의는 교만과 사랑의 결핍으로 그리스도의 몸을 분열시킨 이단이라고 정죄하였습니다.

"눈이 손더러 내가 너를 쓸 데 없다 하거나 또한 머리가 발더러 내가 너를 쓸 데 없다 하거나 하지 못하리라 이뿐 아니라 몸의 더 약하게 보이는 지체가 도리어 요긴하고 우리가 몸의 덜 귀히 여기는 그것들을 더욱 귀한 것들로 입혀 주며 우리의 아름답지 못한 지체는 더욱 아름다운 것을 얻고 우리의 아름다운 지체는 요구할 것이 없으니 오직 하나님이 몸을 고르게 하여 부족한 지체에게 존귀를 더하사 몸 가운데서 분쟁이 없고 오직 여러 지체가 서로 같이 하여 돌아보게 하셨으니 만일 한 지체가 고통을 받으면 모든 지체도 함께 고통을 받고 한 지체가 영광을 얻으면 모든 지체도 함께 즐거워하나니 너희는 그리스도의 몸이요 지체의 각 부분이라"(고전 12:21-27).

그리고 어거스틴은 설명하기를, 교회가 거룩한 이유는 교회 신자들 하나하나가 거룩하기 때문이 아니고 교회의 머리되신 예수 그리스도의 거룩함이 교회에 머물기 때문에 거룩한 것이라고 강조하였습니다.

2. 도나투스주의를 닮은 극단적 분리주의 영성의 성격에 대해 알아봅시다.

교회의 역사 속에는 고대 교회의 도나투스주의를 닮은 극단적 분리주의 영성운동들의 모습이 많이 나타납니다. 이러한 집단들의 활동은 그동안 기독교에 필요 이상의 분열과 상처를 가져오게 하였습니다.

현대에도 이러한 집단들이 교회를 사분오열(四分五裂)시킴으로써 그리스도의 몸으로서의 교회의 질서를 깨뜨리고 있습니다. 그들은 나름대로 자기들이 지닌 신앙적 정통성을 지나치게 과신(過信)한 나머지, 사랑으로 연합되어 그리스도와 한 몸을 이루는 교회론을 받아들일 여지가 없는 것입니다.

극단적 분리주의 영성운동들 중에 어떤 집단은 기존 교회의 성경 해석이 잘못되었다고 분리하였으며, 또 어떤 집단은 기존 교회가 기도와 능력이 없다고 분리하기도 했습니다. 자기들만이 참되고 성경적인 교회라고 하면서 분리하지만, 그러나 시간이 얼마 지나고 나면 그들 나름대로의 비성경적인 전통을 만들어가게 되는 모습을 우리는 보게 됩니다.

그러므로 극단적 분리주의 영성운동가들이 반드시 알아야 할 것이 있습니다. 그것은 천상의 교회와 지상의 교회는 서로 구별이 된다는 사실입니다. 천국에서 이루어지는 교회는 비로소 이상적 교회의 충만함을 이루게 될 것이지만, 교회가 아직 이 세상에 있을 때에는 천국을 향하여 순례하는 자로서의 교회인 것입니다. 교회는 그 자체가 그리스도의 몸이긴 하지만, 그 구성원들은 세상에서 지치고 허물 많은 죄인들의 공동체이기도 하다는 사실입니다.

3. 극단적 분리주의 영성의 예를 들어봅시다.

여호와의 증인(Jehovah's Witness)의 창시자인 찰스 럿셀(Charles T. Russel)은 1852년 미국 장로교 집안에서 출생했습니다. 그는 신앙적 회의에 깊이 빠져 기독교회의 제도화된 조직과 행정, 그리고 천국과 지옥 등 내세적인 교리에 대해서 비판하면서 '여호와의 증인'을 조직하였습니다. 그들은 삼위일체의 교리나 예수 그리스도의 대속사역을 정면으로 부정하며, 자기들 집회를 제외한 기존의 기독교에는 구원이 없다고 보았습니다. 또한 지방교회(地方敎會)의 창시자로 불리는 중국의 윗트니스 리(Witness Lee)는 개신교와 천주교(天主敎)를 사단의 도구라고 했습니다. 하나님은 교파를 만드신 적이 없으므로 어느 도시에든 그리스도의 몸의 유일한 참된 표현은 오직 '지방교회'뿐이며, 따라서 지방교회에 속해 있지 않으면 구원을 받을 수 없다고 가르쳤습니다.

그 외에도 구원파는 장로교회 교인 유병언과 그의 장인 권신찬에 의해 1962년 대구에서 시작되었습니다. 신자는 반드시 구원받은 날짜와 시간, 그리고 장소까지도 알고 있어야 한다고 가르치면서, 그들은 구원을 확신하지 못하면 구원받은 것이 아니라고 설파했습니다. 교회의 직분 제도도 없으며, 그들의 지도자를 신격화하는 오류를 범하고 있습니다. 또 그들은 정통교회에 대해서는 자기들 외의 기독교에는 참된 그리스도인의 교제가 결여되어 있으므로 기존의 교회들은 진정한 교회가 아니라고 폄하했습니다.

이러한 극단적 분리주의 영성운동들은 특히, 구원의 확신을 갖지 못하고 방황하거나 현대 교회의 여러 병폐현상에 대해 불만을 갖고 있는 기존 교회 신도들에게 상당한 설득력을 가지고 접근하기 때문에, 우리는 믿음을 견고히 하여 이러한 이단들에 대처해야 할 것입니다.

▶ 어려운 용어 풀이: 지방교회

지방교회의 창시자로 불리워지는 윗트니스 리는 중국의 기독교 지도자 워치만 니(Watchman Nee)의 영향을 받으면서 그와 함께 1920년 경 이른바 '작은무리운동'(The Little Flock Movement)을 주도해 나갔습니다. 이후 리는 상하이와 필리핀을 담당하는 대표 사역자로 일하다가 1962년 LA에 최초의 미국 지방교회를 세웠습니다.

한국의 지방교회는 1966년 워치만 니의 제자인 왕중생(한국 본명: 권익원)에 의해 시작이 되었습니다. 1980년대 이후에는 미국과 대만의 윗트니스 리 계열과 함께 활발한 교류를 하게 됩니다.

특히 지방교회는 문서 활동을 매우 적극적으로 전개하고 있는데, 그 가장 대표적인 예로서 '한국복음서원'의 출판활동의 경우입니다. 이 한국복음서원에서는 주로 윗트니스 리의 저서들과 'QT를 위한 전문지'라는 이름 아래 『오늘의 양식』 및 『한국복음서원 회보』 등을 발간하여 판매하고 있습니다. 1980년대 후반에 들어와서 기존 교회들을 배타시하고 정죄하는 그들의 경향이 더욱 뚜렷해지면서, 현재 범교단적으로 지방교회의 이단성을 공인(公認)하여 경계하고 있습니다.

▶ 성령사역을 위한 질문

1. 고대 교회 도나투스파의 잘못된 점은 무엇이었습니까?

_____

2. 극단적 분리주의 영성운동가들이 반드시 깨달아야 할 교회론의 올바른 정신이 있다면, 그것은 어떤 것입니까?

_____

3. 현재 우리 주변에 있는 극단적 분리주의 이단의 대표적인 예로는 어떤 집단들을 들 수 있습니까?

_____

▶ 삶의 적용을 위한 기도

1. 성령이여, 제 속에 교회 분리주의적인 동기가 있는지 살피시고, 혹시 있다면 제가 깨닫고 회개할 수 있도록 도와주옵소서.
2. 극단적 분리주의 영성운동에 속한 자들을 경계하고 또 이러한 이단에 빠져드는 이들이 없도록 교회 교육이 더욱 철저히 이루어지게 하소서.

NOTE

NOTE

NOTE

NOTE

제 10 단 원
개신교 성령운동의 흐름

◆ 이 단원의 핵심 찾기 ◆

이 단원의 목표는 종교개혁 이후 성경적 갱신의 토대 위에 세워진 개신교회 속에 성령운동의 흐름이 어떻게 진행되었는가를 이해하는 데 있습니다. 이를 위해 종교개혁의 대표적 인물인 16세기 존 칼빈, 17세기 청교도들, 18세기의 존 웨슬리, 19세기 미국의 성령운동, 그리고 20세기 전통 오순절주의를 살펴봅니다. 이러한 연구를 통해 독자들은 바람직한 성령운동의 방향성을 교회사적인 안목으로 정리할 수 있게 될 것입니다.

칼빈의 성령론

🙠 성 경 말 씀 🙢

"몸 가운데서 분쟁이 없고 오직 여러 지체가 서로 같이하여 돌아보게 하셨으니"(고전 12:25).

1. 성령의 내적 증거

종교개혁자 칼빈은 성령의 역사를 매우 강하게 주장하였습니다. 마치 그리스도가 하나님과 인간 사이의 중보자인 것과 같이, 성령은 그리스도와 인간 사이에 있어서 필수적인 중보자 역할을 한다고 했습니다. 그래서 우리를 그리스도에게 향하도록 하고 그분의 은혜를 받을 수 있도록 하기 위하여 성령은 우리 안에서 역사하시며 우리에게 믿음을 주신다는 것입니다.

"우리가 세상의 영을 받지 아니하고 오직 하나님께로 온 영을 받았으니 이는 우리로 하여금 하나님께서 우리에게 은혜로 주신 것들을 알게 하려 하심이라"(고전 2:12).

칼빈은 성령의 내적 증거(Inner Witness of Holy Spirit)에 대하여 논하는데, 여기서 '내적'(內的)이란 말은 기록된 말씀과 이 기록된 말씀에 기초한 설교 말씀을 외적인 것으로 볼 때, 이와는 상대적인 개념으로 표현한 말입니다. 칼빈에 의하면 '하나님이 친히 이 성경을 통하여 말씀하신다'고 할 때, 성령의 사역이 동반되지 않는다면 이 성경에서 말씀하시고자 하는 의미를 전혀 이해할 수 없다고 합니다.

이처럼 칼빈에게 있어서 성령의 내적 증거는 로마 가톨릭교회의 교황무오설이나 교황권에 의한 교리 전승 및 그 어떤 교회의 규범이나 권위보다도 힘이 있으며, 이성의 증거를 훨씬 능가하는 것이었습니다.

2. 그리스도와의 연합

칼빈은 그리스도와의 연합(Union with Christ)이 영적인 생활로 나아가기 위한 필연적 조건이라고 보았습니다. 그리스도와의 연합을 통하여 우리는 주님의 생명과 성령에의 참여자가 될 수 있으며, 이러한 연합 자체는 오직 믿음에 의해서만 얻을 수 있는 것입니다. 이러한 연합의 띠는 성령이십니다. 성령이 우리를 함께 결속시켜 주면, 마치 도관과도 같이 모든 그리스도의 실재 및 그리스도가 지닌 것들을 우리에게 전하여 주는 것입니다.

"우리를 너희와 함께 그리스도 안에서 견고케 하시고 우리에게 기름을 부으신 이는 하나님이시니 저가 또한 우리에게 인치시고 보증으로 성령을 우리 마음에 주셨느니라"(고후 1:21-22).

그러므로 그리스도와의 연합을 일으키는 움직임이 시작될 수 있는 곳은 인간으로부터가 아니며, 그러한 시작은 성령을 통하여 우리 안에서 역사하시는 그리스도로부터입니다. 그리스도와 성만찬에 참여하는 자들 간의 연합은 오직 성령의 역사하심으로써만 우리로 하여금 그리스도와의 연합이 무엇인지를 이해할 수 있게 해줍니다.

이와 같은 칼빈의 '그리스도와의 연합' 모티브는 모든 복음적인 성령운동에 있어서 가장 중요하게 강조되어온 내용입니다. 이는 우리 신앙의 근본이 그리스도에게서 말미암으며, 또한 우리 신앙의 목표가 그리스도와 하나 되는 일에 있기에 더욱 그러합니다.

3. 성령의 성화시키는 능력

믿음에 의해 우리가 그리스도와 만나게 되고, 그리스도의 몸에 접붙임을 받게 되는 순간부터 그리스도는 우리 안에 거하시며, 또 우리는 그분의 성령에 의해 살게 됩니다. 이 같은 중생(regeneration)에는 두 가지 차원이 있는데, 그것은 옛 사람에 대한 억제와 새로운 삶에의 참여입니다. 이 두 가지는 그리스도와의 연합으로부터 직접 비롯되어 중생의 최후 목적인 본래의 모습대로 하나님의 형상을 소생시키는 것입니다.

"그러므로 우리가 그의 죽으심과 합하여 세례를 받음으로 그와 함께 장사되었나니 이는 아버지의 영광으로 말미암아 그리스도를 죽은 자 가운데서 살리심과 같이 우리로 또한 새 생명 가운데서 행하게 하려 함이니라 만일 우리가 그의 죽으심을 본받아 연합한 자가 되었으면 또한 그의 부활을 본받아 연합한 자가 되리라"(롬 6:4-5).

이것은 우리가 과거에 죄인 되었던 상태에서 이제는 실제로 거룩한 자로 바뀌었다는 것을 의미하지는 않습니다. 우리가 점차 성화되어 가는 과정에 있다 할지라도 우리는 여전히 죄인입니다. 그렇지만 중생한 자의 삶이 반드시 금욕이라는 회개의 소극적 측면에 의해서만 얻어지는 것은 아닙니다. 우리가 그리스도와 연합하게 될 때 우리는 결국 승리의 확신을 갖게 되는 것입니다.

하나님께서는 자신이 선택하신 사람들에게 선한 삶을 살 수 있는 능력을 부여함으로써 그들을 소생시키시고 의롭게 여기십니다. 하나님께서 예수 그리스도를 통하여 주시는 선택의 은사는 불가항력(irresistible)인 것이며, 이 은사는 또한 그들로 하여금 죄와 효과적으로 싸우고 거룩한 길로 나아가게 하는 견인(堅忍)의 은사를 수반합니다.

"평강의 하나님이 친히 너희로 온전히 거룩하게 하시고 또 너희 온 영과 혼과 몸이 우리 주 예수 그리스도 강림하실 때에 흠 없게 보전되기를 원하노라 너희를 부르시는 이는 미쁘시니 그가 또한 이루시리라"(살전 5:23-24).

이처럼 칼빈의 '성화시키는 능력'(Sanctifying Power) 모티브는 청교도들의 성령론에서 구체화되었으며, 더 나아가서는 더욱 정교하게 다듬어지는 웨슬리 성령론의 기본 골격을 이루게 됩니다.

▶ 어려운 용어 풀이: 존 칼빈

존 칼빈은 개혁주의 신앙과 신학을 수립하고 개신교의 장로교회(Presbyterian Church)를 창설한 지도자로서, 그는 제네바에서 개혁운동에 착수하였습니다. 칼빈은 교회에서 성경을 가르치고, 성경 요리문답(要理問答)을 작성하였습니다. 시의회(市議會)에 통과되어 그 요리문답으로 제네바 시의 모든 성도들에게 교육시키게 되었습니다. 칼빈은 1559년에 제네바(Geneva) 대학을 세우고, 그 밖에도 그는 제네바 시의 산업구조를 개혁하여 정밀기계공업, 견직물 공장, 그리고 중공업 방면에 역점을 두었습니다.

칼빈은 성경적인 규칙을 사회의 모든 면에 확장했는데, 그에게 있어서 중요한 관심사는 거룩한 사회였습니다. 그것이 가능한 한 지상에서 실현되어야 하는 것이었으며, 그 실현이야말로 하나님께서 제정하신 모든 제도의 목적이 여기에 있다고 생각했습니다. 칼빈의 지도력으로 이루어진 제네바 시정은 개혁주의가 뿌리내리게 하는 버팀목이 되었으며, 이는 정치사상(政治史上) 중요한 자료가 됩니다.

▶ 성령사역을 위한 질문

1. 칼빈이 주장한 '성령의 내적 증거'의 교리는 로마 가톨릭교회의 권위에 대항하여 어떤 역할을 했습니까?

2. 칼빈의 '그리스도와의 연합' 모티브가 모든 복음적인 성령운동에 있어서 가장 중요하게 강조되어야 할 내용인 이유는 무엇입니까?

3. 성령에 의해 그리스도의 몸에 접붙임을 받게 되는 중생의 은혜에 대하여 옛 사람과 새로운 삶의 차원으로 나누어 설명한다면 어떻게 할 수 있습니까?

▶ 삶의 적용을 위한 기도

1. 성령께서 주시는 내적인 확신을 따라 담대히 신앙생활 할 수 있도록 기도합시다.
2. 성령의 성화시키는 능력이 늘 우리들을 변화시키실 수 있도록 우리 영혼을 내어드립시다.

제 2 과

청교도 성령론

🌿 **성경 말씀** 🌿

"영접하는 자 곧 그 이름을 믿는 자들에게는 하나님의 자녀가 되는 권세를 주셨으니 이는 혈통으로나 육정으로나 사람의 뜻으로 나지 아니하고 오직 하나님께로서 난 자들이니라"(요 1:12-13).

1. 성령과 인간 양심의 증거

청교도들은 실제로 양심에 대하여 매우 깊은 관심을 가졌는데, 이는 그들이 양심이란 곧 하나님께서 인간들에게 자신의 말씀을 전하시는 지적(知的) 기관이라고 생각했기 때문입니다. 그러므로 그들의 가치 평가에 있어 양심의 조명과 교훈과 정화를 받아 영혼을 깨끗하게 유지하는 것보다 인간에게 있어 더 중요한 것은 없다고 보았습니다.

양심은 하나님 자신의 영(靈)과 함께 연합하여 우리가 마땅히 행해야 하는 길로 우리를 지도합니다. 그러므로 성령과 양심은 함께 반항을 받거나 순종을 받거나 하며 함께 탄식하거나 즐거워합니다.

"성령이 친히 우리 영으로 더불어 우리가 하나님의 자녀인 것을 증거 하시나니"(롬 8:16).

이 성구는 우리가 하나님의 자녀가 됨을 두 증거자가 함께 증거 한다고 말합니다. 곧 성령께서 우리의 양심, 즉 영의 증거를 확증한다는 것입니다.

성령께서 증거 하신다는 것은 무엇을 의미하는 것일까요? 여기에서 말하는 성령의 증거란 단지 인간 자신의 영의 증거 또는 간증을 확증하고 강화하고 분발시키고 풍성하게 하시는 것만이 아니라, 또한 성령께서도 증거 하시는 것인데, 더 이상 간접적으로 하시지 않고 즉각적이고도 직관적으로 그리스도인에게 하나님의 영원하신 사랑과 하나님의 자녀 됨에 대해서 증거 하신다는 것입니다.

2. 성령과 성경의 증거

청교도들은 교회의 증거가 그리스도를 믿는 믿음의 진정한 근거라는 로마 가톨릭교회의 잘못된 명제에 반대하여, 믿음의 진정한 근거는 성경의 증거라는 사실을 주장하였습니다. 개신교에서는 교황의 권위보다는 성경의 권위를 의존했는데, 만일 성경의 중요성을 간과한다면, 그 시대 개신교의 경건은 곧 혼란을 겪게 될 것이었습니다.

청교도들은 인간으로 오신 예수님을 죄인들이 신령한 구주로 받아들이고, 또 인간이 쓴 성경을 하나님의 말씀으로 받아들이게 하는 사역이 성령이 하시는 사역들 가운데 중요한 하나라고 보았습니다. 모든 성경의 직접적인 저자이신 성령은 외적 증거와 내적 증거라는 이중적 효력에 의해 하나님의 말씀으로 받아들이게 하는 신령한 믿음에 역사하십니다. 성령의 내적 증거는 '인간들이 믿을 수 있도록 인간의 마음에 작용하는 성령의 내적 역사'이며, 성령의 외적 증거는 '성경의 신적 기원에 대해 성경 안에서, 그리고 성경에 의해 증거 하시는 동일한 성령의 외적 역사'입니다.

성령께서는 성경을 개개인의 의식에 침투하게 하여 각 사람에게 하나님 자신이 개인적으로 말씀하시는 말씀으로 의식하게 합니다. 따라서 각 사람들은 믿음을 납득하거나 확증하기 위해 논증이나 동기나 그 밖의 아무 것도 필요로 하지 않습니다. 그리고 성령을 통해 신자들이 얻는 이 영적 경험에 대한 판단은 선악을 분별하도록 훈련을 받은 인간의 지각과 성령의 주관적 증거에 의해 이루어집니다.

3. 구원의 확신

청교도들은 참으로 중생한 자들에게는 어떤 사인(sign)이 주어진다고 믿었습니다. 죄로부터 은혜로 나아갈 때 사람은 자신 스스로가 이를 알 수 있는 것이고, 남들도 외부적으로 나타나는 증거들을 통해서 이를 알 수 있다고 보았습니다.

"네가 만일 네 입으로 예수를 주로 시인하며 또 하나님께서 그를 죽은 자 가운데서 살리신 것을 네 마음에 믿으면 구원을 얻으리니 사람이 마음으로 믿어 의에 이르고 입으로 시인하여 구원에 이르느니라"(롬 10:9-10).

그러므로 그리스도인은 우선적으로 자신이 은혜 가운데 있는지에 대해 자신의 체험을 통해서 분명히 알아야 할 것이고, 외부적으로는 이에 따른 도덕적 삶에의 열매를 맺어야 한다는 것입니다.

"이와 같이 행함이 없는 믿음은 그 자체가 죽은 것이라 혹이 가로되 너는 믿음이 있고 나는 행함이 있으니 행함이 없는 네 믿음을 내게 보이라 나는 행함으로 내 믿음을 네게 보이리라"(약 2:17-18).

이처럼 만일 칭의가 성화를 낳게 만드는 것이라면, 반대로 성화는 칭의의 증거가 되는 것입니다. 그들은 때로 이 확신을 믿음의 열매로, 때로는 믿음의 특성으로 말하기도 합니다. 그들은 참된 구원의 확신에 있어서 가장 단순한 열쇠는 '그리스도를 영접했는가?'라는 질문에 대해 긍정적으로 답하는 것이라고 보았습니다. 여기에 감정적인 체험의 필요보다는 더욱 성경에 대한 신뢰가 있어야 한다고 강조되었습니다.

▶ 어려운 용어 풀이: 교황의 권위

중세교회의 교황의 권위는 인노센트(Innocent) 3세(1198-1216)의 시대에 이르러 가장 절정에 이르게 됩니다. 그는 주장하기를, 교황은 하나님과 그리스도의 대리자로서 왕의 왕이기 때문에 세상의 왕을 심판할 수도 있다고 했습니다. 인노센트 3세는 또한 제4회 십자군 운동(1202-1204)을 알비(Albi)파 종식(終熄)을 위해 일으켰고, 종교재판과 고해성사(告解聖事) 제도가 이때부터 시작되었습니다.

그러나 이후 종교개혁자들은 교황의 종교회의의 결의가 아니라, 성경의 권위에 따라야 한다고 주장하였습니다. 이에 따라 중세교회의 권위에 의존하여 성경을 해석하던 시대는 개신교 내에서 결국 끝장을 보게 되었습니다. 이제는 교황권 대신 성경만이 유일한 신자의 영적 삶의 최고의 권위가 되었으며, 이것이 바로 종교개혁이 가져다 준 '오직 성경'(sola scriptura)의 영광스러운 광채인 것입니다.

➢ 성령사역을 위한 질문

1. 청교도 신학자들은 인간의 양심에 대해서 어떻게 설명하고 있습니까?

　_____

2. 청교도들이 말한 성령의 내적 증거와 외적 증거란 각각 어떤 의미입니까?

　_____

3. 청교도들은 구원의 확신을 확인하는 가장 단순하고도 명백한 질문이 무엇이라고 보았습니까?

　_____

➢ 삶의 적용을 위한 기도

1. 양심을 통해 성령의 인도하심을 늘 따를 수 있도록 기도합시다.
2. 구원의 확신이 내게 있는지를 살펴보고, 늘 이 확신에 기초한 삶을 살도록 기도합시다.

웨슬리의 성령운동

성경 말씀

"그러므로 하늘에 계신 너희 아버지의 온전하심과 같이 너희도 온전하라"(마 5:48).

1. 그리스도인의 완전(Christian Perfection)

1739년에서부터 1777년까지 웨슬리는 『존 웨슬리 목사에 의해 믿어지고 가르쳐진 그리스도인의 완전에 대한 평이한 설명』(A Plain Account of Christian Perfection as Believed and Taught by the Reverand Mr. John Wesley)이라는 저술을 계속적으로 발행하여 제자들에게 읽혔습니다. 이 책의 내용은 이후 두 세 기간에 걸쳐 감리교(Methodists)로부터 분파되어져 나간 많은 성결 그룹들의 진정한 선언문 역할을 해주었습니다.

그러나 웨슬리는 '죄 없는 완전'(sinless perfection)을 가르치지 않았습니다. 그가 가르친 완전의 교리는 차라리 동기와 욕망에 있어서의 완전이라 할 수 있습니다. 죄 없는 완전은 오직 죽음 이후에만 찾아올 수 있으며, 성화된 영혼은 끊임없는 자기성찰, 경건훈련, 그리고 세속적 욕망의 기피 등을 통해 지속적으로 죄로부터 승리하는 삶을 살 수 있다고 했습니다.

2. 제 이차적 축복(the Second Blessing)

웨슬리는 신자가 경험하는 구원의 과정을 두 단계로 나누어 보았습니다. 첫째는 회심 또는 중생이고, 둘째는 그리스도인의 완전 또는 성결입니다. 첫째 체험에서 신자는 그의 자범죄를 사함 받습니다. 그러나 아담의 타락 이후 유전된 죄성은 여전히 남아있는데, 이는 제 이차적 축복인 성결의 은혜에 의해 제거 받는다는 것입니다.

1870년부터 1885년에 이르기까지 성결의 교리는 남부 감리교 내에 급속하게 확산되어 갔습니다. 성결파 부흥사들은 성결연합회(Holiness Association)를 만들었고, 여러 지역의 많은 목회자들이 성결의 체험을 하나의 제 이차적 축복으로서 고백하였습니다.

1890년과 1900년 초에 있어서 성결 그룹들은 그들의 근본적 교리 그대로 온전한 성결의 교리를 주장해 나갔습니다. 이 운동은 단지 감리교도들(Methodists) 내에서나 또는 시골을 중심으로 진행된 것이 아니라, 도시를 포함하여 매우 보편적으로 확산되어 갔습니다.

적지 않은 장로교 목사들도 이 운동에 연관되어 있었습니다. 예를 들어, 홈스(N. J. Holmes)와 같은 장로교 목사는 1899년에 다른 성결파 장로교인들과 함께 브레베톤(Brewerton) 장로교회를 세웠는데, 이 그룹은 장로교 소요리문답과 대요리문답에 성결의 교리를 제 이차적 축복으로서 포함시켰습니다.

3. 순간적 성결(instantaneous sanctification)

웨슬리의 성결론에는 점진적인 면과 순간적인 면이 있는데, 그 강조점은 순간적인 면에 있습니다. 그리스도인의 완전은 은총에 의하여 순간적으로 주어지지만, 그러나 순간적 성결 전후의 성장을 위해서는 하나님의 은혜에 응답하는 인간의 자세와 태도, 즉 헌신, 복종, 선행, 은혜의 수단을 활용하는 것 등이 필요하다고 역설하였습니다.

그런데 베뵈 팔머 부인과 그의 남편 왈터 팔머(Walter Palmer) 박사의 사역은 감리교 사상에 있어서 새로운 강조점을 불러일으켰습니다. 그들은 성결의 증진을 위한 화요 모임을 시작했는데, 그들의 모임은 급속히 부흥하여 수백 명의 일반 신도들이 초교파적으로 모여들었습니다.

팔머 부인은 초대교회 성도들이 체험했던 황홀경과 완전의 경험을 단순히 '제단 위에 모든 것'(all on the altar)을 내려놓는 것을 통해 얻을 수 있다고 하면서, 이것이 곧 순간적으로 성화되는 '더 쉬운 길'(the shorter way)이라고 했습니다.

"그러므로 형제들아 내가 하나님의 모든 자비하심으로 너희를 권하노니 너희 몸을 하나님이 기뻐하시는 거룩한 산 제사로 드리라 이는 너희의 드릴 영적 예배니라"(롬 12:1).

이들의 가르침은 1839년에 티모디 메리트(Timothy Merritt)에 의해서 『그리스도인의 완전에 대한 안내』라는 간행물로 소개되었고, 나중에 이 제목은 『성결에의 안내』라고 바뀌었습니다.

▶ 어려운 용어 풀이 : 팔머의 성결론

팔머의 성결론으로 인해 본래의 웨슬리 성결론과는 다른 세 가지의 근본적인 변화점들이 웨슬리안 완전주의에 나타나게 되었습니다.

첫째, 성결에 있어서 철저한 주의(attention)에 대한 웨슬리의 초점이 성결된 삶의 능력에 대한 강조점으로 바뀌었습니다.

둘째, 더욱 분명한 변화점은 명확한 경험으로서의 헌신(consecration)의 행위를 강조하기 시작했다는 점입니다. 그러자 순간적 성결에 대한 강조가 지속적 성결의 교훈을 압도하게 되었습니다.

셋째, 성결의 은혜를 받았다고 하는 것을 고백하는 일이 성결 집회에 있어서의 새로운 전통으로 만들어지게 되었습니다. 웨슬리가 변화시키는 성령의 증거에 초점을 맞춘 반면, 팔머는 성결의 은총을 믿음으로 고백하는 인간적 차원에 더 강조점을 둔 것입니다.

▶ 성령사역을 위한 질문

1. 웨슬리는 '죄 없는 완전'이 세상을 사는 동안에는 가능하지 않다고 보았는데, 그렇다면 그가 현세에서 가능하다고 본 '완전'이란 무슨 의미입니까?

2. 웨슬리는 신자가 경험하는 구원의 과정에 어떤 두 단계의 은혜가 포함된다고 보았습니까?

3. 웨슬리는 순간적 성결 경험의 이전과 이후의 지속적 성결의 삶을 위하여 성도들에게 어떤 자세와 노력이 필요하다고 보았습니까?

▶ 삶의 적용을 위한 기도

1. 주님께 온전히 자신을 드릴 수 있도록 기도합시다.
2. 영혼 속에 지속적인 성결의 은혜가 주장하도록 기도합시다.

제 4 과
19세기 미국의 성령운동

성경 말씀

"하나님의 말씀이 점점 왕성하여 예루살렘에 있는 제자의 수가 더 심히 많아지고 허다한 제사장의 무리도 이 도에 복종하니라 스데반이 은혜와 권능이 충만하여 큰 기사와 표적을 민간에 행하니"(행 6:7-8).

1. 성령론이 크게 부각되었습니다.

　18세기의 미국 교회는 성령론에 대해 그다지 크게 언급하지 않았으나, 19세기에 이르러서는 성령론에 대한 여러 다양한 견해들이 나타나게 되었습니다. 그래서 날카로운 신학적 논쟁의 주제로서 성령론이 달아오르게 되었으며, 심지어는 성령론에 대한 여러 이견들은 19세기 미국 교파 분열의 주된 원인 중의 하나로 작용하기도 하였습니다.

　이같이 19세기에 성령론이 크게 부각된 이유들을 몇 가지 들 수 있습니다. 당시 미국에는 초월적인(transcendental) 신념들의 도전이 미국적 사상의 형성에 크게 영향을 주고 있었고, 이러한 경향성은 곧 미국의 기독교계에 영적이고 이상주의적인 삶에 대한 강조를 불어넣어 주었습니다.

그래서 부흥사들은 번연(John Bunyan)이 『천로역정』에서 제시한 바와 같이, 영적 이상향(理想鄕)을 향해 나아가는 그리스도인의 삶의 가치관을 강조했습니다. 또 대륙에서 건너온 감리교의 영향이 미국에서 강력해지자, 자연스럽게 제2차적 축복(the Second Blessing)으로서의 성결에 대한 강조가 성령운동에 큰 동력을 제공하게 되었습니다.

2. 전쟁 이전의 성령운동

남북전쟁(1861-65) 전 미국에서는 성령론에 대한 강조가 다음 두 가지 양상으로 나타났습니다. 첫째, 1820년대 이후부터 '성결'에 대한 질문이 초교파적으로 일어났습니다. 이는 전도와 사회 개혁이라는 두 가지 과제를 안고 있던 미국적 상황으로 볼 때 필연적인 질문이었습니다. 둘째, 신앙생활에 있어서 인간 자유의지의 능력과 책임을 강조하는 신학적, 문화적 낙관주의가 지배적이었습니다.

이처럼 전쟁 전, 특히 1840년경에 이르러서는 완전주의(perfectionism)가 미국의 사회적, 지성적, 그리고 종교적 삶에 있어서 가장 중심 되는 주제가 되어갔습니다. 그래서 당시 오벌린 완전주의(Oberlin Perfectionism)와 팔머의 웨슬리안 완전주의(Wesleyan Perfectionism)는 거룩한 삶에 있어서 그리스도께서 어떻게 수단(means)을 준비하시는가에 중점을 두었습니다. 그리고 인간에게는 그 주어진 수단을 잘 활용해야 할 의무가 주어진다고 보았습니다.

1857-58년의 부흥운동 기간에는 마치 초대교회의 오순절 사건과 같은 성령의 부어짐이 교회에 임하고 있다는 신념이 퍼져나가게 되었습니다. 그래서 이때부터 '오순절'(Pentecostal)이라는 고전적 용어가 성령운동에 새롭게 등장하여, 마침내 전쟁 이후 문화적, 신학적, 교파적 진전에 있어서 하나의 큰 조류를 형성해가게 되었습니다.

3. 전쟁 이후의 성령운동

1865년에 전쟁이 끝나고 1870년대에 접어들자, 미국은 급속한 산업화와 도시화 현상에 직면하게 되었습니다. 이 즈음에 미국 개신교는 또한 대륙으로부터 건너온 성서의 고등비평과 다윈주의(Darwinism)에 노출되어 큰 혼란을 겪고 있었습니다.

그런가 하면, 특히 남북전쟁 이후 임박한 종말론 사상이 팽배해지면서, 그리스도의 재림 이전에 대대적인 성령강림의 역사가 일어나게 될 것이라는 신념이 고조되기 시작하였습니다. 따라서 전쟁 이후의 성령운동은 이 같은 도전과 요청에 직면하여, 전쟁 전의 성령운동이 인간의 의무와 능력을 강조하던 것과는 대조적으로 인간의 능력에 대한 비관적 견해와 함께 특별히 성령의 능력에 대한 관심이 지대해지게 되었습니다.

1870년대 이후에는 대중전도가 발전하게 되었고, 이러한 사역에 있어서 가장 주목받은 사람은 드와이트 무디입니다. 그는 신자가 복음을 전함에 있어서 필요한 것은 성령의 능력이라고 보았고, 이 같은 그의 강조는 능력을 갈망하던 당시의 요구에 부합하는 것이었습니다.

성령에 관해 언급하는 성경 구절의 사용도 많이 달라지게 되었습니다. 1870년 전에는 주로 죄성의 정화(淨化)와 관련된 구절들이 많이 사용되었으나, 전쟁 이후에는 능력에 관계된 사도행전의 구절들이 많이 인용되었습니다. 전쟁 이후 인간의 능력에 대한 불신은 성령운동에 '성령의 권능', '권능을 주심', 또는 '권능 받는'이라는 표현을 자주 등장시켰습니다.

"오직 성령이 너희에게 임하시면 너희가 권능을 받고 예루살렘과 온 유대와 사마리아와 땅끝까지 이르러 내 증인이 되리라 하시니라"(행 1:8).

이러한 상황 가운데서 웨슬리안-성결 그룹에서는 오순절날 초대교회 성도들이 성령세례에 의해 성화되어질 뿐만 아니라, 또한 봉사의 사역을 위해 성령의 능력을 받게 되었다고 해석하게 됩니다. 이는 전통적인 정화 차원과 함께 능력 차원을 새롭게 부가시킨 것입니다.

▶ 어려운 용어 풀이: 무디(Dwight L. Moody)

18세기의 마지막 10년 동안에서부터 시작하여 19세기의 전반기 동안 계몽주의 사조에 대한 각양각색의 반작용과 부흥운동이 일어났습니다. 드와이트 무디의 중요한 역사적 위치는 그가 이러한 도시 이주의 시대를 맞아 부흥운동에 있어서 탁월한 지도력을 발휘하게 된 것을 들 수 있습니다. 무디는 신학적인 훈련을 받아 본 일이 거의 없기 때문에 자신의 신앙에 대해서 논리적인 정리 작업 같은 것을 할 능력이 거의 없었습니다.

그러나 부흥운동가로서의 무디의 공헌이라 할 수 있는 것은 대중전도의 방법론적, 운영적 기초를 수립한 일입니다. 마치 그가 당대의 성공적인 사업가였던 것처럼, 그는 역시 조직과 운영상의 혁신가로서 부흥운동이 도시 대중사회에 퍼져 나갈 수 있도록 큰 공헌을 하였습니다. 1889년에 무디는 시카고 성서학원(Bible Institute in Chicago)을 설립하였는데, 그의 탁월한 지도력 아래 이 학교에서는 전 세계에 영향력을 미친 수많은 복음전도자와 선교사들이 배출되었습니다.

▶ 성령사역을 위한 질문

1. 19세기에 미국에서 성령론이 크게 부각된 이유는 무엇입니까?

2. 남북전쟁 전 미국에서 '오순절'이라는 고전적 용어가 성령운동에 새롭게 등장하게 된 이유는 무엇입니까?

_____

3. 남북전쟁 이후에 미국에서 인간의 능력에 대한 비관적 견해와 함께 특별히 성령의 능력에 대한 관심이 지대해지게 된 이유는 무엇입니까?

_____

▶ 삶의 적용을 위한 기도

1. 성령의 정결케 하시는 능력을 늘 힘입도록 기도합시다.
2. 성령께서 사역의 능력을 주시는 은혜 가운데 거하도록 기도합시다.

제 5 과

현대 은사적 기독교

성경 말씀

"내가 너희 모든 사람보다 방언을 더 말하므로 하나님께 감사하노라 그러나 교회에서 네가 남을 가르치기 위하여 깨달은 마음으로 다섯 마디 말을 하는 것이 일만 마디 방언으로 말하는 것보다 나으니라"(고전 14:18-19).

1. 전통 오순절주의

20세기 이후의 은사적 기독교는 세 시기로 구분할 수 있습니다. 제1의 물결 시기인 1900년 초의 전통 오순절운동, 제2의 물결 시기인 1960년대의 은사갱신운동, 그리고 1980년대 이후의 '제3의 물결'(the Third Wave)로 그 성격을 구별 지을 수 있습니다. 처음 시기인 전통 오순절주의의 시작은 1901년 토페카에서의 찰스 파함의 사역이나 1906년부터 아주사 거리 미션(Azusa Street Mission)의 사역을 감당한 시무어로 대표됩니다.

파함은 1895년에 불세례성결교회를 설립한 벤자민 어윈(Benjamin H. Irwin)으로부터 영향을 많이 받았습니다. 어윈은 성경과 함께 존 웨슬리의 가르침, 그리고 특히 존 플레처의 글을 탐독하였습니다. 그래서 플레처의 표현 중에서 '불타는 사랑의 세례', '성령과 불에 의한 세례', '불세례', '하늘로부터의 능력을 받음'과 같은 말을 마음에 받아들였습니다.

"사도와 같이 모이사 저희에게 분부하여 가라사대 예루살렘을 떠나지 말고 내게서 들은 바 아버지의 약속하신 것을 기다리라 요한은 물로 세례를 베풀었으나 너희는 몇 날이 못 되어 성령으로 세례를 받으리라 하셨느니라"(행 1:4-5).

그리고 필요하다면 일생에 걸쳐 여러 번의 세례를 받을 수 있다고 보고, 그래서 그는 '성령과 불에 의한 세례' 또는 단순히 '불'이라고 일컫는 성결 체험 이후의 '제3의 체험'이 있다고 결론지었습니다.

불세례성결교회는 현대 오순절운동의 시작에 있어서 매우 중요한 연결고리 역할을 해줍니다. 왜냐하면 파함은 어윈의 영향을 받아 성령세례가 성결 체험 후에 나타나는 또 다른 체험이라고 가르쳤고, 더 나아가서는 방언을 성령세례 받은 단 하나의 증거라고 주장했기 때문입니다. 이때로부터 이른바 '성령강림'(Outpouring of the Spirit) 운동은 전통 오순절주의를 형성했으며, 하나님의성회나 오순절성결교회 같은 오순절 교파들을 태동케 하였습니다.

2. 은사갱신운동

1960년대에 미국을 휩쓸었던 은사갱신(Charismatic Renewal)운동은 같은 시기에 역시 영국에서도 일어났습니다. 특히 은사(charismatic)라고 하는 명칭으로 불리게 된 방언을 말하는 현상이 가장 두드러지게 나타났는데, 그 후로부터 은사갱신운동은 1980년대 이후 제3의 물결 운동과 함께 영국과 미국 기독교에서 매우 강력한 힘이 되어왔습니다.

한편, 은사를 강조하는 은사주의자들은 언제나 기존 교파로부터 큰 저항을 받곤 했습니다. 그 이유는 단지 유럽이나 미국뿐 아니라 아시아나 남아메리카 또는 아프리카 어디에서든 은사운동이 일어나는 곳에서는 이에 대한 신학적 논쟁이 일어나곤 했기 때문입니다.

그럼에도 불구하고, 가톨릭교회와 개신교에 강력한 영향을 주고 있는 은사운동은 이미 20세기 교회사에 있어서의 가장 큰 주제 중의 하나가 되어버렸습니다. 이제 아프리카 또는 중남미 등지에서는 방언을 말하고 치유가 일어나는 것은 예외적인 일로 간주하지 않고 있으며, 전 세계적으로 볼 때도 이러한 은사의 실행은 예전처럼 주로 오순절교회에서만 일어나던 일이 아닌 것이 분명합니다. 이처럼 은사운동의 영향력은 21세기에 들어선 현재, 지역적으로나 또 교파적으로나 더욱 확대되어가고 있습니다.

3. 제3의 물결

'제3의 물결'의 가장 대표적인 운동인 빈야드운동(Vineyard Movement)은 현재 세계선교에 있어서 미전도 지역의 선교현장에서 일어나고 있는 기사와 이적의 여러 현상을 복음주의적 입장에서 재해석한 시도로서 탄생하게 되었습니다. 다시 말하면, '성령의 나타남'(manifestation of Holy Spirit)을 현대 교회의 성장과 특히 능력 대결(Power Encounter)의 현장에 적용할 목적으로 일어난 운동이라고 할 수 있습니다.

1980년대 말부터 세계적으로 급속히 확산된 빈야드운동의 선구자인 존 윔버의 공동체가 시작된 이후 10년 이내에 수천 명의 회원으로 성장하였고, 마침내 전 세계적으로 빈야드 공동체와 제휴된 수백 개의 교회와 단체들을 탄생시키게 되었습니다.

한국교회에서 빈야드운동의 영향은 미국과 거의 비슷한 시기인 1980년대에 시작되었습니다. 이 영성운동들에 공통적으로 나타나는 강조점들은 능력사역, 내적 치유, 성령의 기름 부음, 예언 사역 등으로 나타났습니다.

최근 한국에 소개되고 있는 신사도개혁운동(New Apostolic Reformation Movement)은 빈야드운동과 유사한 '제3의 물결'의 조류에 속한 것으로 분류될 수 있습니다. 물론 이 둘 사이에는 강조점의 차이가 나타나는 것이 사실입니다. 빈야드운동이 주로 복음 증거에 나타난 성령의 능력과 은사를 강조했다면, 신사도개혁운동은 사도적 직분의 회복을 통한 교회론적 갱신에 강조점이 있습니다.

▶ 어려운 용어 풀이: 하나님의성회

'제2의 축복'에 대한 문제가 상당수의 사람들이 비웨슬리안적 배경에서, 특히 침례교회로부터 오순절운동으로 전향했을 때 발생했습니다. 웨슬리안 성결론에 대해서 배운 적이 없는 이들은 제2의 축복의 필요성에 대해 의문을 제기했습니다. 그 그룹의 지도자가 된 더함(William H. Durham)은 신자 속에 있는 '죄의 잔재'라는 웨슬리의 개념을 부인하면서, 사람은 회심할 때 완전히 성화되며, 그 이후의 위기나 제2의 변화는 필요 없다고 가르쳤습니다.

더함은 마침내 지지자들과 함께 1914년에 알칸사스 주 핫스프링스(Hot Springs)에서 '하나님의성회'(Assemblies of God)를 조직하게 되었습니다. 이 '하나님의성회'는 1953년 한국에 교단을 결성하였으며, 1960년대부터는 이 교단 소속 여의도순복음중앙교회의 괄목할 만한 성장에 힘입어 현재 한국의 대표적인 기독교단 중의 하나가 되었습니다.

⇒ 성령사역을 위한 질문

1. 현대 은사적 기독교의 세 가지 흐름은 각각 무엇입니까?

_____

2. 은사를 강조하는 은사주의자들이 종종 기존 교파로부터 큰 저항을 받아온 이유는 무엇입니까?

_____

3. '제3의 물결'의 대표적인 운동인 빈야드운동과 신사도개혁운동의 특성은 각각 어떻게 구분할 수 있습니까?

_____

⇒ 삶의 적용을 위한 기도

1. 성령께서 베푸시는 능력의 세례를 기대하며 간구합시다.
2. 방언을 하는 분이라면 방언기도를 통해 자신의 신앙에 덕을 세울 수 있도록 기도합시다.

NOTE

NOTE

제 11 단원

성령과 공동체

◆ 이 단원의 핵심 찾기 ◆

성령의 능력은 단지 불신자들에게 복음을 전하는 현장이나 선교지 또는 교회에서의 사역에서만 역사하는 것이 아닙니다. 궁극적으로 성령은 변화와 부흥의 영으로서, 성령께서는 우리가 속해 있는 가정, 학교, 직장, 이웃 등의 공동체를 변화시켜 하나님의 통치가 임하는 사회로 만들어 가기 원하시는 것입니다. 성령의 다스리심 속에 살아가는 그리스도인들을 통해 이런 공동체들이 변화되어갈 때, 비로소 세계선교의 완수를 이루기 원하시는 하나님의 뜻은 성취될 수 있을 것입니다.

중생의 공동체

🙢 성 경 말 씀 🙠

"너희가 거듭난 것이 썩어질 씨로 된 것이 아니요 썩지 아니할 씨로 된 것이니 하나님의 살아 있고 항상 있는 말씀으로 되었느니라"(벧전 1:23).

1. 성령께서는 공동체 속의 죄인들이 회개하여 중생하도록 역사 하십니다.

하나님 나라의 성취가 일어나는 공동체를 이루기 위해서는, 무엇보다도 그 공동체의 일원들이 모두 회개하여 예수 그리스도를 영접하는 일이 중요합니다. 예수 그리스도를 영접한다고 하는 것은 곧 그리스도의 영인 성령을 받는 일입니다. 성령께서 우리 속에 들어오심으로 말미암아 영적인 출생인 중생을 하게 되는데, 이것은 하나님께서 다스리시는 공동체를 이룸에 있어서 꼭 거쳐야 할 출발점입니다.

가정이나 직장 속의 한 사람 한 사람이 참으로 성령으로 중생(重生; Regeneration)의 체험을 하도록 기도하는 것은 필수불가결한 일입니다. 왜냐하면 하나님 나라의 뜻을 실천하는 힘은 오직 하나님 나라를 경험하는 이들로부터 솟아나기 때문이며, 진정한 하나님 나라의 뜻과 정의는 오직 죄로부터 거듭나서 변화된 그리스도인의 삶 속에서부터 시작되기 때문입니다.

예수님을 나의 구원자요 주님으로서 믿기 시작할 때 내가 속한 공동체에는 거듭난 나 한 사람을 통하여 굉장한 변화와 영향이 일어날 수 있습니다. 우리 안에 심겨진 예수 그리스도의 생명은 곧 우리의 공동체 속에 하나님 나라를 퍼뜨려가는 거룩한 씨앗이기 때문입니다. 예수 그리스도께서는 자신의 몸을 주시는 대속 사역을 통해 "썩지 아니할 씨"(벧전 1:23), 즉 참된 하나님 나라의 생명으로 우리 속에 오신 것입니다. 그리고 이 예수의 생명은 참된 하나님의 뜻을 이 땅에 펼쳐나갈 수 있는 힘을 우리 영혼 속에 넘치게 하시는 것입니다.

2. 성령께서는 서로 죄를 자백하고 용서해주는 삶으로 공동체를 이끄십니다.

우리가 속한 공동체의 일원들 모두가 다 거듭난 사람들이라 할지라도, 공동체 속에서는 역시 많은 문제와 다툼이 일어납니다. 왜냐하면 우리가 다 중생했다고 해서 우리 내면 속의 이중적 인간의 본성이 완전히 없어진 것은 아니기 때문입니다. 그래서 인간관계 속에 이런 죄성이 드러남으로 인해, 공동체에는 여러 이견 다툼과 사리사욕의 추구 또는 분열의 위험들이 생기는 것입니다.

그러므로 경건의 삶의 나눔을 통해 죄를 회개하는 성령의 역사가 공동체 생활 속에서 늘 일어나도록 해야 합니다. 이 일에 있어서 성령께서는 우리의 죄악으로 물든 마음의 태도와 행동을 버리게끔 양심을 각성시키십니다. 그래서 거듭나지 못한 자의 양심은 자신의 자유의지를 변화시키지 못하지만, 거듭난 자에게는 성령께서 양심을 각성시켜서 자유의지를 선한 방향으로 바꾸게 하시는 것입니다.

이런 과정에서 필요한 것은 우리의 공동체 안에서 서로 죄를 자백하고 또 용서해 주는 일이 일어나야 한다는 것입니다. 물론 나에게 직접적인 잘못을 저지른 상대를 용서한다는 것이 결코 쉬운 일은 아닙니다.

"이러므로 너희 죄를 서로 고하며 병 낫기를 위하여 서로 기도하라 의인의 간구는 역사하는 힘이 많으니라"(약 5:16).

하지만 남을 용서하지 못한다는 것은 또한 내 속에도 무언가 용서받지 못한 부분이 있다고 하는 사실을 말해주는 것이기도 하며, 또 우리가 용서하지 않을 때는 우리의 생각과 행동과 심지어는 몸까지도 오히려 부정적인 영향을 받을 수 있다는 점을 잊지 말아야 합니다. 그러므로 공동체가 정서적으로, 그리고 영적으로 건강하기를 바란다면, 공동체 안에서 죄를 서로 고백하고 또 서로에게 상처를 준 사람들을 용서하고 품어주어야 합니다.

3. 성령께서는 그리스도 안에서 점차 성화되는 삶을 살도록 공동체를 이끄십니다.

가정이나 직장 공동체 속에 혹 영적으로 거듭난 사람들이 대부분을 이루고 있다고 할지라도, 그 공동체 안에서 이루어지는 일들이 하나님의 뜻을 추구하기보다는 오히려 육신적인 언어와 행동으로 자주 기울어지곤 한다면 그것은 무엇 때문일까요? 그것은 분명히 그 공동체가 아직 영적으로 많이 성숙해가야 한다는 점을 반영하고 있는 것이 아닐까요?

"형제들아 내가 신령한 자들을 대함과 같이 너희에게 말할 수 없어서 육신에 속한 자 곧 그리스도 안에서 어린 아이들을 대함과 같이 하노라 내가 너희를 젖으로 먹이고 밥으로 아니하였노니 이는 너희가 감당하지 못하였음이거니와 지금도 못하리라 너희는 아직도 육신에 속한 자로다 너희 가운데 시기와 분쟁이 있으니 어찌 육신에 속하여 사람을 따라 행함이 아니리요"(고전 3:1-3).

그러므로 그 공동체 속에 필요한 것이 있다면 그것은 철저한 자아 부정과 육신의 욕망을 제어하기 위한 노력의 실천입니다. 왜냐하면 하나님께로 나아가는 성화의 과정은 죄성에 대한 지속적인 억제가 있어야 하며, 또 더 많은 진리의 빛을 받기 위한 노력이 있어야 하기 때문입니다. 그리고 이러한 과정은 필연적으로 성령 안에서 각 개개인의 치유와 회복의 단계를 필요로 하게 될 것입니다.

이렇게 볼 때 공동체 안에서의 성화의 과정은 양면성을 지니고 있다고 말할 수 있습니다. 먼저 성화의 적극적인 면은 활기를 주는 것, 즉 새 사람을 성장시키고 성숙시키는 것이며, 그리고 성화의 소극적인 면은 억제하는 것, 즉 옛 사람을 약화시키고 죽이는 것입니다.

그리고 이 모든 역사는 우리의 평생에 걸쳐 점진적으로 완성을 향하여 진행되고 있는 것입니다. 그러므로 그리스도인 공동체는 구성원 모두가 그리스도께 전적으로 헌신하여 성령의 온전한 통치를 받을 수 있도록 훈련되어야 합니다.

▶ 어려운 용어 풀이: 중생

중생(重生)이란 '거듭난다, 다시 난다, 위로부터 난다'는 뜻으로, 즉 인간이 그리스도의 대속의 은총을 믿음으로 인해 의롭다 함을 얻는 동시에, 성령으로 말미암아 그 인격 속에 이루어지는 도덕성의 급격한 변화를 말합니다. 중생의 은혜를 통해 인간은 죄와 허물로 죽었던 심령이 변하여 비로소 예수 그리스도 안에서 새 생명으로 부활하고 순종과 승리의 생활을 하게 되는 것입니다.

이렇게 볼 때, 칭의(稱義)의 은혜는 지나간 범죄에 대한 심판으로부터 해방되는 것이요, 중생은 사람의 심령 속에 예수 그리스도의 생명이 내주하시는 것이라고 할 수 있습니다. 그러므로 인간의 영혼은 중생을 통해 죄의 속박에서 벗어나 죄에 대하여 승리하며 살 수 있는 기초가 마련되며, 하나님의 자녀로서의 양자의 특권을 받게 되는 것입니다.

▶ 성령사역을 위한 질문

1. 가정이나 직장 속의 한 사람 한 사람이 참으로 성령으로 중생하도록 기도해 주는 일이 중요한 이유는 무엇입니까?

___

2. 그리스도인들의 공동체 속에서도 역시 많은 문제와 다툼이 일어나는 근본적인 원인은 무엇입니까?

___

3. 공동체 속에 철저한 자아 부정과 육신의 욕망을 제어하기 위한 노력의 실천이 상호 간에 필요한 이유는 무엇입니까?

___

▶ 삶의 적용을 위한 기도

1. 공동체에 속한 모든 이들이 죄를 회개하고 중생하도록 기도합시다.
2. 공동체가 그리스도 안에서 성화된 삶을 향해 자라나도록 기도합시다.

제 2 과

치유와 회복의 공동체

성경 말씀

"내 이름을 경외하는 너희에게는 의로운 해가 떠올라서 치료하는 광선을 발하리니 너희가 나가서 외양간에서 나온 송아지 같이 뛰리라"(말 4:2).

1. 성령께서는 공동체 안에서 육체의 질병을 치유하시는 일을 하십니다.

가족이나 직장 동료들 중에 몸의 질병으로 고통스러워하는 경우가 있습니다. 그럴 때면 서둘러 병원이나 약국을 찾곤 하지만, 그렇다고 해서 모든 병들이 의약으로 다 말끔히 치유되는 것은 아닙니다. 왜 그럴까요? 그것은 인간의 몸에 질병이 생기는 이유가, 물론 여러 가지가 있을 수 있겠지만, 그러나 대부분은 영혼의 부조화와 병적 현상이 몸의 여러 조직에 반영되었기 때문입니다. 그러니까 이런 경우에는 영혼의 문제가 먼저 다루어져야 합니다.

그러면 우리가 속한 공동체의 어느 일원이 질병으로 고통당하고 있을 때 어떻게 그를 도와야 할까요? 먼저 생각할 것은, 우리는 우선 이 모든 일을 주관하고 계시는 하나님께 감사드리고 그분의 선하신 인도하심을 구해야 한다는 점입니다.

그런 후에 우리는 그 사람의 질병을 지금 치유하시는 것이 하나님의 뜻인지, 아니면 한동안 질병 속에서 인내하면서 무슨 교훈을 깨닫게 되기를 바라시는지를 알기 위해 성령의 인도하심을 구해야 할 것입니다.

만일 그를 치유하시는 것이 하나님의 뜻으로 확신하게 된다면, 그 다음에는 질병의 원인이 어떤 영혼의 죄에서 비롯된 것은 아닌지, 그리고 만일 그렇다면 그것을 먼저 주님 앞에 자백하고 회개하도록 해야 할 것입니다.

더불어서 질병의 치유에 있어서도, 하나님께서 의약을 사용하기 원하시는지, 아니면 기도로서만 치유하기 원하시는지를 주님께 여쭤보아야 합니다. 우리 주변에는 여러 가지 고질적인 병들로부터 의약을 사용하지 않고 오직 기도만으로 즉각적으로 치유 받은 사례들도 많기 때문입니다. 그러나 의약을 사용하든, 안 하든 모든 질병을 근본적으로 치유하시는 분은 주님이십니다.

2. 성령께서는 더러운 귀신들의 세력으로부터 공동체를 자유하게 하십니다.

더러운 귀신들의 역사는 우리의 가정이나 직장이나 교회 속에 매우 크게 다가오고 있습니다. 나 한 사람만 영적으로 무장하고 산다고 해서 우리의 공동체가 늘 귀신들로부터 자유로운 것은 아닙니다. 한 사람 한 사람은 다 각자가 속한 공동체의 일원이기 때문에, 그 공동체가 직면하고 있는 귀신들로부터의 온갖 계략과 공격에 함께 노출되어 있는 것입니다. 그러므로 귀신들의 영향과 세력으로부터 해방되어 자유를 누릴 수 있도록 온 공동체가 함께 영적으로 무장해야 합니다.

"그런즉 너희는 하나님께 복종할지어다 마귀를 대적하라 그리하면 너희를 피하리라"(약 4:7).

귀신들의 영향은 단지 개개인의 신체에 질병을 일으키고 영혼을 교란시키는 것뿐 아니라, 그들이 속한 공동체에 역사하여 인간관계 속에 의심과 반목과 분열을 일으킵니다. 예를 들어, 귀신들은 교회 속에 극단적인 혼합주의와 갱신주의 그리고 분리주의적 맹신을 불러일으켜서 결국 교회의 정체성을 파괴시키려 합니다.

가정 안에서는 남편과 아내, 그리고 부모와 자녀 사이를 이간시키고 불화시킴으로써 가정의 질서를 깨뜨리려 합니다. 직장과 학교 등 여러 사회 속에서는 불신과 음해 그리고 파당을 일으켜 이 땅 위에 하나님 나라의 뜻과 공의가 세워지지 못하게 하고 있는 것입니다.

그러나 성령의 역사하심은 이러한 귀신들의 영향으로부터 공동체를 자유롭게 하는 데 있습니다. 우리는 우리의 공동체가 하나님의 주권 속에 다스려지도록 지속적으로 기도할 의무가 있습니다.

"믿는 자들에게는 이런 표적이 따르리니 곧 저희가 내 이름으로 귀신을 쫓아내며 새 방언을 말하며"(막 16:17).

그러므로 믿는 자에게 주신 귀신 쫓는 능력을 선포하여 공동체를 공격하는 마귀를 대적해 나가야 할 것입니다.

3. 성령께서는 내적 치유, 즉 혼의 치유의 과정으로 공동체를 이끌어 가십니다.

공동체 속에서의 치유와 회복의 단계는 성령의 역사 속에서 그리스도인의 삶 전반을 통하여 일어나는 성화의 과정입니다. 치유와 회복을 주시는 성령의 역사가 공동체 속에서 필요한 이유는 상처받은 사람들이 주변 환경과 이웃에 대해 올바르게 반응하여 영적으로 성숙한 사회생활을 할 수 있도록 하기 위함입니다.

우리가 속해 있는 공동체 속에는, 그 곳이 가정이든, 교회이든, 직장이든 간에, 비록 예수를 믿어 중생한 자라 할지라도 여전히 영혼의 상처와 아픔이 남아있는 사람이 많습니다. 예를 들어, 두려움, 열등감, 분노, 죄책감, 시기심, 원한 등은 매우 심각한 영혼의 질병이라고 할 수 있습니다. 이러한 아픈 마음의 짐들이 효과적으로 처리되지 않는 한, 개개인의 영혼 속의 악한 죄성은 공동체의 삶 속에 매우 나쁜 영향을 끼치는 것입니다.

그러므로 이런 죄성에 대한 철저한 자각, 그리고 이에 따른 진지한 회개가 각자에게 요청됩니다. 아픈 기억과 상한 감정의 치유는 하나님과 사람 앞에서 지은 우리의 죄의 문제들을 십자가 앞에 내려놓을 때 일어납니다.

그리고 죄의 고백과 용서는 비록 짧은 시간을 통해서도 될 수 있긴 하지만, 그러나 다시 문제가 재발될 필요가 없을 만큼 온전한 치유와 회복을 경험하기 위해서는, 성령께서 자유롭게 일하시도록 치유를 위한 충분한 시간을 마련해 놓는 것이 좋습니다. 이런 과정을 통해 성령께서는 그리스도인의 정서적 상처와 과거의 쓰라린 기억으로부터의 치유를 주심으로써, 결국 공동체의 삶을 더욱 평안하고 깊은 영적 성숙의 길로 인도하시는 것입니다.

▶ 어려운 용어 풀이: 교회를 향한 귀신들의 공격

마귀의 최대 공격 대상은 예수 그리스도의 교회입니다. 왜냐하면 마귀는 하나님을 대항하는 불순종의 모든 영역을 자기의 세력 아래 두고 있지만, 오직 교회만은 장악하지 못하고 있기 때문입니다. 뿐만 아니라, 마귀의 모든 궤계와 술수를 간파하고 이를 대적하고 있는 유일한 곳이 바로 교회이기 때문입니다.

마귀는 가장 포악한 모습으로 교회를 공격해 들어오고 있을 뿐 아니라, 또한 좀 더 은밀한 술책으로 간교한 속임수를 그리스도인들에게 퍼뜨립니다. 교회를 무력하게 만들려고 하는 귀신들의 공격은 크게 세 가지로 그 성격을 구분할 수 있습니다. 그 특성은 첫째는 혼합주의(混合主義) 영의 공격을 통해 교회를 교란시키는 것이며, 둘째는 갱신주의(更新主義) 영의 독선을 교회 내에 퍼뜨리는 것이며, 그리고 셋째는 분리주의(分離主義) 영의 파당을 통해 교회를 분열시키려는 것입니다. 이러한 영적 특성을 잘 분별하게 되면, 교회 내외에서 활동하고 있는 귀신들의 계략을 알아차려 이를 대적하는 데 우리에게 적지 않은 도움이 될 것입니다.

▶ 성령사역을 위한 질문

1. 우리가 속한 공동체의 구성원이 질병으로 고통당하고 있을 때 어떻게 그를 도와야 합니까?

   _____

2. 가정과 교회와 직장을 향한 귀신들의 공격은 어떻게 다가옵니까?

   _____

3. 치유와 회복을 주시는 성령의 역사가 공동체 속에 필요한 이유는 무엇입니까?

   _____

▶ 삶의 적용을 위한 기도

1. 공동체 구성원 가운데 육체와 영혼에 고통이 있는 이들의 치유를 위해 간구합시다.
2. 성령의 능력으로 공동체 속에서 더러운 귀신들의 세력이 물러나도록 기도합시다.

제 3 과
성령의 인도받는 공동체

🌿 성경 말씀 🌿

"구름이 성막 위에서 떠오를 때에는 이스라엘 자손이 그 모든 행하는 길에 앞으로 발행하였고 구름이 떠오르지 않을 때에는 떠오르는 날까지 발행하지 아니하였으며 낮에는 여호와의 구름이 성막 위에 있고 밤에는 불이 그 구름 가운데 있음을 이스라엘의 온 족속이 그 모든 행하는 길에서 친히 보았더라"(출 40:36-38).

1. 성령께서는 공동체 안에서 인격적으로 내주하며 친밀히 교제하기를 원하십니다.

거듭난 그리스도인들의 공동체는 그리스도를 머리로 하고 있는 영적인 유기체라고 할 수 있습니다. 그러므로 하나님께서 그리스도인 공동체에게 바라시는 가장 큰 소원이 있다면, 그것은 거듭난 공동체의 구성원들이 성령과의 인격적인 교제와 그분께 대한 복종에 힘쓰기를 원하시는 것입니다. 구성원 각자가 순간마다 온 마음을 다해 성령과 인격적으로 교제하는 것, 그리고 공동체의 모든 논의와 행사 속에 성령의 인도하심을 따르는 삶이 나타나게 되는 것, 그것이 공동체를 향해 바라시는 하나님의 기쁘신 뜻입니다.

하지만 그리스도인들이 모여서 중요한 결정을 하기 위해 회의를 할 때면, 실제로 성령의 인도하심보다는 평소에 지니고 있던 고정관념이나 욕망이나 순간적 감정을 따르게 될 때가 많습니다. 그러다 보니 회의 중에 서로 의견이 갈라져 다투거나, 또 회의의 결과가 올바르게 되지 않을 때가 있습니다.

그러면 어떻게 해야 공동체 속에서 성령의 인도하심을 잘 분별할 수 있을까요? 무엇보다도 선행될 것은 각자의 선입견이나 편견 등을 내려놓고, 다같이 모여 성경의 말씀을 묵상하면서 이를 통해 성령의 인도하심을 받기 위해 힘쓰는 일입니다. 물론 이런 실천은 당장 하루아침에 익숙하게 되는 일이 아니므로 지속적인 노력이 필요합니다. 그래서 늘 하나님의 말씀으로 깨어 성령과 동행하는 훈련 속에 살아가는 공동체가 되어야 할 것입니다.

2. 성령께서는 공동체가 죄의 유혹을 이기며 승리하는 삶을 살도록 이끄십니다.

성령의 인도하심을 따라 살아가노라면, 그리스도인의 공동체 속에서 의도적으로 죄를 범하면서 사는 삶을 피할 수 있는 경험을 할 수 있습니다.

"내가 이르노니 너희는 성령을 좇아 행하라 그리하면 육체의 욕심을 이루지 아니하리라"(갈 5:16).

이 말씀은 거룩함의 완전을 이룬 자는 육체의 욕심이 완전히 사라져서 다시는 그 욕심이 인생 속에서 고개를 들지 못하는 그런 삶을 살게 된다는 뜻은 물론 아닙니다. 이 말의 참된 의미는 언제든지 성령의 인도하심을 따라 살아간다면, 우리는 성령의 능력에 의해 죄의 욕심을 충분히 진압할 수 있다는 말입니다.

"우리가 알거니와 우리 옛 사람이 예수와 함께 십자가에 못 박힌 것은 죄의 몸이 멸하여 다시는 우리가 죄에게 종노릇 하지 아니하려 함이니"(롬 6:6).

이 말씀의 표현은 성결한 능력의 근본적인 현주소를 정확히 기술한 것입니다. 그러므로 우리가 전적으로 성령의 인도하심을 따르기 위해서 자신의 의지를 지속적으로 주님께 드린다면, 죄와 육체의 소욕, 그리고 율법의 요구는 우리 안에서 죽은 것이나 마찬가지입니다.

"너희가 만일 성령의 인도하시는 바가 되면 율법 아래 있지 아니하리라"(갈 5:18).

그러므로 죄를 이기는 성결한 공동체를 직접적으로 가능케 해주는 요인은, 모든 구성원들이 그리스도의 영을 얼마나 충실히 따라 행하고 있느냐에 달려 있습니다.

3. 성령께서는 공동체가 하는 모든 일에 하나님의 뜻이 열매 맺게 되기를 원하십니다.

하나님께서는 우리의 공동체 속에 하나님의 뜻이 늘 열매 맺기를 원하십니다. 사실 그리스도께 헌신된 공동체라면 당연히 하나님의 뜻 행하기를 기뻐해야 할 것입니다. 그렇다면 이 일을 위해 우리는 어떻게 하나님 앞에 자신을 드려야 할까요?

예를 들어, 우리의 가정생활을 한 번 생각해 보겠습니다. 가정 내에서 가족 모두가 하나님의 뜻을 기쁘게 확인하기 원한다면, 가족들은 서로 모여 이를 위해 기도하면서 의견을 자주 교환해 볼 필요가 있습니다. 중요한 것은 가족 모두가 동일한 확신을 갖고 마음을 함께 모을 수 있어야 한다는 점입니다.

만일 가족 중 어느 한 사람에게, 이것이 하나님의 뜻이라고 하는 확신이 크게 다가왔다고 할지라도, 모든 가족 구성원이 그 사람의 신념이나 의견을 무조건 따를 필요는 없습니다. 왜냐하면 그것이 진정한 성령의 인도하심이라면, 기도하는 남편이나 아내나 자녀들이 똑같은 확신을 가질 수 있도록 성령께서 인도하실 것이기 때문입니다. 그러므로 좀 더 기도와 논의를 하면서 기다릴 필요가 있습니다.

이런 점에서 볼 때, 하나님의 뜻을 힘 있게 이루어 가는 공동체가 되기 위해서는 그들 모임 속에 공동의 기도와 교제의 장이 필요한 것을 알 수 있습니다. 이러한 공동체적 영성의 성숙이란, 성령께서 그들을 변화시켜서 하나님의 뜻을 기쁘게 수행하는 공동체가 되도록 하는 일입니다. 그러므로 이를 위해 그리스도인들의 공동체 속에는 성령께 각자 자신을 드리고, 또한 기도와 생각을 통한 성령의 인도하심을 나누는 시간이 필요합니다.

⋙▶ 어려운 용어 풀이: 의도적으로 범하는 죄

거듭난 신자의 영혼 속에는 아담으로부터 전해 내려오는 죄의 부패성, 즉 원죄(original sin)의 문제가 그대로 남아있습니다. 그런데 이 타고난 죄성으로부터 정결함을 받지 못하면 인간은 하나님 앞에 자주 의도적, 혹은 고의적인 자범죄(actual sins)를 짓게 됩니다. 물론 지은 죄를 회개하면 예수께서는 보혈로 그 죄를 용서해 주십니다. 그러나 진심으로 돌이키지 않으면 습관적인 죄악 속에 빠져 살게 될 위험성이 그대로 남아있습니다.

습관적으로 죄를 범하게 되면 양심은 담대함을 잃어가고, 하나님을 지각하는 영혼의 시각은 점차 어두워집니다. 그대로 죄악 속에 굳어지다보면 마침내 그들의 마음은 하나님 모시기를 싫어하며 하나님을 상실한 그들의 마음 그대로 내어

버려지는 상태로 전락하여(롬 1:28), 영적인 사망에 이르게 됩니다(롬 6:23). 그러므로 이러한 위험성으로부터 벗어나는 길, 그것은 죄의 근원인 원죄로부터 성령의 능력으로 정결함을 받고, 또 자신의 몸을 주님께 드려 지속적으로 성령의 인도하심을 따라 살아가는 방법뿐입니다.

▶ 성령사역을 위한 질문

1. 어떻게 하면 공동체 속에서 모든 구성원들이 성령의 인도하심을 잘 분별할 수 있습니까?

___

2. 죄악을 이기는 성결한 공동체를 가능케 해주는 직접적인 요인은 무엇입니까?

___

3. 공동체의 모임 속에 공동의 기도와 교제의 장이 필요한 이유는 무엇입니까?

___

▶ 삶의 적용을 위한 기도

1. 성령과 인격적으로 친밀히 교제하는 공동체가 되도록 기도합시다.
2. 모든 죄의 유혹으로부터 온전히 승리하는 간증이 공동체 속에 넘쳐나길 기도합시다.

제 4 과

온전한 헌신의 공동체

🌿 **성경 말씀** 🌿

"그리스도 예수의 사람들은 육체와 함께 그 정과 욕심을 십자가에 못 박았느니라"(갈 5:24).

1. 성령께서는 공동체가 그리스도와의 연합으로 인한 옛 사람의 죽음을 고백하게 하십니다.

주님께 온전히 헌신된 건강한 공동체가 되기 위해서는 예수 그리스도와의 연합의 진리 안에 믿음의 뿌리를 깊이 내려야 합니다. 그리스도와 연합된 삶은 진정한 영적 생활로 나아가기 위한 필연적 조건이기 때문입니다.

그리스도와의 연합의 진리는 예수께서 십자가와 부활을 통해서 이루신 일과 직결되는데, 이러한 연합의 띠는 바로 성령의 능력을 통해서 예수 믿는 신자와 연합되는 체험 가운데로 이끌어 가시는 일입니다. 그러므로 신자는 성령의 매개를 통하여 예수 십자가 죽음의 체험과 부활의 체험에 동참하게 되는 것입니다.

모든 그리스도인들은 이러한 동일시(同一視) 인식이 거듭난 영혼 속에서 실제로 일어나는 사건이라는 점, 그리고 이것이 곧 성령충만한 생활, 즉 성령의 지배를 받는 생활로 들어가는 방법임을 또한 분명히 인식해야 합니다. 우리는 이렇게 해서 그리스도와 연합된 십자가를 경험하며, 이럴 때 우리는 우리 안에 거하는 죄가 원칙적으로 십자가 위에서 죽었다는 사실을 알게 되는 것입니다.

공동체 속에서 이러한 십자가의 죽음을 함께 고백하며 나눈다는 것은 얼마나 영화롭고 능력 있는 일일까요? 그런 공동체는 그들이 세상에서 겪는 모든 삶의 유혹과 시련을 넉넉히 견디어 낼 뿐 아니라, 또한 날마다 마귀의 세력을 짓밟아 승리하는 간증으로 넘쳐날 것입니다.

2. 성령께서는 온전히 몸과 삶을 주님께 헌신하도록 공동체를 이끄십니다.

그리스도께 대한 온전한 헌신이 그리스도인들의 공동체에 필요한 이유가 있다면, 그것은 온전한 헌신만이 곧 그리스도의 온전한 통치를 공동체 속에 불러올 수 있도록 하기 때문입니다. 그리스도께 대한 온전한 헌신은 현재 자기의 전 존재, 소유하고 있는 모든 것, 그리고 더 나아가 미래에 있을 어떤 실존적 문제까지, 모든 것의 중심성을 다 포기하고 그리스도께 주권을 드리는 것을 의미합니다.

한 가지 명심해야 될 점은 그리스도께 대한 전적인 의탁은 곧 우리 의지의 확고한 결단을 필요로 한다는 사실입니다. 우리의 감정이나 욕구는 물론, 이러한 의지적 결단에 저항할 테지만, 그러나 하나님의 방법이야말로 언제나 최선의 길임을 알고 있는 우리는 우리의 의지를 전적으로 그분의 손에 맡기는 일을 결단해야 합니다.

그리고 건강한 나무가 되려면 그 나무의 줄기가 곧고 힘 있게 뻗어나가야 하듯이, 하나님 나라의 공동체를 힘 있게 일구어 가려면 투철한 복음적 정신 자세가 필요합니다. 그 투철한 자세란 구체적으로 무엇을 의미하는 것일까요?

"이에 예수께서 제자들에게 이르시되 아무든지 나를 따라오려거든 자기를 부인하고 자기 십자가를 지고 나를 좇을 것이니라"(마 16:24).

그것은 주님과 함께 죽고 주님과 함께 고난을 받겠다는 제자로서의 정신을 말합니다. 이런 정신을 지니고 행하는 이들을 통하여 공동체는 점차 그리스도께 대한 온전한 헌신의 공동체로 자라납니다.

3. 성령께서는 하나님의 뜻을 이 땅에 이루기 위한 도구로 공동체를 사용하십니다.

그리스도께서 우리가 속해 있는 공동체에 역사하신다고 할 때 그 진정한 목표가 있다면 그것은 무엇일까요? 그것은 그 공동체를 통해 그리스도의 뜻을 이 땅에 펼쳐 가시는 것입니다. 그래서 우리는 우리의 공동체가 하나님 앞에서 얼마나 고귀한 사명을 가지고 있는지를 깨닫게 됩니다.

생각해 보십시오. 비록 온 가족이 그리스도인임에도 불구하고 만일 성령의 충만함을 받지 못했다면, 그 가족 간에 진정한 행복이 나눠지지 못함은 물론, 하나님 나라를 확장해 나갈 공동체로서의 역할을 감당하기도 힘들 것입니다. 그러므로 모든 구성원들이 성령충만한 은혜 속에 살아가야 하며, 또 그렇게 살아갈 때 그 공동체는 하나님의 뜻을 이 땅에서 이루어가는 귀한 모임이 되어가는 것입니다.

"주 여호와의 신이 내게 임하셨으니 이는 여호와께서 내게 기름을 부으사 가난한 자에게 아름다운 소식을 전하게 하려 하심이라 나를 보내사 마음이 상한 자를 고치며 포로된 자에게 자유를, 갇힌 자에게 놓임을 전파하며 여호와의 은혜의 해와 우리 하나님의 신원의 날을 전파하여 모든 슬픈 자를 위로하되 무릇 시온에서 슬

퍼하는 자에게 화관을 주어 그 재를 대신하며 희락의 기름으로 그 슬픔을 대신하며 찬송의 옷으로 그 근심을 대신하시고 그들로 의의 나무 곧 여호와께서 심으신 그 영광을 나타낼 자라 일컬음을 얻게 하려 하심이라"(사 61:1-3).

공동체를 향한 하나님의 비전은 그 공동체가 그리스도를 닮아가며, 또 복음을 전파하는 공동체로서 성숙되어가는 일입니다. 다시 말하면, '이웃을 네 몸과 같이 사랑하라'(마 22:39)는 새 계명과 '모든 족속으로 제자 삼으라'(마 24:19)는 지상명령이 적절한 조화 속에서 이루어져가는 하나님 나라의 통치가 그곳에 임하는 바로 그 일입니다. 그러므로 그리스도인의 가정들마다, 또 모든 교회들마다 이러한 성령의 통치를 위한 영성훈련의 과정이 구체적으로 제시되고, 또 지속적으로 훈련되어야 할 것입니다.

▶ 어려운 용어 풀이: 동일시 인식

신자들이 그리스도와의 연합의 진리를 적용하여 어떻게 그리스도와 함께 십자가에 달린 동일시(同一視) 인식을 가질 수 있는지에 대해 존 오웬(John Owen)은 다음과 같이 말했습니다:

모든 참된 사랑의 결과들과 마찬가지로 이 사랑의 결과들의 첫째 결과는 집착(adherence)이고, 둘째는 동화(assimilation)입니다. 성경의 사랑은 종종 이 집착이라는 결과로 표현되는 데, 즉 한 사람의 영혼이 다른 사람의 영혼에 밀착되고 굳게 결합하는 것입니다. 십자가에 달리신 그리스도께 굳게 집착할 때 영혼은 십자가의 그리스도와 항상 함께 있는 느낌 가운데 있게 됩니다.

여기에서 둘째로 동화 또는 일치가 뒤이어 일어나게 됩니다. 사랑은 사랑하는 마음과 사랑 받는 대상을 닮게 합니다. 십자가에 달리신 그리스도에 대한 사랑으로 충만하게 된 마음은 죄를 효과적으로 억제함으로써 그리스도의 형상과 닮아가는 모습으로 변화할 것입니다.

▶ 성령사역을 위한 질문

1. 예수 십자가 죽음과 부활의 체험에 우리가 동참하였음을 믿고 고백하는 동일시(同一視) 인식의 유익은 어떤 점이 있습니까?

_____

2. 그리스도께 대한 온전한 헌신이란 구체적으로 어떤 면에 있어서의 헌신을 의미하는 것입니까?

_____

3. 그리스도인 공동체를 향한 하나님의 궁극적인 비전은 어떤 두 가지 차원으로 나타납니까?

_____

▶ 삶의 적용을 위한 기도

1. 그리스도 안에서의 옛 사람의 죽음의 진리가 성공적으로 공동체 속에 적용되도록 기도합시다.
2. 공동체의 모든 구성원들이 자신의 몸과 마음을 온전히 드려 하나님의 영광을 위해 사용하도록 기도합시다.

성령의 주되심의 공동체

> 🍂 **성경 말씀** 🍂
>
> "오직 사랑 안에서 참된 것을 하여 범사에 그에게까지 자랄찌라 그는 머리니 곧 그리스도라 그에게서 온 몸이 각 마디를 통하여 도움을 입음으로 연락하고 상합하여 각 지체의 분량대로 역사하여 그 몸을 자라게 하며 사랑 안에서 스스로 세우느니라"(엡 4:15-16).

1. 성령께서는 공동체가 힘을 다해 성령과 동행하는 삶을 살도록 이끌어 가십니다.

성령께서는 공동체의 모든 구성원들이 성령과 동행하는 삶을 더욱 친밀히 행해 가도록 인도하십니다. 이러한 삶을 '성령의 주되심'(Lordship of Holy Spirit)이라고 할 수 있는데, 성령의 주되심의 삶이란 어떤 도덕적, 윤리적인 규범과 실천, 그리고 계율을 철저히 준수하며 살아가려는 자기중심적 삶과는 전혀 다릅니다.

그 대신 성령의 주되심이란 자신의 전 존재를 주님 앞에 복종시키고, 오직 순간마다 성령의 인도하심을 따라 주님과 동행하는 삶입니다. 성령의 주되심이란 하나님께 온전히 헌신되어 하나님 그분과, 그리고 하나님께서 기뻐하시는 것 외에는 더 이상 그 아무 것도 즐거워하지 않는 영혼으로 살아가는 삶입니다.

이렇게 전심으로 성령과 동행하며 살아갈 때, 공동체 속에서 그리스도의 품성은 우리의 삶의 순간마다 '그리스도의 향기'가 되어 나타날 것입니다. 그리고 그리스도와 연합된 삶 속에서 마침내 신자로 하여금 "그리스도의 장성한 분량이 충만한 데까지"(엡 4:13) 이르게 하시는, 성화의 궁극적 목표로서의 '그리스도 닮기'(Christlikeness)를 우리의 삶 속에 이루어 가시는 것입니다.

2. 성령께서는 공동체가 그리스도의 충만한 사랑의 분량에 이르도록 성화시켜 가십니다.

성령의 주되심의 삶을 전심으로 추구하는 공동체는 곧 그리스도를 닮아 성숙해 가는 공동체가 되어갑니다. 만일 우리가 성령께 순복하는 삶을 살아가기만 한다면, '공동체 속에서 성령의 아름다운 열매가 나타나지 않으면 어쩌나' 하고 염려할 필요가 전혀 없습니다.

왜냐하면 이 모든 "성령의 열매"(갈 5:22)는 모두 주님의 품성이기 때문에, 단지 그분의 인도하심에 따라 살아갈 때, 그분은 자신의 품성을 우리의 공동체 속에 열매 맺게 하시는 것입니다. 그리스도를 우러러보고, 그리스도를 끊임없이 바라보며, 또 그리스도를 전심으로 신뢰하는 공동체는 지속적으로 점차 성화되어 마침내, 그리스도를 닮은 형상으로 만들어져 가는 것입니다.

그리스도를 닮아가는 일에 있어서 가장 중요한 품성의 열매는 사랑입니다. 하나님과 이웃에 대한 사랑, 이것은 성령의 주되심을 믿고 살아가는 모든 그리스도인들의 최대의 실천 덕목입니다.

성령의 능력을 통해 공동체 속에 나타나는 그리스도의 사랑, 그것은 무엇보다도 먼저 하나님께 대한 전적인 사랑으로 나타납니다. 완전한 사랑의 공동체는 그 구성원들의 영혼 속에 '그리스도의 태도'가 있고 또 매사에 그리스도처럼 살아가려는 열정과 신념이 있습니다. 그리고 하나님께 대한 사랑은 단지 개인적 성화의 기본 동기일 뿐만 아니라, 다른 사람을 위한 책임 속에서 일어나는 이웃 사랑, 즉 사회적 성화의 토대가 됩니다.

3. 성령께서는 복음을 능력 있게 증거 하는 삶으로 공동체를 이끌어 가십니다.

예수 그리스도의 사역과 죽으심, 그리고 부활에 나타난 권능의 근원은 성령이셨고, 이런 의미에서 성령은 땅끝까지 복음 증거를 완수할 하나님의 능력의 영이십니다. 그러므로 성령의 주되심의 영성으로 무장된 공동체는 곧 복음을 능력 있게 증거 하는 공동체로 자라납니다. 지속적으로 성령과의 친교를 나누고, 또 성령의 인도하심에 순종하게 될 때, 성령께서는 그리스도인의 공동체를 복음 증거의 삶으로 부르시는 것입니다.

그러므로 그리스도께 헌신된 가정은 이 땅 위에서 복음을 능력 있게 증거 합니다. 그리고 성령과 동행하는 교회는 이 땅의 음부의 권세를 물리치고 하나님의 영광을 확장해갑니다. 뿐만 아니라 매사에 하나님의 뜻을 추구하는 그리스도인의 직장 공동체는 하나님의 사랑과 공의를 온 땅 위에 확산시켜 갑니다. 이렇게 성령의 주되심을 믿고 살아가는 공동체들을 통해 이 땅의 부흥과 세계선교의 완수의 날은 힘 있게 다가오는 것입니다.

"이 천국 복음이 모든 민족에게 증거 되기 위하여 온 세상에 전파되리니 그제야 끝이 오리라"(마 24:14).

부활 승천하신 예수 그리스도의 삶은 여전히 이 땅 위의 세상에서 가장 강력한 능력으로 존재합니다. 성령의 강림을 통해 부어진 이 능력은, 성령의 주되심을 믿고 살아가는 가정과 교회와 직장 공동체들을 통해 역사상 그 어느 때보다도 더욱 풍성한 생명력을 지니고 이 세상에 역사하고 계시는 것입니다. 그리고 그 공동체 속에 넘치는 예수 그리스도의 생명은 세계 복음화 완수의 그 날까지 성령의 능력으로 함께 하실 것입니다.

▶ 어려운 용어 풀이: 성령과의 동행

성령과 동행하는 삶에 대한 청교도들의 개념은 정화(purification), 관상(contemplation), 그리고 마지막으로 합일(union)의 세 단계를 말하는 중세 신비주의하고는 판이하게 달랐습니다. 이 같은 종류의 전통적 신비주의(classical mysticism)를 청교도들은 매우 염려하였습니다.

그런가 하면 '내적 빛'(inner light)에 호소한 퀘이커파나 도덕률폐기론(Antinominianism) 노선의 앤 허친슨(Anne Hutchinson)과 같은 영적 신비주의(Spirit mysticism)와의 충돌 속에서, 청교도들은 하나님과의 교제의 수단으로써 신자들의 주관적 영적 체험에 호소하기보다는 객관적인 계시로서의 성경에 중점을 두었습니다.

이처럼 청교도들은 성경을 하나님과의 교제의 가장 중요한 객관적 수단임을 강조함으로써 열광주의를 극복하였습니다. 성령과의 동행하는 삶이란, 하나님의 말씀인 성경이 그 구체적인 영성을 규정해야 한다는 청교도들의 강조점은 오늘날에도 현대 성령운동의 건전한 성숙을 위해 언제나 잊지 말아야 할 중요한 교훈입니다.

▶ 성령사역을 위한 질문

1. 공동체 속에서 전심으로 성령과 동행하며 살아갈 때, 그리스도인의 삶에는 어떤 변화와 영향력이 생겨납니까?

_____

2. 성령의 주되심의 삶을 전심으로 추구하는 공동체는 곧 그리스도를 닮아 성숙해가는 공동체로서 성장할 수 있는데, 그 이유는 무엇입니까?

_____

3. 성령의 주되심의 영성으로 무장된 공동체가 곧 복음을 능력 있게 증거 하는 공동체로 성숙되어가는 이유는 무엇입니까?

_____

▶ 삶의 적용을 위한 기도

1. 순간마다 성령과 동행하는 친밀함 속에서 공동체의 삶이 이루어지기를 기도합시다.
2. 우리의 공동체가 복음을 증거 하는 삶에 지속적인 열매를 맺도록 기도합시다.

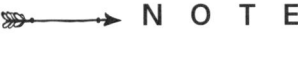 NOTE

NOTE

NOTE

제 12 단원

성령의 주되심

◆ 이 단원의 핵심 찾기 ◆

이 단원에서는 현재 성령론의 발전 방향이 일반적으로 공통된 내용을 강조하고 있다는 점을 소개하고, 그 내용의 중심인 통전적 성령론을 살펴봅니다. 그리고 통전적 성령론의 핵심으로서의 성령의 주되심의 삶을 강조합니다. 성령의 능력 체험이나 성령의 열매, 또는 성령의 나타남도 모두 중요하지만, 성령의 주되심의 삶이 이 모든 것을 균형 있게 자라나게 한다는 점을 설명합니다.

제 1 과

성령론의 발전 방향

성경 말씀

"바울이 가로되 요한이 회개의 세례를 베풀며 백성에게 말하되 내 뒤에 오시는 이를 믿으라 하였으니 이는 곧 예수라 하거늘 저희가 듣고 주 예수의 이름으로 세례를 받으니 바울이 그들에게 안수하매 성령이 그들에게 임하시므로 방언도 하고 예언도 하니 모두 열두 사람쯤 되니라"(행 19:4-7).

1. 현대 웨슬리안 성결운동의 동향을 알아보겠습니다.

현대 교회의 성령운동은 역사 안에서 각 전통들이 서로 교류하면서 각각의 장점들은 보유하고, 또 타 전통이 지닌 장점들을 흡수하는 경향으로 발전되어가고 있습니다. 서로 다른 성령론 사이의 갈등, 신학적 비평과 탐구 작업, 성령론의 자체 정화와 조화, 그리고 바람직한 성령론을 향한 발전 등의 과정을 거쳐 가면서, 이러한 진전이 가능한 이유는 복음적 성령운동의 동인(動因)에 성령의 주권적 인도하심이 개입되어 있기 때문입니다.

예를 들어, 대개 현대 웨슬리안 성결운동에서는 이 운동이 지닌 특성인 '정결과 능력'(purity and power) 모티브의 보전과 함께, 점차적으로 성령의 은사에 대한 포용성이 눈에 띠게 나타납니다. 이러한 현상은 19세기 말과 20세기 초에 웨슬리

안-성결 그룹 내에서 방언 등 은사 문제로 인해 교단 분열이 잦았던 것과는 대조되는 현상입니다.

또 한 가지의 뚜렷한 변화가 있습니다. 그것은 현대의 웨슬리안 성결론이 성령에 대한 이해를 기독론과의 연관 속에서 다루고자 노력하고 있다는 점입니다. 기독론이 무시된 채 성령 체험이 강조되면 광신주의자나 신비주의에 빠질 위험이 크기 때문에, 성경적인 기독론 위에 성령론이 세워져야 한다는 것입니다. 그래서 '그리스도와의 연합' 모티브에 중점을 둔 하나님 형상의 회복 또는 '그리스도 닮기'(Christlikeness)로서의 성결론을 강조하는 경향이 짙어지고 있습니다.

2. 개혁파 성령론의 변화를 살펴봅시다.

개혁파 성령론에서도 이러한 변화와 발전의 내용들이 있습니다. 즉, 개혁파 성령론 내에서도 개혁파 성령론의 강조점인 '그리스도와의 연합' 모티브의 보전과 함께, 전에는 받아들이지 못하던 방언이나 신유 등의 은사 사용이라든가 기사와 이적을 전도의 현장에 적용하는 일 등을 신학적으로 수용하려는 움직임이 최근 들어 점차 확대되어가고 있다는 것입니다.

그런데 앞으로 이러한 현상이 계속 짙어진다면, 결국 필자가 분류하는 성령세례론의 유형 중에서 정통 개혁주의 성령론을 대표하는 '중생=성령세례, 이후 성령충만' 유형은 '중생=성령세례, 이후 은사적 성령충만'이라는 '제3의 물결'과 유형상 크게 다를 바 없다는 흥미로운 분석이 나오게 됩니다.

이 점에 관해서 빈야드운동의 대표적 인물인 존 윔버는 앞으로 빈야드운동을 포함한 제3의 물결에 대한 신학적 의미들이 점차 명쾌하게 규정지어질 것으로 기대하였습니다. 그는 제3의 물결이 역사적 정통주의의 계열에 서 있다고 강조하였으며, 제3의 물결을 이해하는 데 중요한 열쇠들은 19세기의 몇몇 가장 위대했던 복음주의자들의 잊혀져가는 글들의 연구를 통해 발견하게 될 것이라고 주장하였습니다.

3. 오순절 성령운동의 경우를 알아봅시다.

그런가 하면 은사적 기독교(Charismatic Christianity)에서 볼 때, 전통 오순절주의에서는 성령세례 받은 첫 증거가 방언이라고 보았지만, 은사갱신운동을 거쳐 '제3의 물결'에 이르러서는 방언에 대한 강조가 성령의 여러 가지 은사 중의 하나라고 보는 입장으로 변화되어 왔습니다.

이에 따라 최근에는 전통 오순절주의자들도 이러한 영향을 많이 받아서, 반드시 방언을 성령세례 받은 첫 표적이라고 보기보다는 여러 성령의 은사 중에 하나로 보는 경향이 짙어져 가고 있는 것입니다. 그리고 전에는 상대적으로 미약하던 '그리스도와의 연합'이라든가 '정결' 모티브 등의 강조가 많이 보강(補强)되고 있습니다.

또 '제3의 물결'에서는 실용적 효율성의 차원과 개혁주의 신학의 영향을 받아, 성령세례라는 오해의 소지가 많은 용어보다는 성령충만이라는 용어를 더 많이 사용하는 경향이 있습니다. 현재 '제3의 물결'의 지도자들 가운데는 신학적으로 개혁주의적 배경을 지니고 있는 이들이 많다고 하는 점이 이 사실을 대변해 주고 있습니다.

"술 취하지 말라 이는 방탕한 것이니 오직 성령의 충만을 받으라"(엡 5:18).

'제3의 물결'의 영향을 받은 사람들은 대부분이 보수적 복음주의자들로서, 그들 중 많은 이들은 자신들의 경험이 개혁신학과 모순되지 않는다고 믿고 있습니다. 대다수의 사람들은 성령충만이 성령의 중생케 하시는 사역에 뒤따르나, 그것과는 구별된 경험으로 그 안에서 그리스도인은 봉사와 증거를 위한 능력을 얻게 된다고 보면서, 이 경험은 방언 말함을 동반할 수도 있고 그렇지 않을 수도 있다고 생각합니다.

▶ 어려운 용어 풀이: 20세기 은사적 기독교

일반적으로 오순절주의(Pentecostalism), 전통 오순절주의(Classical Pentecostalism)라는 용어는 1900년 초 아주사(Azusa)와 토페카(Topeka)를 중심으로 일어났던 20세기 제1의 물결에서 시작된 성령운동의 노선을 일컫습니다. 그리고 신오순절주의(Neo-Pentecostalism), 은사주의(Charismatics), 은사갱신(Charismatic Renewal)이라는 용어는 1960년대를 시점으로 오순절파뿐 아니라 가톨릭과 일부 복음주의 교파들에서도 시작되었던 제2의 물결을 가리키는 것입니다. 그리고 제3의 물결은 1980년대 이후 전 세계적으로, 그리고 초교파적으로 새롭게 일어나고 있는 '제3의 물결'(the Third Wave)로서의 성령운동을 일컫습니다.

만일 이 세 운동들을 하나로 묶는다면 그것은 오순절운동이라는 묶음이 아니라, '20세기 은사적 기독교'(the 20th-Century Charismatic Christianity)라는 용어가 적당할 것입니다. 왜냐하면 이 세 운동들은 제각기 지닌 특성들로 인해서는 구분되어질 수밖에 없지만, 그러나 모두가 성령의 은사를 강조한다는 점에서는 완전히 합치하기 때문입니다.

성령사역을 위한 질문

1. 현대 웨슬리안 성결운동에서 나타나고 있는 성령론의 특징은 무엇입니까?

_____

2. 현대의 개혁파 성령론에는 어떤 성령론의 변화와 발전의 내용들이 나타나고 있습니까?

_____

3. '방언'에 대한 현대 은사적 기독교의 인식은 어떤 변화를 보여주고 있습니까?

_____

삶의 적용을 위한 기도

1. 그리스도의 영이신 성령님과 더욱 친밀한 교제를 나누도록 기도합시다.
2. 우리의 사역 속에 성령의 나타남과 능력이 늘 함께 하시도록 간구합시다.

제 2 과

통전적 성령론

✧ 성 경 말 씀 ✧

"보라 이제 나는 심령에 매임을 받아 예루살렘으로 가는데 저기서 무슨 일을 만날는지 알지 못하노라 오직 성령이 각 성에서 내게 증거 하여 결박과 환난이 나를 기다린다 하시나 나의 달려갈 길과 주 예수께 받은 사명 곧 하나님의 은혜의 복음 증거 하는 일을 마치려 함에는 나의 생명을 조금도 귀한 것으로 여기지 아니하노라"(행 20:22-24).

1. 통전적 성령론의 의미를 알아봅시다.

앞으로의 성령운동에는 '통전적(統傳的) 성령론'이 적용되어 나갈 것입니다. 통전적 성령론이란, 성령론의 여러 전통들 사이의 장점들을 상호 교류 보완한 통합성을 갖춘 성령론을 말합니다. 그동안 신학계와 기독교계에는 성령론에 대한 논쟁이 많았습니다만, 대부분의 논제가 용어와 신학적 개념의 차이에서 빚어진 경우였습니다.

그 결과 성령론에 대한 연구가 교회를 살리고 목회 현장에 힘을 불어넣기보다는 신학 논쟁이나 이단성 분별의 도구로 사용되어지곤 했습니다. 그러나 이제는 다양한 신학 전통의 차이에도 불구하고, 용어와 개념의 차이를 이해 내지는 극복하고 좀 더 실제적인 성령의 능력과 경험에 대해 복음적으로 연구하려는 경향성이 짙어가고 있습니다.

그러면 이러한 통전적 성령론의 방향은 어디로 향하고 있을까요? 성령론의 역사적 진전에 따라 예상되는 변화를 조사해 볼 때, 이 모든 노선에서 가장 보편적인 현상은 첫째, '그리스도와의 연합' 모티브가 모든 성령론에서 두드러지게 나타나고 있다는 점이고, 둘째, 은사를 동반한 복음 증거의 능력의 강조가 모든 계통의 성령세례 유형에서 더욱 드러나고 있다는 점입니다. 그러므로 이 두 가지 현상에 대한 점진적인 강조가 현대 교회 성령운동의 특색인 통전적 성령론이 나아가고 있는 방향이라고 봅니다.

2. 통전적 성령론은 그리스도 닮기를 목표로 합니다.

그러므로 통전적 성령론의 양축은 그리스도와의 연합 모티브와 은사를 동반한 복음 증거의 능력입니다. 이 중에서 '그리스도와의 연합' 모티브가 강조되는 이유에 대해서는, 성령론 또는 기독교의 영성이 기독론과 분리되면 복음의 내용에서 멀어질 위험성이 크다는 학계의 지적이 반영된 것이라고 봅니다.

기독교 영성의 핵심은 신자들의 경건한 성품을 개발하는 것이 아니라, 신자와 그리스도 사이에서 이루어지는 인격적 교제를 개발하여 그리스도의 형상에 일치하게 하는 것입니다. 한마디로 말해서 복음적 영성이란 그리스도 안에서의 삶, 즉 그리스도의 삶을 닮아가는 삶인 것입니다. 이처럼 '그리스도와의 연합' 모티브는 명백하게 하나님 형상의 구현으로서의 '그리스도 닮기'를 목표하고 있다는 점도 역시 주목할 점입니다.

의롭다함을 받은 후에, 그리스도인은 그리스도의 형상을 닮는 과정으로 들어가며 새 창조와 새로운 교제 속에서 하나님의 영광을 나누게 됨을 바라게 됩니다. 그러므로 예수 그리스도는 현재 우리 안에 임재하신 그리스도입니다. 우리는 예수 그리스도의 임재의 축복만 받는 것이 아니라, 예수님을 본받고 성화되어 말에나 생각에나 행동에나 능력에서 마침내 예수님처럼 되어가는 것입니다.

3. 통전적 성령론은 복음전파의 능력을 강조합니다.

통전적 성령론의 또 한 가지 축으로서 은사를 동반한 성령의 능력을 강조하는 경향이 점차 짙어가고 있습니다. 그동안 전통 오순절주의에서는 특히 성령 받은 표적으로서 방언을 강조해 왔습니다. 그러나 은사갱신운동 이후에는 전통 오순절주의자가 아니더라도 방언을 하고 있으며, 특히 제3의 물결운동 이후에는 방언 현상이 더욱 범기독교적으로 보편화되었기 때문입니다.

"그런즉 내 형제들아 예언하기를 사모하며 방언 말하기를 금하지 말라"(고전 14:39).

그런가 하면 제3의 물결에서는 방언 체험은 선택적이거나 또는 기사와 이적이나 능력 대결(power encounter) 등에 비해 오히려 덜 강조되는 경향이 있습니다. 그들은 방언이 필수적인 성령세례의 표적이 아니라, 어떤 영적 사역이나 효과적인 기도를 하기 위해서 신자에게 주어지는 성령의 은사라고 보는 경향이 짙습니다.

은사갱신운동은 전통 오순절운동에 비해 선교적 강조점이 약했습니다. 그들은 이방인들이나 불신자들을 향하기보다는 이미 교인된 자들에게 성령세례의 경험 속으로 초청하는 일에 우선했습니다.

그러나 제3의 물결에서는 능력 전도(power evangelism)나 능력 대결에 대한 강조가 많이 나타납니다. 이 운동에서는 능력을 행하고 병을 고치며 귀신을 쫓아

내는 일을 통해 하나님 나라를 확장하는 전도 사역에 비중을 두는 한편, 상대적으로 방언에 대한 강조는 제1, 제2 물결운동에 비해 감소된 현상입니다.

▶ 어려운 용어 풀이: 복음적 영성

복음적 영성은 인간의 영을 중심으로 한 어떠한 인본주의적 영성과도 또 타 종교의 영성과도 당연히 구분되어야 합니다. 복음적인 영성이란 무엇보다도 거듭난 자의 영과 성령과의 관계성을 전제로 하지 않으면 안 될 것입니다. 복음적 영성의 발로는 하나님 앞에 인간이 섰을 때 자연스럽게 나타나는데, 그 중요한 요소로서 명백하게 인격적인 하나님이라는 한 대상을 가진다는 점을 들 수 있습니다.

그렇다면 진정한 복음적 영성의 실체는 과연 무엇일까요? 사도 바울에게 있어서 '영적'이라는 말은 영과 육의 이원적인 대립보다는 성령의 인도를 따르는 것을 의미했습니다. 그러므로 복음적 영성의 정의는 성령의 인격적인 내주하심 속에서 그분의 인도하심을 순간마다 따르는, 한마디로 말해서 '성령의 인도하심을 따르는 삶', 이것이야말로 가장 만족할 만한 복음적 영성의 정의인 것입니다.

▶ 성령사역을 위한 질문

1. '통전적 성령론'이란 무슨 의미입니까?

_____

2. '통전적 성령론'의 양축은 각각 무엇입니까?

_____

3. '제3의 물결'에서 전통 오순절주의나 은사갱신운동보다 더 강조되고 있는 부분은 어떤 것입니까?

▶ 삶의 적용을 위한 기도

1. 혹, 복음적이지 못한 욕심이나 편견으로 인해 우리 속의 성령을 근심시켜 드린 점이 있다면 회개합시다.
2. 복음적 영성이란 성령의 인도하심을 따르는 삶이라는 것을 생각하면서, 혹시 성령과 협조하지 못하고 있는 부분이 있다면 회개합시다.

제 3 과
성령의 주되심의 정의

🍃 성경 말씀 🍃

"이 비밀은 만세와 만대로부터 옴으로 감취었던 것인데 이제는 그의 성도들에게 나타났고 하나님이 그들로 하여금 이 비밀의 영광이 이방인 가운데 어떻게 풍성한 것을 알게 하려하심이라 이 비밀은 너희 안에 계신 그리스도시니 곧 영광의 소망이니라 우리가 그를 전파하여 각 사람을 권하고 모든 지혜로 각 사람을 가르침은 각 사람을 그리스도 안에서 완전한 자로 세우려 함이니 이를 위하여 나도 내 속에서 능력으로 역사하시는 이의 역사를 따라 힘을 다하여 수고하노라"(골 1:26-29).

1. 통전적 성령론의 핵심은 성령의 주되심입니다.

앞으로의 성령운동에는 통전적 성령론이 강조될 것에 대해 이미 말씀드렸습니다. 그러면 '그리스도와의 연합' 모티브와 은사를 동반한 복음 증거의 능력이 강조되는 이 통전적 성령론을 이끌어가고 있는 핵심은 무엇일까요?

필자는 과거나 현재, 또 앞으로의 성령운동이 결코 우연하게 일어나는 것이 아니라, 명확한 목표를 향해 직선적인 운동으로 나아가고 있다는 점을 말씀드리고 싶습니다. 물론 어느 시대에나 극단적이거나 비복음적인 영성운동은 존재하지만, 그러나 전체로서의 교회가 일반적으로 경험하는 성령운동은 분명한 방향을 향해 나아간다는 것입니다.

그러면 이러한 운동과 진전의 목표는 무엇일까요? 그 핵심을 파악하는 일은 곧

21세기 복음적 성령운동의 향방을 결정짓는 일이 될 것입니다. 필자는 그것이 바로 '성령의 주되심'(Lordship of Holy Spirit)에 있다고 봅니다.

'성령의 주되심'이란 '그리스도인의 삶과 복음전파의 주체가 되시는 예수 그리스도께서 성령의 위격으로 각 신자 안에서 인격적으로 인도하시는 사역'이라고 필자는 정의합니다. 하나님께서는 각 신자와 교회를 성령의 주되심의 경험적 삶에 풍성하게 이르도록 이끌어 가기 원하시는데, 이러한 목표를 향한 운동의 방향성이 바로 성령운동에 내재되어 있다는 것입니다.

2. 성령의 주되심은 어떻게 구현될까요?

그러면 신자들의 삶 속에서 '성령의 주되심'은 어떻게 경험될까요? 무엇보다도 '성령의 주되심'은 신자가 순간마다 성령의 임재를 의식하며 그분의 인도하심을 따르는 삶을 통해 이루어집니다. 성령의 임재를 순간마다 인식한다는 것은 무슨 뜻일까요? 이에 대해 후안 오르티즈(Juan C. Ortiz)는 말하기를, 성령 안에서 살고, 성령 안에서 걷는다는 것은 우리 속에 그리스도께서 계시다는 사실을 끊임없이 의식하는 것이라고 하였습니다.

"무슨 일을 하든지 마음을 다하여 주께 하듯 하고 사람에게 하듯 하지 말라"(골 3:23).

"저 안에 거한다 하는 자는 그의 행하시는 대로 자기도 행할찌니라"(요일 2:6).

그러면 성령의 인격적인 인도하심은 신자의 영혼 속에서 어떻게 나타날까요? 하퍼(Steven Harper)는 말하기를, 영적 발전의 목표는 우리 삶을 갈수록 더 하나님의 손에 맡기고, 그리고 우리의 삶에서 하나님의 역사를 갈수록 많이 보는 것이라고 하였습니다. 이처럼 신자의 영혼이 온전히 그리스도께 헌신하여 중단 없는 성령의 임재 의식 속에서 살아갈 때, 주님께 붙들려 살아가고 있는 이들의 생각과 감정과 의지는 곧 성령의 뜻과 인도하심이 나타나는 통로가 되는 것입니다.

3. 성령의 주되심의 목표는 무엇일까요?

궁극적으로 신자와 교회 안에서 성령의 주되심의 내향적인 목표는 하나님의 형상으로서의 '그리스도 닮기'를 실현시켜 나가는 일입니다. 이를 위해 역사적으로 점증되고 있는 성령론의 '그리스도와의 연합' 모티브가 있습니다.

그러므로 모든 하나님의 자녀들은 이러한 하나님의 뜻을 잘 이해하고 자신의 삶의 방향을 하나님의 뜻과 맞추어 살아갈 필요가 있습니다. 근본적으로 나날의 삶의 동기를 그리스도를 닮아가는 일에 맞추고, 이를 위해서 순간마다 주님의 통치를 의식하며 살아가야 할 것입니다.

"너희 안에 이 마음을 품으라 곧 그리스도 예수의 마음이니"(빌 2:5).

또 성령의 주되심의 외향적인 목표가 있는데, 그것은 주님의 지상명령인 복음 전파의 완수를 위해 능력을 주시는 일입니다. 이를 위해 현대의 성령운동은 은사를 동반한 복음 증거의 능력을 활용하는 뚜렷한 역사적 진전의 사실들을 보여주고 있는 것입니다.

그러므로 하나님의 자녀들은 성령께서 함께 거하시는 목표가 바로 온 세계를 향하여 복음을 권능 있게 증거 하는 것이라는 점을 확신할 필요가 있습니다. 그리고 나날의 삶 속에서 복음을 증거 하기 원하시는 성령과 동행하며 나아갈 때, 우리의 삶 속에는 풍성한 복음전파의 열매가 맺히게 될 것입니다.

▶ 어려운 용어 풀이: 성령의 주되심

'성령의 주되심'이라는 용어는 1996년 필자가 한국복음주의신학회의 논문발표회에서 최초로 사용한 바 있습니다(참조: 배본철, "한국의 급진 성령론에 대한 역사신학적 통찰", 『성경과 신학』 20권 (1996): 457). 그 후 일반 신자들을 위한 영성훈련서인 『21세기 예수부흥』(서울: 도서출판 은성, 1998)에서 좀 더 그 내용을 발전시킨 바 있습니다.

궁극적으로는 필자의 박사학위(Ph. D.) 논문인 "한국교회의 성령세례 이해에 대한 역사적 연구"(서울신학대학교, 2001)에서 그 학문적 결실을 보게 되었습니다. 그리고 이 논문의 내용은 다시 『한국교회와 성령세례』(성결대학교출판부, 2004)라는 책을 통해 출판되었는데, 이 책의 결론 부분에서 필자는 성령의 주되심에 대한 논증과 그 실제적 경험에 대해서 논한 바 있습니다.

▶ 성령사역을 위한 질문

1. '그리스도와의 연합' 모티브와 은사를 동반한 복음 증거의 능력이 강조되는 통전적 성령론을 이끌어가고 있는 핵심은 무엇입니까?

___

2. 신자들의 삶 속에서 '성령의 주되심'은 어떻게 경험될 수 있습니까?

___

3. 신자와 교회 안에서 성령의 주되심의 내향적인 목표와 외향적 목표는 무엇입니까?

_____

▶ 삶의 적용을 위한 기도

1. 끊임없이 주님을 의식하며 그분의 통치 안에 거하도록 기도합시다.
2. 우리의 생각과 감정과 의지를 포함한 마음의 모든 기능이 주님의 다스리심 속에 있도록 자신을 내어드립시다.

제 4 과

성령의 주되심의 삶

🙢 성 경 말 씀 🙠

"아버지께서 내 안에, 내가 아버지 안에 있는 것같이 저희도 다 하나가 되어 우리 안에 있게 하사 세상으로 아버지께서 나를 보내신 것을 믿게 하옵소서 내게 주신 영광을 내가 저희에게 주었사오니 이는 우리가 하나가 된 것같이 저희도 하나가 되게 하려 함이니이다 곧 내가 저희 안에, 아버지께서 내 안에 계셔 저희로 온전함을 이루어 하나가 되게 하려 함은 아버지께서 나를 보내신 것과 또 나를 사랑하심 같이 저희도 사랑하신 것을 세상으로 알게 하려 함이로소이다"(요 17:21-23).

1. 성령의 주되심은 성화의 완성을 향해 나아갑니다.

'성령의 주되심'의 삶은 '그리스도와의 연합' 모티브의 구현과 함께 은사를 동반한 복음 증거의 능력을 확보합니다. 먼저 '그리스도와의 연합' 모티브와 관련해 볼 때, 예수 그리스도를 영접한다고 하는 것은 곧 그리스도의 영인 성령을 받는 일이라는 근본적인 진리를 생각해 봅시다.

그리스도가 우리 안에 오시고 동거하시는 것은 성령 안에서만 이루어지는 일입니다. 그리스도를 믿음으로 받는 것 외에 성령을 받는 다른 방법은 없습니다. 이런 의미에서 그리스도를 소유한 사람은 곧 성령을 소유한 사람입니다.

"만일 너희 속에 하나님의 영이 거하시면 너희가 육신에 있지 아니하고 영에 있나니 누구든지 그리스도의 영이 없으면 그리스도의 사람이 아니라"(롬 8:9).

그리고 성령을 받았다고 하는 것은 인격적 주님이신 성령과의 교제와 또 그분께 대한 순종의 삶을 목표로 하는 것입니다. 그리고 이러한 경건의 삶은 곧 '그리스도 닮기'를 향해 성숙되어가는 과정이 됩니다. 그리스도를 사랑하고 의지하며 나아가는 생애는 점차 그리스도와 같은 형상으로 우리를 성화시켜 줍니다.

이것은 인간의 자력(自力)에 의해서가 아니라 오직 성령에 의한 것이며, 이같이 성령에 의해 변화되어 차츰 그리스도를 닮은 자로 되어가는 것이 '성결케 되는 일'입니다. 이런 의미에서 성령은 성화의 영이며, 이러한 변화는 성령의 주되심의 삶에 충실하고 있을 때, 신자의 삶 속에 자연스럽게 나타나는 것입니다.

2. 성령의 주되심은 복음 증거의 능력을 확보합니다.

그런가 하면 성령은 또한 복음 증거의 영이십니다(눅 24:48-49; 행 1:8). 그러므로 지속적으로 성령과의 친교를 나누고 성령의 인도하심에 순종하는 성령의 주되심의 삶에 충실할 때, 성령께서는 우리를 복음 증거의 삶으로 부르십니다. 사도행전의 경우들처럼, 성령의 인도하심을 따를 때 우리의 삶은 "성령의 나타남과 능력"(고전 2:4)으로 복음을 증거 하는 삶으로 특성화되어갑니다.

그러나 복음 증거의 능력보다 우선하는 것은 성령의 주되심입니다. 다시 말해서 성령의 주되심이 이루어지면 복음 증거의 능력은 이에 당연히 수반되는 것이라고 할 수 있겠습니다.

한 예를 들겠습니다. 빈야드운동을 중심으로 한 '제3의 물결'에서도 전도 현장에 나타나는 성령의 주권적인 인도하심을 중시합니다. 그러나 빈야드운동에서 발견되는 가장 큰 약점 중에 하나는 그들의 강조점이 '성령의 나타남'이나 능력전도의 면에 치우친 반면, '성령의 열매'와 성결, 그리고 신자의 전 생애의 모든 영역에 직결된다고 하는 '성령의 주되심'의 중요성을 강조하지 못한 점이라 할 수 있습니다.

그러므로 성령의 나타남이나 성령의 열매보다도 더욱 중요한 것은 성령의 주되심에 있습니다. 성령의 주되심은 신자 안에서 전인적으로 나타나는 그리스도의 영의 통치이기 때문입니다.

3. 성령의 주되심의 신앙이 확산되고 있습니다.

이처럼 '성령의 주되심'은 온전히 헌신된 신자가 순간마다 주 예수 그리스도와 동행하면서, 성령의 나타남과 능력 속에서 복음을 증거 하는 삶으로 구현됩니다. '그리스도와의 연합' 모티브와 은사를 동반한 복음 증거의 능력이 강조되는 통전적 성령론은 내주하시는 그리스도께 대한 온전한 헌신과 중단 없는 임재 의식을 통하여 성취됩니다. 현재 통전적 성령론이 점차 강조되어가는 경향성은 복음적 영성의 핵심이 바로 '성령의 주되심'에 있다고 하는 인식의 확산이 가져오는 현상입니다.

필자는 성령운동에 대한 역사적 연구를 통해 지금까지의 성령세례 이해에 대한 복잡한 혼선을 여섯 가지 유형으로 분석할 수 있었고, 또한 이 유형들을 '성령세례의 양(兩) 차원'이라는 패러다임으로 정리할 수 있었습니다. 그리고 이 성령세례의 양 차원을 충족시키는 개념으로서 '성령의 주되심'을 강조하였습니다.

즉, '성령세례의 영적 사실의 차원'은 성령의 주되심의 진정한 근거이며, '성령세례의 경험의 차원'은 성령의 주되심이 구현되는 경로입니다. 그래서 '그리스도와의 연합', '정결', '봉사의 능력', '그리스도의 전인적 통치', '성령의 나타남' 등의 내용을 지닌 성령세례에 대한 신자의 점증(漸增)되는 이해와 경험은 그의 삶 속에서 '성령의 주되심'의 깊이를 심화시켜 가는 것입니다.

🔖 어려운 용어 풀이: 주님의 임재 의식

　예수 그리스도를 나의 구주로 고백하는 순간, 예수께서는 성령의 위격(位格)으로 우리의 영혼 속에 임재(臨在)하십니다. 그리고 이때로부터 우리는 그분을 나의 주님으로 섬기는 삶을 시작하게 되는 것입니다.

　그러므로 우리 안에 주님이 살아계심, 즉 주님의 임재를 의식하는 일을 하루 중 끊임없이 지속하는 일은 매우 중요합니다. 이러한 의식을 통해 우리는 우리의 생각과 영혼 속에 구체적인 하나님의 인도하심을 받을 수 있기 때문입니다. 우리의 영혼이 그리스도께 붙잡혀 있기만 한다면, 그리고 오늘 우리의 삶의 동기가 주님의 인도하심을 따르는 이것 한가지로 충분하다고 확신한다면, 우리는 주님의 임재 의식을 통해 주님과 동행하는 법을 배워나가게 될 것입니다.

　이런 의미에서 볼 때, 잃었던 성령충만을 회복하는 일도 역시 주님의 임재 의식을 되찾는 일에서부터 시작된다고 할 수 있습니다. 지속적인 주님의 임재 의식이 있다면 그것은 지속적인 성령충만이 우리에게 있다는 가장 명확한 증거가 될 것입니다.

🔖 성령사역을 위한 질문

1. '성화의 영'으로서의 성령과 충실히 동행하는 삶을 살아갈 때, 신자의 삶 속에 자연스럽게 나타나는 열매는 무엇입니까?

_____

_____

2. 빈야드운동에서 발견되는 성령론의 가장 큰 약점 중의 하나는 무엇입니까?

_____

3. 현재 '그리스도와의 연합' 모티브와 은사를 동반한 복음 증거의 능력이 강조되는 통전적 성령론이 점차 확산되고 있는 이유는 무엇입니까?

▶ 삶의 적용을 위한 기도

1. 지금 현재 성령의 주되심의 상태 속에 있는지 자신을 점검해 보며 기도합시다.
2. 그리스도를 닮아가고 복음을 능력 있게 증거 하는 가운데 성령의 주되심의 삶이 더욱 깊어갈 수 있도록 기도합시다.

NOTE

NOTE

NOTE